周元侠 著

修道之谓教
朱熹教育思想研究

图书在版编目（CIP）数据

修道之谓教：朱熹教育思想研究/周元侠著.
福州：福建教育出版社，2025.3. —ISBN 978-7
-5758-0293-2

Ⅰ．B244.75

中国国家版本馆 CIP 数据核字第 2024UM8081 号

Xiudao Zhi Wei Jiao：Zhuxi Jiaoyu Sixiang Yanjiu

修道之谓教：朱熹教育思想研究

周元侠　著

出版发行	福建教育出版社
	（福州市梦山路 27 号　邮编：350025　网址：www.fep.com.cn
	编辑部电话：0591-83763885
	发行部电话：0591-83721876　87115073　010-62024258）
出 版 人	江金辉
印　　刷	福州印团网印刷有限公司
	（福州市仓山区建新镇十字亭路 4 号）
开　　本	710 毫米×1000 毫米　1/16
印　　张	16
字　　数	237 千字
插　　页	2
版　　次	2025 年 3 月第 1 版　2025 年 3 月第 1 次印刷
书　　号	ISBN 978-7-5758-0293-2
定　　价	48.00 元

如发现本书印装质量问题，请向本社出版科（电话：0591-83726019）调换。

自　序

《汉书·艺文志》云："儒家者流，盖出于司徒之官，助人君顺阴阳明教化者也。"明教化乃是儒家学派的核心内容和重要使命，也是儒家与其他诸子百家、佛教、道教之间的重要区别。从教育实践来看，孔子本着"有教无类"的原则开启了私人讲学的传统，朱熹则通过修建书院继承发扬了这一儒家传统。从教育理论来看，朱熹为传统儒家教育教化思想提供了形而上学的依据，详见其《中庸章句》。《中庸》开头曰："天命之谓性，率性之谓道，修道之谓教"，朱熹注"天命之谓性"曰："天以阴阳五行化生万物，气以成形，而理亦赋焉，犹命令也。于是人物之生，因各得其所赋之理，以为健顺五常之德，所谓性也。"朱熹提出"性即理"，通过理气和合的生成方式揭示了人性与天道之间的关联。人物因是阴阳五行化生而成，故自然具有天赋之理，本然地具有健顺五常的完美人性。朱熹注"率性之谓道"曰："人物各循其性之自然，则其日用事物之间，莫不各有当行之路，是则所谓道也。"朱熹认为，因为人性乃天之所命、理之所赋，所以人物按照天理行动，就必然遵应然之道、行当行之路。这是一种符合天理和本然之性的情况，但这种理想状态往往出现偏差，所以需要"教"。朱熹注"修道之谓教"曰："修，品节之也。性道虽同，而气禀或异，故不能无过不及之差，圣人因人物之所当行者而品节之，以为法于天下，则谓之教，若礼、乐、刑、政之属是也。"朱熹认为，因为气禀不同，导致人与人之间具有差异，每个凡人的现实人性与本然之性之间可能存在"过"或"不及"的毛病，因此圣人用礼乐刑政等来调节凡人行事中可能出现的偏差，这就是"教"。《中庸》作为《礼记》中的一篇，在朱熹之前已经受到很多学者的重视，朱熹注释的特色在于将理气观贯穿于天命、性、道、教之中，用理学家的思想体系对固有经典文本进行创新，仅从朱熹对"修道之谓教"的解释就可以看出朱熹对《中庸》文本进行创造性转化和创新性发展的意图，同时也能看出朱熹教育思想体系既有深刻的儒家历史渊源，又有当时的时代理论特色。

纵观儒学史，任何时代的儒者无不重视教育，但不同时期的儒家又表现出各自的时代特征。宋代是儒学发生巨大转变的时代，在教育思想和教育风气上都呈现出很多新的特点。其中最显著的特征是宋代理学家提出了"圣人可学论"，打破了汉代、六朝乃至唐代以来的圣凡隔绝的思维模式。周敦颐在《通书》中说："圣希天，贤希圣，士希贤。"又："'圣可学乎？'曰：'可。'"程颐在《颜子所好何学论》中说："圣人可学而至欤？曰：然。"正如日本学者吾妻重二所说，"圣人可学论"是宋代理学家的重要思想特征，也是所有理学家共有的思想前提，在非理学家士人中很难找到这种观点。朱熹诠释"修道之谓教"时虽然以"圣人"作为"教"的主体，似乎把"教"视为"圣人"的特权，这是沿用汉唐以来的观念，即圣人才是制礼作乐的主体。然而，既然理学家心目中的圣人已经变成人人可以向往、实践的目标了，那么"学"自然变得异常重要。因此朱熹在注释"天命之谓性，率性之谓道，修道之谓教"之后，总结道："盖人之所以为人，道之所以为道，圣人之所以为教，原其所自，无一不本于天而备于我。学者知之，则其于学知所以用力而自不能已矣。""教"与"学"在理学家这里是一对不能分离的范畴，朱熹在解释"学"时就体现了这种理学家视野，他将"教"纳入"学"的涵义之中。《说文解字》解释"教"为："上所施下所效也"。朱熹在注《论语》开篇"学而时习之"时说："学之为言效也。人性皆善，而觉有先后，后觉者必效先觉之所为，乃可以明善而复其初也。"朱熹将"学"解释为"效"，把"学"与圣人之"教"建立起联系，同时他又强调了"效"他人必须与自己的"觉"联系起来，于述胜将其称之为："'觉''效'统一的逆觉主义教育本质论。"要之，将"效""觉"结合起来解释"学"也是朱熹在传承前人观念基础上进行创新的表现。在"圣人可学论"的学术背景之下，"修道之谓教"不仅是圣人制礼作乐、教化民众的使命，也是所有士人为学立志的目标，这种目标将"学为圣人"与"学以为己"结合起来，朱熹所有教育著述中无不贯彻"学以为己"的理念。这种理念成为影响后世中国教育史的重要思想,因此李弘祺用"学以为己"概括传统中国教育的特色。

另外,"修道之谓教"体现了道南学派一向重视为学之方的学术特点。《中庸》是杨时—罗从彦—李侗一脉的重要经典文本,朱熹对《中庸》的解释不仅限于《中庸章句》一书,该书作为注经之作,自然受到经文本身的限制,所以"修道之谓教"必然要用圣人、礼乐刑政等传统观念做注。然而,朱熹在《名堂室记》中则表达了"修道之谓教"的工夫论涵义。朱熹在其"紫阳书堂"居中设立晦堂,两边夹室为"敬斋""义斋"。他在解释敬、义两斋名称的来历时,说:"盖熹尝读《易》而得其两言曰:'敬以直内,义以方外。'以为为学之要,无以易此,而未知其所以用力之方也。及读《中庸》,见其所论修道之教,而必以戒惧恐惧为始,然后得夫所以持敬之本。又读《大学》,见其所论明德之序,而必以格物致知为先,然后得夫所以明义之端。"敬义夹持是朱熹在两次中和之悟后形成的修养论,由《名堂室记》可知,敬义夹持也是他读《周易》《中庸》《大学》的深刻感悟。要之,朱熹通过读《中庸》悟出"修道之教"不仅指圣人制礼作乐、教化民众,而且还意味着学者"必以戒慎恐惧为始"的"持敬"的工夫,这就把"圣人之教"与"为己之学"联系起来。故而本书以"修道之谓教"概括朱熹教育思想的特色。

本书在研究朱熹教育思想的内容安排上,突出了三个特点。

一、突出朱熹对"文以载道"的古文运动精神的继承,以朱熹经典文本为中心展示朱熹教育实践和思想。朱熹理学体系通过其著作表现出来,他的教育思想也是如此。朱熹教育思想是以《大学》"格物、致知、诚意、正心、修身、齐家、治国、平天下"八条目为纲目,以修身为中心。朱熹的诸多著述都体现了他的重德、重礼、重视格物致知的教育教化思想,本书涉及《家训》《小学》《四书》《白鹿洞书院揭示》《家礼》《增损吕氏乡约》等著述,在研究每一部著作时,都交代了朱熹编纂的动机、过程,体现了朱熹作为教育家的实践品格。

二、本书通过家庭教育、学校教育、社会教化三方面揭示了朱熹"一以贯之"的博文约礼的成德之教思想,体现了朱熹重文、重礼的传统儒家教育理念,特别是家庭教育与社会教化突出了朱熹重礼的教育特点,正如于述胜所说，朱熹教育内容的广泛性是礼的泛化之产物。本书通过对朱熹不同时期、不同场合的著述的分析可以看出，朱熹教育思想和实践始终贯穿着博文约礼的儒家传统，同时体现了宋代理学家对个体道德修养的强调。朱熹在编订《近思录》《四书》等理学著述之后，仍要编注《小学》，就是因为考虑到学者缺少涵养一段工夫，这与他两次中和之悟的转变思路如出一辙，都是重新发现了道德涵养的价值。朱熹在重视身心涵养之外，又是最重视为学方法的教育家，他提倡科学的《读书法》，但又强调"读书已是第二义"。这些都体现了朱熹异于其他理学家的独特性。

三、本书注重从东亚视野分析朱熹教育著述和教育思想的历史影响，彰显了朱熹教育思想的普遍性和实用性。通过朱熹教育文献的传播和思想的解读，可以看出朱熹教育思想对东亚文化圈的深远影响，体现了中华古代文明的普遍价值。本书论述了《小学》《四书》《白鹿洞书院揭示》《读书法》《家礼》《增损吕氏乡约》等对朝鲜半岛、日本的影响，展现了朱熹教育思想对周边国家政治、文化、教育模式的塑造，对我们当前构建中华现代文明形态、开展现代文明交流互鉴都具有借鉴意义。

当然，本书也存在不足之处。首先，由于精力时间所限，舍弃了一些最初的设想。原计划"大学教育篇"安排《近思录》、《朱子语类》中《训示门人》以及朱陆之辩、朱陈之辩章节，另设附录梳理朱门弟子及其重要成就，以展示朱熹教育思想的实际成就。其次，本书的初稿完成于2019年之前，所以对2019年之后的相关成果吸收、借鉴较少。最后，在部分内容的结构安排、具体论证等方面可能存在粗糙、生硬的状况，而这些问题只能遗憾地留待将来再做补充和修改。

目 录

导论 1

教养篇：朱熹的小学教育思想

第一章　朱熹的家庭教育及其家风传承 19
　第一节　朱熹的家学渊源 19
　第二节　朱熹对朱松家风的传承和发展
　　　　　——以《朱子家训》为中心 38

第二章　朱熹的《小学》思想及其现代价值 53
　第一节　《小学》的编纂及其影响 54
　第二节　朱熹的蒙学思想及其现代价值 72

教学篇：朱熹的大学教育思想

第三章　朱熹对大学教育的实践及其影响 87
　第一节　朱熹对官学的整顿及其反思 87
　第二节　朱熹修复书院及创办精舍 101

第四章　朱熹大学教育的教材、教法及学规 116
　第一节　《四书章句集注》的编纂、理学思想及其历史影响 117
　第二节　《朱子读书法》的教育理念及其现代价值 135
　第三节　《白鹿洞书院揭示》的教育理念及其影响 151

教化篇：朱熹的社会教化思想

第五章　朱熹《家礼》的特质及其历史影响 ……………………… 167
　第一节　朱熹《家礼》的编纂及其内容 ……………………………… 168
　第二节　朱熹《家礼》在民间社会的普及和影响 …………………… 189
第六章　《增损吕氏乡约》的社会教化理念及其实践 ……………… 213
　第一节　《增损吕氏乡约》的编纂及其社会教化思想 ……………… 213
　第二节　《增损吕氏乡约》的历史实践及其启示 …………………… 232

参考文献 ……………………………………………………………… 243
后记 …………………………………………………………………… 247

导 论

一、文献综述

钱穆指出："在中国历史上，前古有孔子，近古有朱子，此两人，皆在中国学术思想史及中国文化史上发出莫大声光，留下莫大影响。旷观全史，恐无第三人堪与伦比。"[①] 从现代学科分类角度看，朱子学涉及哲学、文献学、史学、文学、伦理学、美学等多个领域，因而当代学者往往侧重从某一学科去研究朱子学，其中不乏有对朱熹教育思想的研究。由于朱熹在中国文化史上的特殊地位，研究者对朱熹教育思想的评价也受到很多因素的影响，有的学者持肯定态度，有的学者以批判为主，有的学者则持一分为二的态度。儒学一向以伦理道德为核心，以教化民众为主旨，所以儒学亦有儒教之称。朱熹的学说体系无一不与教育有关，而且朱熹一生教书著述，孜孜不倦，朱熹的一生是教书育人的一生，朱熹的教育思想与其实践是相辅相成的。在当代研究朱熹教育思想的成果中，有的从教育学角度全面分析，有的从道德教育、蒙学教育、书院教育、人文教育等方面归纳总结，下面就对已有研究成果作一综述。

（一）关于朱熹在教育史上的地位和评价

学者对朱熹教育成就的评价具有鲜明的时代性。有的学者对朱熹的教育成就予以高度评价，比如周予同说："朱熹之理想的教育制度，不仅为纸上之空谈，尝曾施之于实际，而与后代学校制度及民族文化发生重大之关系。其

---

① 钱穆：《朱子学提纲》，北京：生活·读书·新知三联书店，2005 年，第 1 页。

所修建之白鹿洞书院，实其理想的大学制之试验。白鹿洞书院学规一文，简明切实，显示朱熹对于教育之全部思想。……书院制度之兴盛，与人格教育思想之发达，朱熹之白鹿洞书院实与有大功焉。"① 陈钟凡说："统观熹之教育学说，立志务求远大，气象务求恢宏，而功夫必须切己踏实，不可专恃书册求义理，须就自身推究，切近处理会。积累日久，而后天地事物之理，修齐治平之道，莫不贯通。此由近及远，下学上达之功，非一超直悟，直捷简易之说之可比也。"② 可见，朱熹对书院制度的贡献，对下学上达功夫的强调深得传统学者的赞同。

有的学者运用现代教育学理论研究朱熹教育思想，如20世纪80年代相继出版了韩钟文的《朱熹教育思想研究》和周德昌的《朱熹教育思想述评》，韩著有四十余万字，研究特色鲜明，"首先，突破了传统的教育史研究方法，对朱熹教育思想不是就事论事，而是从广阔的中国传统文化背景中寻根溯源，综合融通，进行比较和分析，并且以现代国内外教育理论为工具，对朱熹教育思想进行分析评价"③；"其次，大胆开拓朱熹教育思想研究新领域，如朱熹论教育目的与教育制度，朱熹教育社会学思想，朱熹论人的发展与教育，朱熹的群育思想，朱熹的审美教育思想，朱熹的教育心理学思想，朱熹的学导式教学法等"④。尽管运用了很多国外的教育学理论来分析，但由于作者非常尊重史料，所以对朱熹的教育思想和成就的评价比较客观，全书对朱熹教育成就持肯定态度。

周德昌的专著有八万多字，先论述了朱熹的学术渊源、教育活动，然后按照现代教育学理论，从教育目的、任务和作用，学习阶段和教育内容，教学理论和方法，德育的理论和方法四方面展开论述。作者始终以阶级分析方法评判朱熹及其教育活动，一再指出："朱熹办学的基本任务，是为了整顿和

---

① 周予同：《孔子、孔圣和朱熹》，上海：上海人民出版社，2012年，第182页。
② 陈钟凡：《两宋思想述评》，北京：东方出版社，1996年，第247页。
③ 韩钟文：《朱熹教育思想研究》，南昌：江西教育出版社，1989年，《毛礼锐序》，第1页。
④ 韩钟文：《朱熹教育思想研究》，南昌：江西教育出版社，1989年，《毛礼锐序》，第1页。

灌输封建伦理道德，维护封建地主阶级的统治。"[1]"朱熹是一个忠实为封建王朝效力的教育家。因此，他也得到了封建统治阶级的优宠。"[2] 作者尽量用一分为二的观点来看待朱熹的教育思想，比如，他指出："从总的倾向来说，朱熹在政治上是比较保守的，他的教育思想和教育活动也是为封建地主阶级服务的。但是，在长期的教育、教学实践活动中，他积累了不少经验，这些经验范围广泛，内容复杂，瑕瑜互见，鱼龙混杂，需要我们用马克思主义的观点、方法进行具体的、细致的分析，去其糟粕，取其精华，对它进行科学的总结。"[3] 作者把教育理论和方法分开评价，认为"在教学理论和方法方面，尽管朱熹是一个客观唯心主义者，他的教学理论和方法不可避免地打上了一些唯心主义烙印，但是从总的倾向来说，它是精华多于糟粕"[4]。"朱熹的德育理论和方法，从总体上来看，则是糟粕多于精华。他的'存天理，灭人欲'的思想目的在于不断发扬人们的封建道德观念，并克制和消灭一切不利于封建统治阶级利益的思想和行为。他把三纲五常作为德育内容并向人民灌输。它是封建地主阶级拿来套在人们身上的无形镣铐，无疑都是糟粕。朱熹所提倡的'克己''主敬''存养''省察'等德育方法，它的唯心主义色彩和消极面也比较多。"[5] 在作者看来，朱熹的哲学思想也是有阶级性的，"朱熹的'气禀'说是封建地主阶级压迫劳动人民的精神武器"[6]。当然，这种批判性继承的方法一度是学者评价传统文化的基本思维方式。

与周著极力批判朱熹的德育思想不同，我国台湾出版的赵显圭的《朱熹人文教育思想研究》则突出了朱熹在德育方面的优势，全书以肯定朱熹人文教育思想的历史作用和现代意义为基调。作者赵显圭是一名韩国人，他对朱熹的教育思想作了如下评价：

> 朱熹不仅是儒家正统思想的哲学家，也是积极从事教育实务工作的

---

[1] 周德昌：《朱熹教育思想述评》，长春：吉林教育出版社，1987年，第28页。
[2] 周德昌：《朱熹教育思想述评》，长春：吉林教育出版社，1987年，第115页。
[3] 周德昌：《朱熹教育思想述评》，长春：吉林教育出版社，1987年，第112—113页。
[4] 周德昌：《朱熹教育思想述评》，长春：吉林教育出版社，1987年，第115页。
[5] 周德昌：《朱熹教育思想述评》，长春：吉林教育出版社，1987年，第115页。
[6] 周德昌：《朱熹教育思想述评》，长春：吉林教育出版社，1987年，第21页。

教育家，他一生致力于文化传承的教学工作，以教人成圣贤为第一要义。他所主张的教育思想，乃以发扬人本有之性善根源，教人致力于成己、成人、成物之工夫。因此，阐释发扬朱熹之人文教育观点，以补救现代教育偏重科技教育为主所造成的偏失，并重新彰显与建构人文教育的目标、内涵与实践，当有所裨益。①

显然，作者对朱熹教育的评价更倾向于肯定朱熹教育对现代人文教育的积极意义，从论述思路上看，作者从一开始就关注到朱熹理学思想的深厚根源，最后认为朱熹人文教育观点对现代教育有补救意义。如果仅从阶级分析立场出发，朱熹讲三纲五常、明人伦是为了维护封建统治阶级的利益，完全是落后于时代的思想；而赵显圭则从现代教育偏重科技忽视人文教育角度，更加肯定了朱熹明人伦、回复本然之性的思想。

大陆学者对朱熹教育思想的评价也在发生变化，如郭齐家在《中国教育史》中也立足于传统与现代的差异，对中国传统教育的特色进行了总结，认为中西教育各有特色，西方教育偏重科技教育，中国教育偏重人文教育，中西教育可以互相补充。"现在西方社会出现的后现代化的要求，这种后现代化的要求刚好就是中国传统文化和传统教育可以提供的；在中国社会里出现的现代化的要求，这种现代化的要求刚好就是西方文化和科技教育可以提供的。"② 正如赵显圭指出现代工商业高度发达的社会有"社会病"，需要人文教育补救，郭齐家也指出："越是科技高度发达的现代化社会，中国传统教育的人文关切和'天人合一'的理想对人类的启迪和警示作用则越大。"③ "中国传统以教育为立国之本，教育不应被片面地理解为科学技术知识的传递，还应强调道德理性和人文精神的重建。中国传统教育的终极目的是培育民族精神，淳化代代人风，提高人的心灵素质，帮助人们修养身心，达到一种真善美统一和谐的人格境界。不管现代社会科技、商业如何发达，不管我们从事的现代职业如何先进、精密，人性的培育，心灵境界的提升，人们从实然的人向

---

① 赵显圭：《朱熹人文教育思想研究》，台北：文津出版社，1998年，序言。
② 郭齐家：《中国教育史》，北京：人民教育出版社，2015年，前言，第7页。
③ 郭齐家：《中国教育史》，北京：人民教育出版社，2015年，前言，第8页。

应然的人的超越,总是不可替代的。"① 在此基调下,该书论述了朱熹理学本体论、《白鹿洞书院学规》、"小学"与"大学"、道德修养的主张(立志、主敬、存养、省察)以及关于教学的思想、教学原则和教学方法等。总体来看,中国学者对朱熹教育思想中关于读书、为学方法等方面均持肯定态度,但对于朱熹关于德育思想的评价则有分歧。美国学者狄百瑞充分肯定了朱子学对东亚社会的重要作用,他指出,中、日、韩是用朱子学作为教育公分母的,以朱子学为代表的新儒学作为一种思想体系和道德力量,即便在近现代社会,朱子学的核心课程仍在继续起作用。②

(二) 关于朱熹德育思想的研究

从教育学角度研究朱熹,常常把朱熹教育思想分为德育、智育、群育、美育等方面,如韩钟文、赵显圭。儒家教育思想中最重要的莫过于道德教育,然而学者对朱熹德育思想的评价则非常不同。比如周德昌认为,朱熹的德育思想是维护地主阶级利益的工具,他说:"在学校教育中,朱熹特别强调封建伦理纲常的灌输和训练。"③"朱熹把'三纲五常'的伦理道德视为是维护封建专制等级制度的命根子。"④ 因此,他认为:"朱熹的德育理论和方法,从总体上来看,则是糟粕多于精华。"⑤ 不过,作者也承认朱熹的德育理论中仍有不少值得吸取的东西,比如主张为善去恶,主张致知和践行并重,德育过程中注意循序渐进的原则等。他认为:"朱熹的德育方法是为加强个人的道德修养而设计的,从德育理论和方法的发展史上来看,这个思想是我们应该加以研究的。"⑥

韩钟文则从儒家发展脉络以及社会现实出发,积极评价朱熹的道德教育思想,他指出:"以仁为德育的指导思想与价值准则是朱熹的一贯主张。"⑦

---

① 郭齐家:《中国教育史》,北京:人民教育出版社,2015年,前言,第9页。
② (美)狄百瑞:《东亚文明五个阶段的对话》,何兆武、何冰译,南京:江苏人民出版社,2012年,第57页。
③ 周德昌:《朱熹教育思想述评》,长春:吉林教育出版社,1987年,第85页。
④ 周德昌:《朱熹教育思想述评》,长春:吉林教育出版社,1987年,第85页。
⑤ 周德昌:《朱熹教育思想述评》,长春:吉林教育出版社,1987年,第115页。
⑥ 周德昌:《朱熹教育思想述评》,长春:吉林教育出版社,1987年,第110页。
⑦ 韩钟文:《朱熹教育思想研究》,南昌:江西教育出版社,1989年,第173页。

"仁与不仁，公和私，义与利，天理与人欲的分辨，是朱熹判断人的道德行为的价值准则，他是以这些价值来衡量人的道德行为的善与恶，道德与非道德的。"① 对于遭受诟病最多的理欲之辨，作者认为，朱熹"所说的'天理'与'人欲'、'人心与道心'的分辨，就是从道德哲学的高度立论的"②。关于德育原则、方法，作者归纳为立志、内省、涵养、持敬、格物致知五个方面，并指出这"是朱熹德育思想中最富特色的地方，这是他对受教育者实施德育过程中必须遵循的基本要求"③。该书对很多关于朱熹德育思想的误解做了厘清。赵显圭在书中专门设有一节论道德哲学，分为善恶论、德论（主要指仁、义、礼、智、信五常）、五伦论，又有专节论德育观，重点论述了内省、涵养、持敬、格物致知四方面德育的原则和方法，对朱熹的德育思想秉持肯定态度。

对朱熹德育思想的分歧源自各自的参照不同，如果站在新旧文化冲突的角度，把朱熹看作是旧文化的代表，很自然就得出朱熹教育思想是落后的封建统治阶级思想的结论；如果站在传统与现代对比的立场，就不能不反思现代教育忽视人文关怀、道德修养的一面，而重新评价以朱熹为代表的传统儒家德育思想。客观而言，朱熹的德育思想是儒家德育思想的传承和发展，代表传统儒家教育思想的特色，对现代仍有其现实意义。简单地把朱熹的明人伦思想看作是维护地主阶级的利益并不符合史实，且不说君臣、父子之间并非只有愚忠愚孝的情况，就从朱熹的经历来看，他为官时间短，长期从事教学著述，他在为官期间也做了大量有益于社会教化的工作，很难说其是封建地主阶级的代言人。

（三）关于朱熹为学方法的研究

与朱熹的德育思想评价不同，关于朱熹论读书、论为学等方法论的评价，学界基本持肯定态度。如钱穆《朱子学提纲》有"朱子论为学""朱子论读书"两节专论，其高度评价朱熹为学工夫的全面性，他说："朱子论心学工夫，每从一体之两面会通合说。其论为学工夫，亦复如是。"④ 世人多以尊德

---

① 韩钟文：《朱熹教育思想研究》，南昌：江西教育出版社，1989年，第179页。
② 韩钟文：《朱熹教育思想研究》，南昌：江西教育出版社，1989年，第189页。
③ 韩钟文：《朱熹教育思想研究》，南昌：江西教育出版社，1989年，第206页。
④ 钱穆：《朱子学提纲》，北京：生活·读书·新知三联书店，2005年，第150页。

性和道问学区别朱陆,很多学者指出这其实是一种误解,朱熹是向来主张尊德性和道问学并重的,如钱穆说:"朱子内弟程允夫,以道问学名斋,嘱朱子为之铭,朱子告以当易斋名为尊德性。盖尊德性是道问学宗旨,道问学是尊德性方法。一切道问学,皆当以为尊德性。朱子之告象山,亦曰:某之学,道问学方面说多了。此因尊德性无许多话说,道问学则其事无穷无尽,不容不多说。"①

韩钟文从教育学的视角重新阐发了朱陆之辨,他认为:"朱熹将学习的过程或求知的过程视为否定之否定的过程,即约→博→约的过程,朱熹的概括虽然是以探求道德知识为主的,但对于求知过程的认识亦有普遍意义。"② 韩钟文在论及朱陆之辨时,指出:"实质上两位学者同是'尊德性而道问学'的。相比较而言,朱熹主张由博返约,以'道问学'为必要,而陆九渊则主张由约而不由博,或竟不博,以道问学为次要。……朱熹的学术精神与陆九渊相比较,更富有代表意义。"③ 韩钟文认为颜元批评朱熹只顾读书也是误解,其实朱熹亦重视实践验证与经世致用。"朱熹所论的'博学',是求实学或经世致用的博学,与'好立虚论事'的'清谈''禅学'以及缺乏进取精神的'乡愿'之学是大相径庭的。……朱熹把读书视为第二义的思想,已开颜元学术思想的端绪。"④ 此诚为确论。

李长春指出:"朱熹哲学固然以强调客观知识的探索为理论特征,但其教育思想却始终坚持知识和德性的内在统一。"⑤ "朱子和象山的真正分歧不在于谁主张'尊德性'、谁主张'道问学',而在于究竟要不要在'尊德性'之外再讲一个'道问学'。只有在这个意义上,才能更加深刻理解为何象山批评朱子格物穷理之说为'支离'。'支离'固然是朱学之病,然而批评朱子偏于'道问学'而不'尊德性'却是莫须有的罪名。朱子非但不轻视'尊德性',而且把'尊德性'看成最根本的法门。朱子之所以不专以'尊德性'立教,

---

① 钱穆:《朱子学提纲》,北京:生活·读书·新知三联书店,2005年,第151页。
② 韩钟文:《朱熹教育思想研究》,南昌:江西教育出版社,1989年,第296页。
③ 韩钟文:《朱熹教育思想研究》,南昌:江西教育出版社,1989年,第300—301页。
④ 韩钟文:《朱熹教育思想研究》,南昌:江西教育出版社,1989年,第309页。
⑤ 李长春:《"道问学"处多了些子?——朱熹教育思想新论》,《北京大学教育评论》2009年第1期,第83页。

另讲一个'道问学',无非是怕学者束书不观、流入禅学、难应事变罢了。"①同样,朱熹也是兼顾博和约的。朱熹说:"为学须是先立大本,其初甚约。中间一节甚广大,到末梢又约。近日学者多喜从约,而不于博求之,何以考验其约?又有专于博上求,而不反其约,其病又甚于约而不博者。"钱穆指出:"此条,一面针砭当时之陆学,一面指斥当时之浙学。朱子曾谓象山两头明,中间暗,即指此。"②

朱熹最难得的地方是在说理盛行的时代里提倡读书,钱穆指出:"在理学家中,正式明白主张教人读书,却只有朱子一人。"③"朱子读书法既是心地工夫,同时又是一种涵养,同时亦即是一种践履。"④朱子读书法在现代依然是很多学者指导读书的方法,余英时说:"中国传统的读书法,讲得最亲切有味道的无过于朱熹。"⑤周德昌认为:"朱熹的读书法,尽管还夹杂着一些封建糟粕和不足之处,但是从总体上说,却是丰富多彩的,并且包含着不少具有独创性和可资借鉴的见解。它之所以值得我们批判地吸收,其最主要的根据是这些经验在一定程度上反映了教学的客观规律。"⑥

韩钟文和周德昌在书中都论及教学过程,都以"博学之,审问之,慎⑦思之,明辨之,笃行之"为中心展开,即《白鹿洞书院揭示》中的"为学之序"。周德昌认为朱熹"对'学、问、思、辨、行'这五个学习步骤都发表了不少精辟的见解。……朱熹关于教学过程理论中的积极因素是值得我们批判地吸收的"⑧。韩钟文认为朱熹总结了从孔子到张载、程颐的教学过程论,把教学过程划分为立志、博学、审问、慎思、明辨、时习、笃行七个阶段。对慎思、明辨、笃行、时习等方法的讨论都有新意。赵显圭在论及智育观时,

---

① 李长春:《"道问学"处多了些子?——朱熹教育思想新论》,《北京大学教育评论》2009年第1期,第90页。

② 钱穆:《朱子学提纲》,北京:生活·读书·新知三联书店,2005年,第153页。

③ 钱穆:《朱子学提纲》,北京:生活·读书·新知三联书店,2005年,第155页。

④ 钱穆:《朱子学提纲》,北京:生活·读书·新知三联书店,2005年,第161—162页。

⑤ 余英时:《如何读书——做一个真正有知识的人》,《学衡》2018年9月8日。

⑥ 周德昌:《朱熹教育思想述评》,长春:吉林教育出版社,1987年,第76页。

⑦ 慎:朱熹《白鹿洞书院揭示》为避宋孝宗讳作"谨"。本书引文同此,除需特殊说明外,下文论述均不再作注释。

⑧ 周德昌:《朱熹教育思想述评》,长春:吉林教育出版社,1987年,第64页。

从立志为学、博学、审问、慎思、明辨、时习、笃行七方面阐发。日本学者吾妻重二则认为朱熹所言穷理具有多层性，兼具知识性和道德性，后世穷理说分别沿着客观性与主观性两个方向逐步发展。① 总起来看，学者一致高度评价朱熹的为学方法和读书法。

（四）其他专题研究

1. 关于朱熹蒙学教育、家庭教育等角度的研究。

关于朱熹的蒙学教育思想，特别对于儿童道德教育思想，学者基本持肯定态度。如姚郁卉认为朱熹的小学教育有四方面值得注意：重视道德养成教育，重视道德规范的教育，重视道德榜样教育，重视儿童喜闻乐见的教育形式。② 陈利华结合朱熹训蒙思想的内涵对当下少年儿童进行道德教育与人格培养提出了几条可行性建议：重视儿童行为习惯的培养，规范儿童的日常行为，重视榜样的垂范作用，激发儿童的潜能。③ 张鹏宇以朱熹的《小学》《童蒙须知》《训蒙绝句》三部童蒙教材的文学性进行考察，归纳出三个特点：文道并重，养成教育，理性思辨。④ 他指出："《童蒙须知》《小学》《训蒙绝句》的文学水准和文学艺术性普遍较高，这一方面固然是'圣人妙笔'功力的自然显现，另一方面也是有意而为之，最后达到的效果自然是他的三部童蒙读物都是文学性很高的文学读本，而且同时在其中朱熹成功地传达了他的文学教育观和文学人才的培养观念，并且也成功地影响了他身处的时代和以后很长的时代内的文学思想。"⑤《大教育家朱熹》《南宋教育史》都提到朱熹有关蒙学教育、家庭教育的内容，周德昌也肯定了小学和大学教育分段的积极意义。

2. 关于朱熹书院教育的实践研究。

陈荣捷在《朱子与书院》一文中对朱熹创立寒泉精舍、武夷精舍、竹林

---

① （日）吾妻重二：《朱子学的新研究——近世士大夫思想的展开》，傅锡洪等译，北京：商务印书馆，2017年，第265页。

② 姚郁卉：《朱熹小学的蒙养教育思想》，《齐鲁学刊》2005年第4期，第20页。

③ 陈利华：《朱熹蒙学教育思想的基本内容及其当代启示》，《武夷学院学报》2009年第3期，第8—9页。

④ 张鹏宇：《论朱熹童蒙文献的文学教育意义》，《社科纵横》2018年第4期，第104—110页。

⑤ 张鹏宇：《论朱熹童蒙文献的文学教育意义》，《社科纵横》2018年第4期，第110页。

精舍以及重建白鹿洞书院、岳麓书院进行考证和论述，阐述了书院的功能以及朱熹对书院的贡献等。① 方彦寿在《朱熹书院与门人考》中考证了与朱熹生平有关的书院67所，辨析无关的8所。高令印在《朱熹事迹考》中对朱熹的行踪，包括受学、从政以及书院遗迹等进行了调研和考证。这些都是研究朱熹教育实践活动的重要材料。陈国代、姚进生、张品端合编的《大教育家朱熹》分为上、下两个部分，上编为"朱熹的教育历程"，下编为"朱熹的教育思想"。上编以时间为顺序，以朱熹的书院讲学活动为线索，围绕朱熹与书院的关系，论述了朱熹在福建各地以及皖赣湘浙的讲学活动。另外，在书院史的著述中都有关于朱熹与书院的相关实践和研究。总的来说，学者都高度评价朱熹在中国书院史、书院制度发展中的地位和成就。

3. 关于社会教育的研究。

与书院教育、家庭教育相比，关于朱熹的社会教育研究稍逊一筹。赵显圭在《朱熹人文教育思想研究》一书中专门有一节论述社会教育，归纳了朱熹推广社会教育的四种形式：建祠堂；颁礼教；修礼书，订"家礼"；行乡约。赵显圭认为："朱熹特别重视社会教育，这是他的教育思想的一大特征。除了利用乡约这种地方性自愿团体来从事教育民众的工作之外，朱熹也提倡用榜文、劝谕文来传播儒家的道德观与价值观到民间。虽然教育的对象及方式不同，可是我们可以看出朱熹所主张的人文教育精神贯穿了小学、大学、书院、乡约、劝谕文种种教育制度或方式。"② 于述胜也特别关注了朱熹的礼学教育思想，认为朱熹的礼论是其教育内容理论的重要基础，教育内容是礼的泛化之产物。③ 苗春德、赵国权在《南宋教育史》中也从形式和内容两方面论述了朱熹的社会教育思想。

4. 从教育思想的内在矛盾、逻辑进路等角度研究朱熹教育思想。

有的学者分析朱熹教育思想中存在的理论矛盾，如郑钢认为朱熹教育思想存在三对矛盾：重视学生的主动作用与封建社会本位观的矛盾；"知在行先"与"行比知重"的矛盾；灭欲节情与立志持敬的矛盾。作者认为矛盾的

---

① 陈荣捷：《朱子新探索》，上海：华东师范大学出版社，2007年，第321—347页。
② 赵显圭：《朱熹人文教育思想研究》，台北：文津出版社，1998年，第240页。
③ 于述胜：《朱熹与南宋教育思潮》，济南：山东大学出版社，1996年，第68页。

根源有三方面：首先，朱熹教育思想受中国古代认识论特点的制约；其次，朱熹教育思想中的内在矛盾是他的哲学体系巨大矛盾的反映；再次，朱熹所处的时代使他只可能把封建社会的秩序、法规、伦理道德，当作普遍必然无所不在的"天理""性命"来压迫、扼杀人的感性自然和欲求，来规范人的实践活动。[①] 张灵、余龙生分析了朱熹教育心理思想的逻辑性指出，朱熹从"尊理体道"出发，形成了比较独特的教育心理思想，比如，朱熹认为教育能改变人性，突出"天理"，使"人心"服从"道心"；在学习心理上，认为学习其实就是"积累"和"贯通"相结合的过程；强调要采用正面引导为主的方式，主张对人的品德心理的培养与训练要从小开始；根据差异心理，朱熹明确提出了"圣贤施教，各因其材"的命题；认为能够使用举一反三、启发诱导等富有心理学意义的教学方法，是教师必备的心理品质等。朱熹的教育心理观念至今仍然值得我们思考和学习。[②]

总之，由于朱熹在中国思想史、教育史上的成就和贡献，几乎所有论及教育史的著作都会涉及朱熹的教育思想。在研究方法上，有的按照教育学理论分析，有的按照教育史来分析，有的偏重实践，有的偏重理论。任何研究成果都是时代的产物，都带有时代特征。按照现代意识形态去看待并评价八百多年前的朱熹，需要我们充分利用史料，充分考虑到南宋社会的现实以及中国两千年的儒家传统。毕竟朱熹作为传统士大夫，虽有短暂的做官经历，但他的主要生活仍围绕着教学著述开展，在他有限的仕途生涯中，朱熹不仅没有得到皇帝的重用，而且还一度受到朝廷的压制，因此其与统治阶级的利益并不完全一致。从朱熹从事的教育实践而言，他注重小学、书院、家礼、乡约，都是为了普及道德教化，让更多的平民百姓受到道德教化。尽管时代发生了变化，社会结构也在发生变化，但朱熹这种重视家庭和社会、重视道德修养的教育思路仍有现实意义。

[①] 郑钢：《论朱熹教育思想的内在矛盾》，《江西教育科研》1992年第1期，第61—62页。

[②] 张灵、余龙生：《尊理体道：朱熹教育心理思想的逻辑进路》，《南昌大学学报（人文社会科学版）》2014年第6期，第151页。

二、研究意义

2021年3月22日，习近平总书记来到武夷山朱熹园，首次提出了将马克思主义基本原理同中华优秀传统文化相结合。同年，习近平总书记在中国共产党成立一百周年大会上提出了"坚持把马克思主义基本原理同中国具体实际相结合，同中华优秀传统文化相结合"的"'两个结合'思想"，在此背景下，面对新形势、新问题，重新评估朱熹教育思想的当代价值是非常必要的。

首先，习近平总书记一再强调，要坚持道路自信、理论自信、制度自信、文化自信。其中文化自信是一个民族、一个国家以及一个政党对自身文化价值的充分肯定和积极践行，并对其文化的生命力持有的坚定信心。为此，推动中华优秀传统文化的创造性转化和创新性发展、建立中国特色的哲学社会科学已经是学界乃至全社会的共识，朱熹理学思想体系正是中华优秀传统文化的重要组成部分。研究朱熹教育思想，进而结合现实，发掘朱熹教育思想的当代价值，无疑顺应了新时代文化发展的趋势。另外，构建中国特色的哲学社会科学是当前历史发展的必然要求，朱熹理学思想是一个庞大精致的体系，是融合了原始儒家、佛教、道家的思想而成，研究朱熹思想对于当前构建中国特色哲学社会科学具有借鉴意义。

其次，朱熹思想体系不仅有哲学思想，也有丰富的家庭教育思想、学校教育思想、社会教化思想等，这些思想与朱熹的理学思想相辅相成。而现代教育对道德人文教育的忽视，带来很多社会问题，如社会道德滑坡，青少年心理素质出现一些问题等。在此情形下，借鉴朱熹家庭教育、社会教育的一些思想，对培育和践行社会主义核心价值观具有重大的现实意义。

三、研究内容

本书共有六章，分为教养、教学和教化三个专题，也即家庭教育、学校教育和社会教育，每个专题有两章。

第一章和第二章主要围绕家庭教育论述。第一章论述了朱熹的家学渊源以及《朱子家训》所体现的家风传承，主要从朱熹的成长环境和经历分析了朱熹的家庭教育以及蒙学教育思想。朱松对朱熹的蒙学教育包括《大学》《中庸》《论语》《孟子》等四书的教育，以及诗学、春秋学等经学教育，对朱熹的经学和文学思想都有重要启蒙作用；朱松的主战思想对朱熹一生都有重要的影响；朱松好佛老的气质也深深影响了朱熹，为朱熹后来辟佛老提供了深厚的思想基础。朱熹的很多教育理念传承于朱松，从朱熹所作的《家训》中不难看出，朱熹对子孙的教育基本继承了朱松对自己的蒙学教育理念。

第二章以朱熹的《小学》为主，分析其蒙学思想和理念。朱熹在晚年撰写《小学》，是为了补充《大学》"格物穷理"的不足，因此《小学》既是蒙学教材，也体现了朱熹理学的精髓。《小学》的撰写动机是为了弥补《大学》的不足，解决当时学界好高骛远的风气。《小学》按照立教、明伦、敬身三个主题，分内篇和外篇，编写的方式基本仿照《温公家范》和《书仪》，对古代经典中相关的事迹语录进行摘录，这种方式充分考虑了童蒙的认知水平和理解能力，所以在后世得到儒者的普遍接受和广泛传播，受到海内外朱子学者的推崇，成为朱子学者修身的指导用书。

第三章和第四章围绕学校教育展开。第三章着眼于朱熹的教育实践活动，包括他整顿官学、修复以及建立书院（精舍）等实践活动，体现了朱熹实干的一面。朱熹在二十四岁时到同安任职，主管县学，对县学的图书馆、教材教法都进行了改革，最终改变了当地只求功名利禄的学风。后来朱熹到南康（治所在今江西省庐山市）、潭州（治所在今湖南省长沙市）任职，也对当地的军学、州学进行整顿，改变了当地的学风。更为重要的是，朱熹在南康时修复了白鹿洞书院，在潭州时修复了岳麓书院，为当地的人才培养打下基础，对南宋书院教育的繁荣起到极其重要的作用。除此之外，朱熹还对当时的科举制度进行全面反思，在晚年写成《学校贡举私议》，认为科举考试的内容除了经史之外，还要有实务性的课程，在经学教材的选用上，主张广泛选用汉唐以来的经典注释，而不是选用一家一派注释，这些反思具有现实的批判性。朱熹为了著书立说、教授学生方便，先后修建了寒泉精舍、武夷精舍、竹林（沧洲）精舍。一方面，这些书院（精舍）与朱熹的著述和学说的形成与发展都有密切关系；另一方面，朱熹的学说也通过这些书院中成长起来的弟子与后学传播到全国各地，为朱子学在日后成为官学起到关键作用。

第四章以朱熹的思想以及著作为主，分析朱熹关于书院教育、大学教育的基本观点和理念。首先论述了朱熹《四书章句集注》的编纂过程以及内容、影响，突出了朱熹对大学教育阶段教材的贡献；然后论述《朱子读书法》《白鹿洞书院揭示》对后世理学教育的影响。《朱子读书法》是弟子记载的朱熹关于读书的语录，集中体现了朱熹对读书目标、读书方法、读书内容等的看法。由于读书法本身就是方法论、工夫论，所以对我们现代的读书、学习、研究都有借鉴意义。朱熹的《白鹿洞书院揭示》是选用古代经典中的原有语言整合而成，表达了朱熹对书院教育的基本看法，主要有五教之目、为学之序、修身之要、处事之要、接物之要。《白鹿洞书院揭示》后来被朱熹用到岳麓书院和沧洲精舍的教育活动中，而且后世的很多书院也都直接引用《白鹿洞书院揭示》作为学规。《白鹿洞书院揭示》在传入朝鲜半岛、日本之后，很多朱子学者也将之作为自己为学的指导，同时也将其用到当地的书院教育中。可以说，《白鹿洞书院揭示》对东亚文化圈的书院教育都起到了重要指导作用。

第五章和第六章重点论述了朱熹的社会教化思想，体现了古代儒者"修己治人"思想以及"在上位则美政，在下位则美俗"的社会现实关怀。第五章以《家礼》为中心，分析了《家礼》的编纂、特质以及影响。《家礼》是朱熹在司马光《书仪》的基础上对冠婚丧祭之礼进行的简化，并在《通礼》中设立祠堂条目，按照传统宗法制度对祠堂制度进行规定，祠堂制度以及宗法制度对后世平民的日常礼仪、家族家规等都发挥了重大作用。由于朱熹的《家礼》是以普通民众的日常生活礼仪为主要内容，所以在明代通过《明集礼》《明会典》的方式，规定为全国平民阶层日常礼仪的参考标准，从而成为后世中国人冠婚丧祭以及日常礼仪的重要规范。随着朱子学传播到海外，《家礼》也受到朝鲜半岛、日本的推崇。

第六章以《增损吕氏乡约》为中心，分析其编纂、内容以及影响。《增损吕氏乡约》是朱熹在吕大钧《吕氏乡约》和《乡仪》的基础上增损而成，它以德业相劝、过失相规、礼俗相交、患难相恤为主要内容，集中体现了以道德为导向、以礼俗为主要手段、以社会教化为目的的地方自治理念。然而当明清统治者把乡约纳入国家管理基层社会的体系时，乡约就带有了强制性色彩，直到现代梁漱溟以乡约为指导进行乡村建设运动时仍然依赖政府的力量，这都不同于南宋乡约以基层民众为主、以乡绅为主导的自治形式。而《增损吕氏乡约》也随着朱子学的传播成为影响东亚社会的重要礼仪规范。

四、研究方法

1. 坚持辩证唯物主义和历史唯物主义的方法。

把朱熹的教育实践和思想放在南宋社会的大背景之下进行历史分析，揭示其内在的逻辑结构。通过分析朱熹理学思想，揭示朱熹教育思想的哲学基础。在评价朱熹教育实践和思想时，坚持辩证唯物主义，既考虑到当时的历史现实，又考虑到朱熹个人的理学追求。

2. 比较研究法。

朱熹的教育思想一方面来源于他的父亲和老师，另一方面也离不开与学友的讨论，所以在与前辈、同辈学者的思想对比中，揭示出朱熹教育思想的包容性、独特性、一贯性。比如通过比较朱熹与朱松家庭教育的异同，可以看出朱熹对父亲教育思想的继承和发扬；通过分析朱熹编纂《小学》《四书章句集注》《家礼》的过程，以及修建书院及书院教育与整顿官学的措施和理念，体现了朱熹对当时社会主流思想的反思与创新。

3. 理论和实践相结合的方法。

一方面，在分析朱熹的教育思想时，时刻结合朱熹本人的教育实践，比如把朱熹本人接受的家庭教育与他的《小学》等著述相对照，揭示了朱熹蒙学教育思想来源于实践。另一方面，在论述书院教育、《家礼》等具体章节的写作中，将史料与实地调查相结合，通过到书院、民间社会等个同场合参观调研，更深入地领会和把握朱熹的教育理念与思想。

五、研究特色和创新

本书拟立足朱熹理学体系，参照朱熹受学、修书院、编教材、书院教学等教育实践活动，着重从小学教育思想、大学教育思想、社会教化思想等方面展开理论探讨和实地考察，客观评价朱熹教育思想的历史作用，进而探讨朱子教育思想在当前社会的现实价值。研究特色主要集中在以下三点。

第一，客观、全面、立体地刻画了朱熹作为教育家的形象，试图改变长期以来人们对朱熹刻板的理学家印象。比如：朱熹在《家训》中对子孙后代提出的要求都是修德、为学、读书等，丝毫不涉及功名利禄；朱熹在《白鹿洞书院揭示》中提出五教之目、为学之序、修身之要、处事之要、接物之要等内容；朱熹在《学校贡举私议》中批评了科举考试只求功名、读书只读一家传注的现象；在《增损吕氏乡约》中，朱熹规定了乡民之间的德业相劝、过失相规、礼俗相交、患难相恤，体现了以道德和礼俗来引导基层民众的儒家治理理念。要之，从家庭教育、书院教育和社会教育中，可以看出朱熹并非简单地要求社会各阶层"存天理，灭人欲"，而是有针对性地、有层次地引导社会各阶层回复本来的善性。

第二，从家庭、学校（书院）、社会教育三个方面来分析朱熹教育思想，集中体现了朱熹教育思想的系统化。本书通过对朱熹《家训》《小学》《四书章句集注》《读书法》《白鹿洞书院揭示》《家礼》《增损吕氏乡约》等经典文本的内容分析可见，朱熹的蒙学教育思想、学校教育思想以及社会教化思想是一以贯之的，朱熹认为，"性即理"，但"性道虽同，气禀则异"，因此从儿童到成人都要进行不同层次的教育和学习。如果我们从理学人性论去分析朱熹关于不同阶段教育的论断，就会发现朱熹的蒙学教育思想、学校教育思想乃至社会教育思想都体现出了系统性、一致性。在分析家庭教育、学校教育时，采取理论和实践相结合的方法，突出朱熹理学和实学相结合的特点。朱熹本人的成就离不开父亲和老师对自己的教育，他的《家训》则完全传承了父亲的教育理念；书院教育先写朱熹自己办教育的实践活动，再来分析朱熹的教育理念，体现了朱熹的教育思想绝非空谈，而是实学。

第三，在各章的写作过程中，采取以朱熹的经典著述分析为主的方式，避免了笼统论述朱熹思想的弊端。如第一章突出对《朱子家训》的解读；第二章突出对《小学》《童蒙须知》的解读；第四章突出对《四书章句集注》《朱子读书法》《白鹿洞书院揭示》的解读；第五章以《家礼》为中心，第六章以《增损吕氏乡约》为中心，分别从经典的撰写、内容、特点等方面展开论述。这是因为，朱熹本人著作等身，他的思想之所以能够传播海外，影响至今，很大程度上得益于流传下来的著述，而朱熹本人也是最重视读书的理学家，我们通过分析朱熹的经典著述，结合朱熹本人的生活和社会实践活动，无疑能够更加鲜活地把握朱熹的教育思想。同时，对于读者而言，这种方式也是不断深入理解朱熹及其思想的有效途径。

教养篇：朱熹的小学教育思想

第一章 朱熹的家庭教育及其家风传承

北宋时期，儒释道三教并立，宋孝宗提出"以佛治心，以道养生，以儒治世"，张方平指出当时"儒门淡薄，收拾不住，皆归释氏"，王安石表示"欣然叹服"。在此背景之下，南宋朱熹融合周敦颐、二程、张载、邵雍等诸子思想精华，构建起融宇宙本体论、心性论、工夫论于一体的理学体系，并使之成为可以抗衡佛老的新儒家体系，直至成为国家统治思想。朱熹能够在"儒门淡薄"的大环境中，最终突破佛老之学的束缚，成为"致广大，尽精微，综罗百代"[①]的儒家思想集大成者，这与朱熹从小接受的家庭教育以及刘勉之、刘子翚、胡宪、李侗等诸位老师的教诲是分不开。朱熹在十四岁之前，由父亲朱松启蒙，奠定了经学、理学、文学等各方面的良好基础。父亲去世后又将其托付给他的同学朋友，为朱熹的大学教育提供了得天独厚的学术滋养。本篇将从朱熹的家学渊源谈起，进而对朱熹《家训》以及《小学》等经典文本进行分析，最后总结朱熹蒙学教育思想的基本理念以及现代意义。

第一节 朱熹的家学渊源

宋建炎四年（1130），朱松任尤溪县尉，朱熹出生在尤溪县城水南郑义斋馆舍（今南溪书院）。当时正值社会动荡，战乱频繁，朱松的职位也升迁不定，朱熹从小就跟随父亲四处奔波，也因为常跟随在父亲身边，所以受到严格、系统的家庭教育，养成了良好的学习、生活习惯，为以后成为理学大家

[①]〔清〕黄宗羲原著、全祖望补修：《宋元学案》卷四十八《晦翁学案上》，陈金生、梁运华点校，北京：中华书局，1986年，第1495页。

打下了坚实的基础。良好道德品质的养成，让朱熹能够在乱世中、辩论中、险恶仕途中保持知识分子的风骨。抛开经书的传授，朱熹在为人处世的方式、气质上，在注重读书、写诗的风格等方面，完全继承了父亲的教育理念。同时朱松兴趣广泛，爱交朋友，他的挚友都是学富五车、主战抗金、深谙佛道的义理之士，当朱松带着朱熹游历会友时，朱熹无形中养成了影响终身的性格和气质。朱松及其道友都给青少年时期的朱熹留下了深深的印迹，为他成为承上启下、继往开来的大儒提供了丰厚的资源。

一、朱熹的经学启蒙

朱熹幼年时期刻苦习读《四书》，最初的启蒙老师就是父亲朱松。朱松师事罗从彦，是杨时的再传弟子，杨时道南一系最看重的是《中庸》。胡安国谈到他和杨时学问传授的不同时就说过："吾于谢、游、杨三公，义兼师友，实尊信之。若论其传授，却自有来历。据龟山所见在《中庸》，自明道先生所授。吾所闻在《春秋》，自伊川先生所发。"[①] 朱松上承程颢—杨时—罗从彦的河洛道统，也以《中庸》冠于四书五经之首。朱松说：

> 抑闻之先生长者：《礼记》多鲁诸儒之杂说，独《中庸》出于孔氏家学。《大学》一篇，乃入道之门。其道以为，欲明明德于天下者，在致知、格物，以正心、诚意而已。其说与今世士大夫之学大不相近。盖此学之废久矣，自周衰，杨墨虽得罪于圣人，然乃学仁义而失之者。至申韩仪秦之说胜，而士始决裂圣人之藩墙，以阿流俗之所好，至汉文、景之盛未衰也。以至于今，盖尝有以斯文为己任起而倡之。然世方婴于俗学，以自强屹乎其不可攻也。某方急于禄养，未能往究其所学，是以或闻吾友之言，凛然敬叹，若居夷而闻雅，虽未详其节奏之工，然卓然于吴歈楚谣之中而不可乱也。《书》曰："知之非艰，行之为艰。"夫问涂而之盲，则知亦岂易哉！以吾友之明，苟以德为车，而志气御之，则朝发

[①] 〔清〕黄宗羲原著、全祖望补修：《宋元学案》卷二十五《龟山学案》，陈金生、梁运华点校，北京：中华书局，1986年，第956页。

韧乎仁义之涂，而夕将入《大学》之门，以蹒《中庸》之庭也！①

在朱松以《大学》《中庸》为本的儒学教育下，朱熹更注重的是为己的存养工夫，很快大有长进，朱熹后来说："以先君子之余诲，颇知有意于为己之学，而未得其处，盖出入于释老者十余年。"〔《晦庵先生朱文公文集》（以下简称"《文集》"）卷三十八《答江元适》〕"某自十四五岁时，便觉得这物事是好底物事，心便爱了。"〔《朱子语类》（以下简称"《语类》"）卷一百四〕这种以《大学》《中庸》为本的家庭理学训蒙，使他后来很自然地接上了武夷三先生和延平李侗的思想脉络。

朱熹一再说："某少时读《四书》，甚辛苦。"（《语类》卷一百四）"某自卯角读《论》《孟》，自后欲一本文字高似《论》《孟》者，竟无之。"（《语类》卷一百四）主要就是指在朱松身边受到的家庭教育。隆兴元年（1163），朱熹说："河南二程先生独得孟子以来不传之学于遗经……熹年十三四时，受其说于先君，未通大义而先君弃诸孤。"（《文集》卷七十五《论语要义目录序》）又说："予幼获承父师之训，从事于此二十余年。"（《文集》卷七十五《论语训蒙口义序》）朱松接受的是二程《论语》说，包括二程弟子有关《论语》的著作，如尹焞的《论语解》，还有程门弟子所记的语录。南渡以后二程的文集和语录已经散佚，朱松收集家藏的一部分二程语录，也成为朱熹习读的理学经典之一。朱熹后来在自己的《论语》注解书中引用的诸家著作之说，有些就是他在小时候抄录收集和阅读过的。在他为家塾所编的《论语训蒙口义》中还保存了一些他童年时代从朱松那里听来的章句训诂之说。

绍兴八年（1138）春，朱熹随父随师侍行，认识了当时一些理学前辈，其中就有尹焞，当时尹焞刚进呈《论语解》。朱熹后来把这部《论语解》抄录了一遍。朱熹少时特别爱读《论语》，并集诸家之说写成《论语详说》，也许即是受到尹焞的启发，后来他向尹焞的弟子王德修提到这段往事：

> 熹儿侍先君子官中秘书，是时和静先生实为少监，熹尝于众中望见

---

① 〔宋〕朱松：《韦斋集》卷九，朱杰人、严佐之、刘永翔主编《朱子全书外编》第3册，上海：华东师范大学出版社，2010年，第141—142页。

其道德之容，又得其书而抄之，然幼稚愚蒙，不能识其为何等语也。既长，从先生长者游，受《论语》之说，遍读河南门人之书，然后知和静先生之言，始有以粗得其味。（《文集》卷五十五《答王德修》）

绍兴八年（1138）朱熹已经开始读《孟子》，九岁的学童已经立志奋发想做圣人，他后来回忆起自己最初读《孟子》的感受，说："孔子曰：'仁远乎哉？我欲仁，斯仁至矣。'这个全要人自去做。孟子所谓奕秋，只是争这些子，一个进前要做，一个不把当事。某八九岁时读《孟子》到此，未尝不慨然奋发，以为为学须如此做功夫！当初便有这个意思如此，只是未知得那棋是如何着，是如何做功夫。自后更不肯休，一向要去做功夫。"（《语类》卷一百二十一）又说："某十数岁时读《孟子》言'圣人与我同类者'，喜不可言，以为圣人亦易做，今方觉得难。"（《语类》卷一百四）

朱松对孟子也有深入的认识，他极其推重孟子"知人论世"的观点，并将之贯彻到实践之中。《韦斋集》中有载：

学未有无师者也。学而无师，虽不无一至之得，责之以远道则泥，质之以大方则惑，用以趣时合变则胶戾而无所合。是妄意臆决之说，虽复愈精疲思，而道日远矣。然生晚地寒，无东西南北之资，闻先生长者之风，而不及瞻望下风者固多。孟子曰："诵其诗，读其书，不知其人可乎？是以论其世也。是尚友也。"呜呼，此非独友说，亦师说也。窃闻往者三川之间，程氏兄弟推本子思、孟轲，以《中庸》为宗；而司马文正公考正经史，深于治道，皆卓然有功于圣人之门。盖尝诵读其诗书，考质于师友，而闻其略矣。夫达天德之精纯，而知圣人之所以圣；诚意正心于奥突之间，而天下国家所由治；推明尧、舜、三代之盛，修己以安百姓，笃恭而天下平者，始于夫妇，而其极也，察乎天地；此程氏之学也。尊德教，贱功利，奖名节，端委庙堂，则忠信恭俭足以刑。主德于四方，而朝廷尊；燕处于家，则孝友廉让，足以化其国人；其酌古以准今，则治乱存亡之效，如食粟之必饱，食堇之必毙；此司马氏之学也。程之门人，其高弟称谢氏，不及见也。新郑晁公尝受学于司马之门，往以事游郑，拜晁公于溱、洧之上。时方冥惷，不能有所质问，而今皆逝矣。古语有之曰："想望丹青，不如式瞻仪刑；讽诵《诗》《书》，不若亲承风旨。"①

孟子"知人论世"的观点被朱熹广泛应用到经学和《四书》的注释中去，他的注释不仅是文字的训诂，更有圣贤气象、人格气质等方面的关注。而朱松对程氏和司马光的推崇也影响了朱熹。这种重视师友的观念也是朱熹一生所好，朱熹与吕祖谦、张栻、陆九渊等互相辩论，互通有无，对他的学术成就起到很大的辅助作用。

朱熹很早就接触《孝经》和《易经》，据载：

先生幼有异禀，五岁入小学，始诵《孝经》，即了其大义，书八字于其上曰："若不如此，便不成人。"间从群儿嬉游，独以沙列八卦象，详观侧玩。又尝指日问韦斋曰："日何所附？"曰："附于天。"又问："天何所附？"韦斋异之。②

当朱熹拿起笔在《孝经》上题写"若不如此，便不成人"时，儒家忠孝节义的圣训贤传便在他幼小的心灵深处扎下了根。当朱熹在幼年嬉戏的年纪独自画出八卦象，"详观侧玩"时，却不知未来要用一生去追求《周易》本义。现在尤溪水岭西岸的沙洲称为画卦洲，为后人留下了幼年朱熹专注学习《周易》的一段佳话。

朱松喜欢读史书，特别是《春秋》，这是因为：一是《春秋》的"尊王攘夷"可以名正言顺地攘斥异族入侵；二是《春秋》的"君臣父子大伦大法"可以整顿败坏不振的封建纲常。朱松极其看重君臣父子大义，他说："父子主恩，君臣主义，是为天下之大戒，无所逃于天地之间。如人食息呼吸于元气

---

① 〔宋〕朱松：《韦斋集》卷九，朱杰人、严佐之、刘永翔主编《朱子全书外编》第3册，上海：华东师范大学出版社，2010年，第156—157页。
② 〔清〕黄宗羲原著、全祖望补修：《宋元学案》卷四十九《晦翁学案下》，陈金生、梁运华点校，北京：中华书局，1986年，第1571—1572页。

之中，一息之不属，理必至于毙。是以自昔圣贤立法垂训，所以防范其间者，未尝一日少忘。"① 又说："士溺于俗学，不明君臣之大义，是以处成败之间者，常有苟生自恕之心，而暗于舍生取义之节，将使三纲沦坠，而有国家者无所恃以为安。"② 朱松的忠孝节气和抗金爱国思想通过春秋学的传授灌输给了儿子，朱熹后来总结自己的《春秋》学时说：

> 熹之先君子好左氏书，每夕读之，必尽一卷乃就寝，故熹自幼未受学时已耳熟焉。及长，稍从诸先生长者问《春秋》义例，时亦窥其一二大者，而终不能有以自信于其心。以故未尝敢辄措一词于其间，而独于其君臣父子、大伦大法之际为有感也。（《文集》卷八十二《书临漳所刊四经后》）

朱松这种重"义理"而不重"史"的春秋学，没有让朱熹为《春秋》写出一部新的注解书，却让他写出一部《资治通鉴纲目》这样理学化的史学名作。

二、朱熹的文学启蒙

朱松在绍兴十年（1140）以前学问有两次变化，早年游学京师（治所在今河南省开封市），学为举子文，刻意专治诗文辞章，好贾谊、陆贽之学；宣和五年（1123）以后从学杨时弟子罗从彦、萧颉，始闻河洛之学，从此尽弃旧学，潜心于六经诸史和二程理学，即"初以诗名，继而契心于贾谊、陆贽之通达治理。及得浦城萧子庄、剑浦罗仲素而师之，以传河洛之学，而昔之余习尽矣"③。绍兴十年徙居建溪之上以后，他的文章学问又一大变化。朱松对朱熹文学素养的影响集中体现在诗歌与古文两个方面，朱熹在这两方面完全继承和发展了父亲的理念。

---

① 〔清〕黄宗羲原著、全祖望补修：《宋元学案》卷三十九《豫章学案》，陈金生、梁运华点校，北京：中华书局，1986年，第1296页。

② 〔清〕黄宗羲原著、全祖望补修：《宋元学案》卷三十九《豫章学案》，陈金生、梁运华点校，北京：中华书局，1986年，第1296页。

③ 〔清〕黄宗羲原著、全祖望补修：《宋元学案》卷三十九《豫章学案》，陈金生、梁运华点校，北京：中华书局，1986年，第1294页。

朱松在诗歌方面的造诣很深，年轻时诗名就已喧播于新安，乃是"星溪十友"的成员。所谓"建炎绍兴间诗声满天下，一时名公巨卿交口称荐，词人墨客传写讽诵如不及"①。邓肃赞誉朱松曰："笔端著处皆春容，文墨林中三角虎。"（《栟榈集》卷四《贺朱乔年生日》）从朱松现存的426首诗歌中，可以看出其对现实的看法以及对圣贤境界的追求与朱熹后来的气质极其相似。朱松很推崇颜回，多次在诗中歌颂颜回，他在《蔬饭》中云："我师鲁颜子，陋巷翳蓬艾。执瓢不可从，一取清泉酹。"②在《秋怀六首》之四云："我师陋巷人，千古冠四科。"③朱松对孔颜之乐的推崇不仅限于诗词的内容，更将之作为理学中学为圣贤的最高目标。朱松的诗歌充满禅意，如："我欲安心未有方，至人遗迹已茫茫。自非窣堵波中老，谁直先生一瓣香。"④朱熹早年的诗歌也带有这种禅味气息。

朱松极其推崇陶渊明，在很多诗中表达了对陶渊明的景仰之情，如："宴坐自观我，中深抱天机。从知月胜火，胥失兔与蹄。大虚同一如，浮云渺何依。悠然渊明心，千载与我期。"⑤又云："渊明乃畸人，游戏于尘寰。南窗归徙倚，宇宙容膝间。岂不念斗米，折腰谅匪安。是非无今昨，飞倦会须还。……心游万物表，了觉函丈宽。"⑥他还将陶渊明与庄子并列，道："傲世真成漆园吏，输君不负北窗风。"⑦陶渊明退隐山林的行为一直是朱松的心愿，朱松曾效仿陶渊明对《归园田居》赋诗，表达了早年追慕陶渊明的心路，及

---

① 〔宋〕傅自得：《〈韦斋集〉序》，〔宋〕朱松《韦斋集》，朱杰人、严佐之、刘永翔主编《朱子全书外编》第3册，上海：华东师范大学出版社，2010年，第1页。
② 〔宋〕朱松：《韦斋集》卷一，朱杰人、严佐之、刘永翔主编《朱子全书外编》第3册，上海：华东师范大学出版社，2010年，第13页。
③ 〔宋〕朱松：《韦斋集》卷二，朱杰人、严佐之、刘永翔主编《朱子全书外编》第3册，上海：华东师范大学出版社，2010年，第35页。
④ 〔宋〕朱松：《韦斋集》卷五，朱杰人、严佐之、刘永翔主编《朱子全书外编》第3册，上海：华东师范大学出版社，2010年，第80页。
⑤ 〔宋〕朱松：《韦斋集》卷一，朱杰人、严佐之、刘永翔主编《朱子全书外编》第3册，上海：华东师范大学出版社，2010年，第16页。
⑥ 〔宋〕朱松：《韦斋集》卷一，朱杰人、严佐之、刘永翔主编《朱子全书外编》第3册，上海：华东师范大学出版社，2010年，第17页。
⑦ 〔宋〕朱松：《韦斋集》卷四，朱杰人、严佐之、刘永翔主编《朱子全书外编》第3册，上海：华东师范大学出版社，2010年，第73页。

对未能真正归隐的遗憾,所谓:"一堕世网中,永与林壑辞。"① 朱松欣赏陶诗"萧散清远",他所理解的陶诗之境是这样的:"远师渊明意,不愧灵彻魂。月度了无迹,风行偶成痕。心境两清妙,尺喙何由吞。赋诗安所取,碧云未足论。何当拂朱丝,窈眇弦吾言。"② 朱松不仅体悟到空幽清妙、不言之言的陶诗之境,而且在精神上与陶渊明实现了跨越时空的契合。朱松理解的陶渊明不仅有清远之意境,还有一种豪放气质,所谓:"渊明把菊对清秋,醉里诗豪万象流。画出多情愁绝处,七峰明灭断云收。"③ 由此可见,陶渊明在朱松那里并不是一位逃离官场、隐逸山林的落魄文人,而是有着一种掩抑不住的浩然逸气、情到极致的超然境界气象的儒者,这是朱松对陶渊明形象的诠释。

朱松对陶渊明的热爱也深深影响了朱熹。朱熹认为陶渊明诗"平淡出于自然",淡而有真味,并将"平淡自然"视为最根本的诗歌美学标准。他把魏晋以前的古诗奉为诗家圭臬,而把"清淡之宗"的陶渊明和深得《文选》诗正体而又自变法度的杜甫奉为两大诗圣。朱熹学诗路子是古诗由陶渊明而上本于乐府、《诗》、《骚》,律诗由杜甫而下及于韦苏州、陈简斋。这使他养成了最爱醉吟陶渊明、杜少陵诗的习惯,弟子吴寿昌说:

> 先生每观一水一石、一草一木,稍清阴处,竟日目不瞬。饮酒不过两三行,又移一处。大醉,则趺坐高拱。经史子集之余,虽记录杂说,举辄成诵。微醺,则吟哦古文,气调清壮。某所闻见,则先生每爱诵屈原《楚骚》、孔明《出师表》、渊明《归去来》并诗,并杜子美数诗而已。(《语类》卷一百七)

屈原、诸葛亮、陶渊明都是朱松喜欢的诗人,也深得朱熹的厚爱。朱熹曾效仿陶渊明风格作诗,如:

---

① 〔宋〕朱松:《韦斋集》卷一,朱杰人、严佐之、刘永翔主编《朱子全书外编》第3册,上海:华东师范大学出版社,2010年,第6页。
② 〔宋〕朱松:《韦斋集》卷二,朱杰人、严佐之、刘永翔主编《朱子全书外编》第3册,上海:华东师范大学出版社,2010年,第21页。
③ 〔宋〕朱松:《韦斋集》卷五,朱杰人、严佐之、刘永翔主编《朱子全书外编》第3册,上海:华东师范大学出版社,2010年,第93页。

予生千载后，尚友千载前。每寻《高士传》，独叹渊明贤。

及此逢醉石，谓言公所眠。况复岩壑古，缥缈藏风烟。

仰看乔木阴，俯听横飞泉。景物自清绝，优游可忘年。

结庐倚苍峭，举觞酹潺湲。临风一长啸，乱以《归来》篇。（《文集》卷七《陶公醉石归去来馆》）

朱熹的诗也正是以这种魏晋风貌得到当时著名诗人尤袤的推重称赏，在淳熙八年（1181）春间尤袤特为朱熹印刻了朱槔的《玉澜集》，在后跋中一面称赞朱槔"直欲友渊明于千载"，一面推崇朱松"其诗凌厉高古，有建安七子之风"。而把这种取法建安魏晋古风看成是朱熹作诗的家学渊源："韦斋之子南康使君，今又以道学倡，其诗源远而流长，信矣哉！"[①]

朱松对诗歌理论也有独到的见解。绍兴十二年（1142）九月，朱松带朱熹游福州，下榻在提点刑狱司从事官舍的东轩，傅自得向他叩问作诗之法，二人一夜对榻论诗联唱，傅自得说：

予少时学诗，尝以作诗之要扣公……间宿于闽部宪台从事官舍之东轩，夜对榻语，蝉联不休，比晨起，则积雨初霁，西风凄然，公因为予举简斋"开门知有雨，老树半身湿"，及韦苏州"诸生时列坐，共爱风满林"之句，且言："古之诗人贵冲口直致，盖与彭泽'把菊东篱下，悠然见南山'同一关捩。三人者出处穷达虽不同，诵此诗则可见其人之萧散清远，此殆太史公所谓难与俗人言者。"予时心开神会，自是始知为诗之趣。别去未几，而公下世。[②]

朱熹早年的诗作深得陶彭泽、韦苏州、陈简斋萧散清远之趣，朱松去世后，刘子翚继续引导朱熹沿着这条诗路前进。刘子翚是南渡以来江西诗派走

---

① 〔宋〕朱松：《韦斋集》附录三，朱杰人、严佐之、刘永翔主编《朱子全书外编》第3册，上海：华东师范大学出版社，2010年，第266页。

② 〔宋〕傅自得：《〈韦斋集〉序》，〔宋〕朱松《韦斋集》，朱杰人、严佐之、刘永翔主编《朱子全书外编》第3册，上海：华东师范大学出版社，2010年，第1页。

向衰微和南宋四大家尤陆范杨崛起以前的一个独辟蹊径的大家，他的诗路取法汉魏，规模陶韦，同朱松一致，早年从《文选》、乐府入手，晚年熔汉、晋、唐风于一炉。①绍兴二十年（1150），朱熹给程洵的信中谈到他从刘子翚处接受的诗教，曰：

> 某闻之，先师病翁及诸丈人先生皆谓作诗须从陶、柳门庭中来乃佳耳。盖不如是，不足以发萧散冲澹之趣，不免于局促尘埃，无由到古人佳处也。如《选》诗及韦苏州诗，亦不可不熟。观近世至熟，观《语》《孟》以探其本。②

朱熹所说的诗路来自杨时，杨时说："渊明诗所不可及者，冲澹深粹，出于自然。"（《龟山集》卷十）朱熹继续沿着这条诗路拓展，远学汉魏，中法陶杜柳韦，近取简斋，兼采多师，由早年模拟《文选》体和乐府的风貌，发展到中年以后自变其体，形成了自己的诗风和诗论。

朱松在《上赵漕书》中系统论述的作诗见解，也是他教授朱熹作诗的大纲，影响了朱熹终生的诗教理念。朱松说：

> 盖尝以为学诗者，必探赜《六经》以浚其源，历观古今以益其波，玩物化之无极以穷其变，窥古今之步趋以律其度……夫《诗》自《二南》以降三百余篇，先儒以为《二南》周公所述……其余出于一时公卿大夫与夫闾巷匹夫匹妇之所作，其辞抑扬反复，蹈厉顿挫，极道其忧思佚乐之致，而卒归之于正。……至汉，苏、李浑然天成，去古未远。魏晋以降，迨及江左，虽已不复古人制作之本意，然清新富丽亦各名家，而皆萧然有拔俗之韵，至今读之，使人有世表意。唐李、杜出，而古今诗人皆废。自是而后，贱儒小生膏吻鼓舌，决章裂句，青黄相配，组绣错出……吾闻之夫子曰："《诗》三百，一言以蔽之，曰思无邪。"嗟夫，圣人之

---

① 束景南：《朱子大传》，北京：商务印书馆，2003年，第63页。
② 〔南宋〕朱熹著，〔南宋〕张洪、齐熙编，李孝国、董立平译注：《朱子读书法》卷三，天津：天津社会科学院出版社，2016年，第204页。

意，其可思而知也。①

如果把这段论述同朱熹在庆元五年（1199）与巩丰论诗的著名文字对照，可以发现朱熹几乎完全继承了朱松，书中曰：

……亦尝间考诗之原委，因知古今之诗，凡有三变。盖自书传所记，虞夏以来，下及魏晋，自为一等。自晋宋间颜、谢以后，下及唐初，自为一等。自沈、宋以后，定著律诗，下及今日，又为一等。然自唐初以前，其为诗者固有高下，而法犹未变。至律诗出，而后诗之与法，始皆大变，以至今日，益巧益密，而无复古人之风矣。故尝妄欲抄取经史诸书所载韵语，下及《文选》汉魏古词，以尽乎郭景纯、陶渊明之所作，自为一编，而附于三百篇、《楚辞》之后，以为诗之根本准则。又于其下二等之中，择其近于古者，各为一编，以为之羽翼舆卫。且以李、杜言之，则如李之《古风》五十首，杜之秦蜀纪行、《遣兴》、《出塞》、《潼关》、《石壕》、《夏日》、《夏夜》诸篇，律诗则如王维、韦应物辈，亦自有萧散之趣，未至如今日之细碎卑冗无余味也。其不合者，则悉去之，不使其接于吾之耳目，而入于吾之胸次。要使方寸之中，无一字世俗言语意思，则其为诗，不期于高远而自高远矣。（《文集》卷六十四《答巩仲至》）

可见，朱熹完全继承了朱松诗学与经学合一的基本理念，主张学诗要以《诗经》为本以及诗从陶柳门庭中来。朱熹推崇魏晋而把它与《诗经》《楚辞》并列作为诗的根本准则，是因为魏晋深得自然平淡之趣，他从通古今体制之变中熔铸出自己自然平淡的审美意趣，深深影响了巩丰，巩丰后来的诗文以"无险怪华巧，而以理屈人，片词半牍，皆清朗得言外趣"为特点。要之，朱熹的诗歌创作理论继承和发展了朱松的诗论理念。

除诗歌之外，朱松在作文方面也有独到之处。他重古文而轻程文，早在游乡校时就厌薄科举之文，瞒着人偷偷阅读前儒古文，尤对王安石的文章十分推

---

① 〔宋〕朱松：《韦斋集》卷九，朱杰人、严佐之、刘永翔主编《朱子全书外编》第3册，上海：华东师范大学出版社，2010年，第145—146页。

重。邓肃说他"学道于西洛，学文于元祐"。朱松对朱熹也不强求作程文，朱熹对作程文亦不感兴趣，据他自己说考中进士以前只作过十五六篇举业文。绍兴十八年（1148），朱熹登科中举，抛却举子程文，全力专攻古文。朱熹推崇韩愈、欧阳修、曾巩，而以欧阳修的古文为最上，但曾巩的散文以古雅平正、严健质实著称，朱熹潜心模仿曾巩，自言："余年二十许时，便喜读南丰先生之文，而窃慕效之，竟以才力浅短，不能遂其所愿。"（《文集》卷八十四《跋曾南丰帖》）"某四十以前尚要学人做文章，后来亦不暇及此矣。然而后来做底文字，便只是二十岁左右做底文字。"（《语类》卷一百三十九）这是指他学做曾巩古文，原因是"爱其词严而理正"（《文集》卷八十三《跋曾南丰帖》）。要之，朱松不要求朱熹作程文，使朱熹有更多时间钻研古文，后来才能从学古文入手，沿着欧阳修、曾巩直到陈无己、陈与义的道路熔铸出了自己独特的文风，成为南宋一大古文家。

三、朱松的主战思想对朱熹的影响

朱松认为"父子主恩，君臣主义"是"天下之大戒"，所以他对朱熹特别注重忠孝节义的教育，在这种浸透为臣尽忠、为子尽孝的古老圣训中，实际包含着尊王攘夷、抗金复国的现实内容。朱松是坚定的主战派，他曾多次上书，阐述自己的复国大志。绍兴元年（1131），瓯宁（治所在今福建省建瓯市）土寇范汝为叛乱，曾有人劝说朱松回婺源避祸，朱松则言："婺源先庐所在，兴寐未尝忘也。来书相劝以归，当俟国家克复中州，南北大定，归未晚也。"〔《晦庵先生朱文公续集》（以下简称"《续集》"）卷八《韦斋与祝公书跋》〕朱松的雄心壮志由此可见一斑。绍兴二年，朱松拜谒福建路宣谕使胡世将，首次阐述自己的中兴复国大志，朱松言："某闻之，不取关中，中原不可复也。不取荆、淮，东南不可保也。"[1] 进而提出："以六师之重通道荆、襄，循汉沔以赴兴元，结连拓跋，控引五路，因宣抚之师东向以收中原，一年而定关、陕，二年而复大梁，不四五年而天下定矣。"[2] 绍兴四年，朱松诏试馆职入都（临

---

[1] 〔宋〕朱松：《韦斋集》卷九，朱杰人、严佐之、刘永翔主编《朱子全书外编》第3册，上海：华东师范大学出版社，2010年，第151—152页。
[2] 〔宋〕朱松：《韦斋集》卷九，朱杰人、严佐之、刘永翔主编《朱子全书外编》第3册，上海：华东师范大学出版社，2010年，第152页。

安,治所在今浙江省杭州市)。

绍兴七年(1137),高宗皇帝欲北伐,朱松为坚定圣意,再次进献中兴之策。朱松上《论时事札子》,分析宋朝的势力,阐述北伐的可行性。高宗听此陈述大为感慨,擢升其为秘书郎。不想后来形势转变,高宗北伐之意渐息。绍兴八年,秦桧复相,议和再起,金朝使臣提出"先归还河南地,徐议余事"条件,致使朝中主战派纷纷上表抗议,胡铨抗争最烈,朱松也参与其间:

> 金使议和,先生(按,即朱松)与史院同舍胡珵共疏曰:"彼方吞噬未餍,而一旦幡然与我和者,纽于威以侮我耳!又虑我畜锐,而为和之说以挠我耳!彼之和使即秦之衡人,六国不悟衡人割地之无餍,以亡其国。今国家不悟敌使请和之得策,其祸亦岂可胜言哉!而执事者方以为'再为梓宫、母后、渊圣弗属之故'。昔项羽置太公俎上而约高祖以降矣,唯高祖不信其诈谋,不为之屈,日夜思所以图楚者,卒能麾羽于鸿沟之上,使其力屈,而太公自归。此可以观其计之得失矣!"①

朱熹陪侍父亲时听到朱松与胡寅的谈话涉及这件事,他后来回忆说:

> 是时陈应之正同到庙堂,问和亲之故。秦云:"某意无他,但人主有六十岁老亲在远,须要取来相聚。"因顾左右,令取国书与应之看,乃是诏书。秦卷其前后,只见中间云"不求而得,可谓大恩"。盖指河南也。先生言毕,云:"此事当记取,恐久后无人知之者。"(《语类》卷一百三十一)

后来胡寅要求弟子把"国书"中的"不求而得,可谓大恩"牢记不忘,"恐久后无人知之者"。朱熹一生不变的抗金主战思想就在这时开始形成了。

朱松为了实现恢复中原的大业,提出"复武举、修武备、正纲纪"的主张,上书言:"唐设武举而得郭子仪,周世宗诏藩镇择取材武之士,悉送京师,纵有负犯,不问所从来,遂以兵强天下。"朱松设想效仿唐朝"开设武

---

① 〔清〕黄宗羲原著、全祖望补修:《宋元学案》卷三十九《豫章学案》,陈金生、梁运华点校,北京:中华书局,1986年,第1297页。

举，搜拔将材"，选拔优秀的军事人才，效仿后周挑选百姓中的骁勇之士，补充禁卫空缺，这样就能达到"侍卫雄盛，爪牙备设，国威自振"。此外，还要修武备。绍兴七年（1137），淮西郦琼杀将叛乱，但是高宗皇帝并没有加强淮西武备的意向，反而下令："尽撤盱眙、合肥之戍，欲还跸临安。"朱松则主张不可尽撤淮西之戍，他说："淮肥东南之屏蔽，昔人之所百战而必争者，今皆幸为我有，而无故捐之以资敌，非计之也。"若尽撤江淮戍卫，则将南宋暴露向北方，无屏障可言，因此朱松提出"盱眙、合肥各屯以精甲三万"，并任选将领驻守，这样就形成了坚固的防线，对南宋的防御起到重要作用。

朱熹在宋金关系的问题上与其父同为主战派，他认为宋金有不共戴天之仇，主张"非战无以复仇，非守无以至胜"的战守合一的思想。这样的思想以及气概当然离不开其父朱松的影响。早在朱熹的洗儿会上，朱松就表达了对朱熹的期待："行年已合识头颅，旧学屠龙意转疏。有子添丁助征戍，肯令辛苦更冠儒？""举子三朝寿一壶，百年歌好笑掀须。厌兵已识天公意，不忍回头更指渠。"（《洗儿二首》）可见朱松早有意将自己的主战思想灌输给朱熹。绍兴十年（1140），朱熹十一岁，金兵大举南侵，刘锜在顺昌以五千精兵大破十万金兵，岳飞进取中原势如破竹，赋闲在家的朱松高兴之余，为儿甥诵读《光武纪》，而且书苏轼《昆阳赋》相赠，并题字：

> 为儿甥读《光武纪》，至昆阳之战，熹问何以能若是，为道梗概，欣然领解，故书苏子瞻《昆阳赋》畀之。子瞻作此赋时，方二十一二岁耳，笔力豪壮，不减司马相如也。（《续集》卷八《跋韦斋书昆阳赋》）

朱熹把这幅手书一直珍藏到老，晚年又在上面题了一跋，曰：

> 绍兴庚申，熹年十一岁，先君罢官行朝，来寓建阳登高丘氏之居。暇日，手书此赋以授熹，为说古今成败兴亡大致，慨然久之。于今忽忽五十有九年矣，病中因览苏集，追念畴昔，如昨日事。而孤露之余，霜露永感，为之泫然流涕，不能自已，复书此以示儿辈云。庆元戊午四月朔旦。（《续集》卷八《跋韦斋书昆阳赋》）

朱松为朱熹讲刘秀中兴战功,有着借古慨今的深意。朱松对朱熹的期望跃然纸上。从父亲念念不忘恢复中原,再到晚年朱熹回顾父亲的教诲,这如实反映了南宋儒者面对国家现状有心无力的无奈。朱松对朱熹的影响是非常全面的,不仅是在经学理学的知识层面,更重要的是在性格气质上,特别是在主战所体现出来的民族大义上,在政治实践的务实性上,黄宗羲说:"豫章称韦斋才高而智明,其刚不屈于俗,故朱子之学虽传自延平,而其立朝气概,刚毅绝俗,则依然父之风也。"①

四、好佛老的氛围对朱熹的影响

南宋时期整个社会佛老之学盛行,即便是热衷洛学的朱松、武夷三先生也无一不受影响,所以朱熹从小就受到浓重的佛老思想的熏陶。首先朱熹的家庭环境充满了佛道气息,祖父朱森晚年就潜心佛典度日,朱松也耽好佛老,一生同衲子缁流、羽客道士广交,在他留下的诗歌中,单是题咏寺院或与僧道交往诗达80余首,占《韦斋集》诗歌总数1/5。②朱松先后同深师、觉师、华严道人、无求道人等吟诗论文,谈禅说法,其中两位对朱熹的影响较大:一是无求道人,同朱松唱酬最多,朱熹先居尤溪,后居建瓯时都经常见到他。二是净悟禅师,朱松客寓政和时,同净悟有道友之谊。朱熹晚年为朱松《致净悟书》作跋回忆说:"先君子少日喜与物外高人往还,而于净悟师为尤厚。……净悟,建阳后山人,晚自尊胜退居南山云际院。一室翛然,禅定之余,礼佛以百万计。年过八十,目光迥然,非常僧也。常为余道富文忠、赵清献学佛事,其言收敛确实,无近世衲僧大言欺世之病。以是知先君子之厚之,非苟然也。"(《文集》卷八十四《书先吏部与净悟书后》)朱熹认为佛门中也有言行收敛、无大言欺世之病的释徒,这种早年认识和印象使得朱熹思想呈现出既排佛又取于佛的特点。

朱熹的二叔朱槔,为人放达不羁,幽居山林,多同无求道人、涌翠道人、

---

① 〔清〕黄宗羲原著、全祖望补修:《宋元学案》卷三十九《豫章学案》,陈金生、梁运华点校,北京:中华书局,1986年,第1296页。

② 王昕:《文儒朱松的情感结构与人生追寻》,《河北师范大学学报(哲学社会科学版)》2015年第2期,第87页。

葵道人这些能诗文的禅僧吟唱自适，他在精神和感情上对朱熹也有直接的影响。朱熹从小同朱槔相处，叔侄之情深厚，朱槔以佛道处世的人生态度强烈感染着朱熹。绍兴二十一年（1151），朱熹在参加铨试时还曾去湖州拜见朱槔，并访问道场。

朱熹的外祖父家也是一个信佛的大族，他的外祖父祝确在家业败落后依旧诵佛行善，朱熹在《外大父祝公遗事》中说："亲丧，庐墓下，手植名木以千数。率诵佛书若干过，乃植一本，日有常课，比终制而归，则所植已郁然成阴矣。"（《文集》卷九十八《外大父祝公遗事》）母亲祝氏也是一个茹素念佛的大家闺秀，朱熹说她"也知厚德天应报，更说阴功世所希"（《文集》卷二《寿母生朝》）。朱熹的两个舅父祝华、祝莘也继承了祝氏大族信佛好老的风气。

朱松去世时，把朱熹托付给武夷三先生，二刘一胡都是好佛老的理学家，与佛道中名人关系密切，朱熹由此接触到很多世外高人，沾上一些佛道气息亦自是当然。刘子羽、刘子翚兄弟与宗杲关系密切。《续传灯录》把刘子羽列入宗杲的"法嗣"。刘子翚有一首诗写给宗杲，曰："远信殷勤到草庵，却惭衰病岂能堪。聊将佛日三端布，为造青州一领衫。"[1]"佛日"就是指宗杲。朱熹曾提到过宗杲到五夫里开善寺为刘氏兄弟升座说法时的一件事："昔日病翁（按，即刘子翚）见妙喜于其面前要逞自家话。渠于开喜升座，却云：'彦冲（按，即刘子翚）修行却不会禅；宝学（按，即子羽）会禅却不修行，所谓张三有钱不会使，李四会使又无钱。'皆是乱说。"（《语类》卷一百二十六）刘子翚给朱熹取字"元晦"，祝词曰："字以元晦，表名之义。木晦于根，春容晔敷。人晦于身，神明内腴。昔者曾子，称其友曰：'有若无，实若虚。'……言而思悛，动而思踬，凛乎惴惴，惟曾颜是畏。"[2] "元晦"二字也是杂糅佛老之说，刘子翚试图把宗杲的影子印到朱熹身上。

王士禛说："屏山集诗，往往多禅语。"（《池北偶谈》卷十七）朱熹早年好作禅诗，也有受刘子翚熏陶的原因。而刘子翚对朱熹的理学教育中也掺杂佛道

---

[1] 杨国学校注：《屏山集校注与研究》卷十九，北京：中国书籍出版社，2012年，第276页。

[2] 杨国学校注：《屏山集校注与研究》卷六，北京：中国书籍出版社，2012年，第60页。

思想，朱熹说：

> 熹时以童子侍疾，一日，请问先生平昔入道次第。先生欣然告之曰："吾少未闻道，官莆田时，以疲病始接佛老子之徒，闻其所谓清净寂灭者而心悦之，以为道在是矣。比归，读吾书而有契焉，然后知吾道之大，其体用之全乃如此，抑吾于《易》得入德之门焉。所谓'不远复'者，则吾之三字符也。佩服周旋，罔敢失坠。于是尝作《复斋铭》《圣传论》，以见吾志。然吾忘吾言久矣，今乃相为言之，汝尚勉哉。"熹顿首受教。居两日，而先生没。（《文集》卷九十《屏山先生刘公墓表》）

"不远复"三字符实际上是刘子翚受佛老清净寂灭之说的启发后认识到三道同一，三道同一是刘子翚的基本思想。刘子翚学说集中体现在《圣传论》《复斋铭》，以及《维民论》与论时事札子诸篇中。《圣传论》效法了禅宗"以心传心"的法统。刘子翚认为从本原上说，儒佛老三道本一，所以他在《圣传论》中说："不睹其本，各守其偏，圣之道始离；互攻其异，不反其同，圣人之道始孤。不有卓然英睿出焉，孰能引而归之、会而通之哉？"① 刘子翚把佛老及其圣人都纳入了道统中，批评韩愈所谓"轲死不得其传"的说法，他认为"密契圣心，如相授受"则"无世无之"，进而指斥韩愈"不得其传"之说，是"孤圣人之道，绝学者之志"，其"言何峻哉"。有一次弟子问："如他（按，即韩愈）谓'轲之死，不得其传'，程子以为非见得真实，不能出此语，而屏山以为'孤圣道，绝后学'，如何？"朱熹回答说："屏山只要说释子道流皆得其传耳。"（《语类》卷九十六）

刘子翚提出《尚书》"惟精惟一"乃是圣学道统传心之密旨。他说："《书》曰'惟精惟一'，此相传之密旨也。"② 他诠释"惟精惟一"："一者道也，能一者心也，心与道应，尧舜所以圣也。"③ 以道释一，出自老子，所谓："道生一，一生二，二生三，三生万物。"又有"天得一以清，地得一以宁"

---

① 杨国学校注：《屏山集校注与研究》卷一，北京：中国书籍出版社，2012年，第1页。
② 杨国学校注：《屏山集校注与研究》卷一，北京：中国书籍出版社，2012年，第1页。
③ 杨国学校注：《屏山集校注与研究》卷一，北京：中国书籍出版社，2012年，第1页。

"万物得一以生"。以心释"能一",是指心的道德本体,又称本心,借鉴于禅宗,所谓"佛佛唯传本体,师师密付本心"。刘子翚所称的"心与道应,尧舜所以圣也",是说道心是圣学代代授受的圣心。刘子翚独特的道统心传说,后来被朱熹直接吸收,并发展为"十六字心传",他在答陈同甫书中说:"所谓'人心惟危,道心惟微,惟精惟一,允执厥中'者,尧、舜、禹相传之密旨也。"(《文集》卷三十六《答陈同甫》)不过朱熹摒弃了刘子翚思想中蕴含的佛老成分,形成了自己的理学主张。

朱熹通过刘子翚结识了道谦,是他留心禅学的发端。他说:"某年十五六时,亦尝留心于此(按,即禅学)。一日在病翁所会一僧,与之语,其僧只相应和了说,也不说是不是,却与刘说,某也理会得个昭昭灵灵底禅。刘后说与某,某遂疑此僧更有要妙处在,遂去扣问他,见他说得也煞好。及去赴试时,便用他意思去胡说。是时文字不似而今细密,由人粗说,试官为某说动了,遂得举。"(《语类》卷一百四)这里说的"所会一僧"就是道谦。道谦对朱熹的影响很大,甚至直接关系到他的科举考试,朱熹自称用道谦的思想说动了考官,这倒也不难理解,当时科举考试的考官也多好佛老学说。佛典也记载了朱熹科考时好佛教经典的事:

> 朱文公少年不乐读时文,因听一尊宿说禅,直指本心,遂悟昭昭灵灵一著。十八岁请举,时从刘屏山(按,即刘子翚),屏山意其必留心举业,暨搜其箧,只《大慧语录》一帙尔。(《佛祖历代通载》卷三十)

宗杲的《大慧语录》是由道谦生前记录编订,后来朱熹同弟子们纵横论学时尤好信手引用《大慧语录》,表明他曾在这本书上花过精深功夫。

刘勉之、胡宪与刘子翚又有不同,刘子翚皈依天童正觉派,而刘勉之和胡宪却信奉径山宗杲派。他们没有刘子翚那种枯心静坐打禅的癖好。刘子翚在一首诗中说:"大刘谈天紫髯张,小刘逃禅清兴长。"[①]小刘指刘勉之,大刘指刘致瑞,兄弟二人都是好"谈玄测象象"的布衣高士。刘勉之、胡宪和刘

---

① 杨国学校注:《屏山集校注与研究》卷十二,北京:中国书籍出版社,2012年,第170页。

子翚常往宗元竹源庵和道谦开善寺谈禅,朱熹侍行,常可以听到他们"丛谈杂庄谑,泛阅披黄素"①,后来朱熹提到宗元说:"建阳旧有一村僧宗元。一日走上径山,住得七八十日,悟禅而归。其人聪敏,能算法,看《经世书》,皆略略领会得。"(《语类》卷一百)可见朱熹皈依道谦的禅学,并不仅出于刘子翚的介绍,也有刘勉之和胡宪的正面引导。

绍兴十八年(1148)礼部试后,朱熹登览天竺,泛舟西湖,吟了一首《武林》:"春风不放桃花笑,阴雨能生客子愁。只我无心可愁得,西湖风月弄扁舟。"(《文集》卷十《武林》)这是隐而不露的禅诗,无心可愁正是宗杲说的"无心处不与有心殊",是用诗道出了禅宗的"无心"观。

朱熹中举之后,开始了他全面读书的狂热时期,二十岁便成为一个分界线。朱熹不止一次提到二十岁是他学术思想的转折之年,其二十岁以后的全面读书是一个以吾心体验圣心的时期:

> 某旧时亦要无所不学,禅、道、文章、楚词、诗、兵法,事事要学,出入时无数文字。(《语类》卷一百四)
> 学者难得,都不肯自去着力读书。某登科后要读书,被人横截直截,某只是不管,一面自读。(《语类》卷一百四)

这段全面读书的时间里,禅、道、文章各项都是他的兴趣,大概有三年的时间朱熹沉溺于佛道学说中。绍兴二十一年(1151)朱熹去临安参加铨试时,结识了庐山道士虚谷子刘烈,同他论《易》学,问金液还丹修炼之法,细读了虚谷子的《还丹百篇》。他写了一首诗赠给虚谷子:"细读还丹一百篇,先生信笔亦多言。元机谩向经书觅,至理端于目睫存。二马果能为我驭,五芽应自长家园。明朝驾鹤登山去,此话更从谁与论?"②虚谷子是朱熹第一位真正的道家老师,他后来作《参同契考异》,渗透着虚谷子说易论丹的印迹,后来在南康任上他还登庐山无心堂寻访虚谷子的遗迹,研读《周易解义》。

---

① 杨国学校注:《屏山集校注与研究》卷十三,北京:中国书籍出版社,2012年,第186页。
② 转引自束景南:《朱子大传》,北京:商务印书馆,2003年,第103页。

绍兴二十一年（1151）五月朱熹离都北游湖州，拜见了寓居霅川的三叔朱槔，拜谒尹焞门人徐度。正是这段日子里，朱熹广泛游览名胜、结识世外高人。值得一书的是，朱熹游访道场山，留下了一首《启乘帖》，又作了一首《吴山高》："行尽吴山过越山，白云犹是几重关。若寻汗漫相期处，更在孤鸿灭没间。"（《文集》卷十《吴山高》）朱熹还同一批名儒与天台国清寺愚谷禅师、灵岩寂庵辩才师等吟诗谈禅，自叹"小儒忝师训，迷谬失其方"（《文集》卷一《题谢少卿药园二首》）。在这次远游归家后，朱熹便把书斋改为"牧斋"，闭门自牧，潜心做工夫。后来朱熹手订一部叫《牧斋净稿》的诗集，记载了这段时间的为学工夫。集中的四十四首诗，有二十二首是咏叹佛老。而且书斋名"牧"和禅师名"谦"同出于《周易·谦卦》。《象》曰："谦谦君子，卑以自牧也。"朱熹的牧斋自谦也就是师事道谦。他的牧斋自牧和师事道谦恰好在时间上平行。① 就这样出入佛老三年，绍兴二十三年五月在赴同安任以前，朱熹写了一篇《牧斋记》，这是对三年师事道谦和以儒佛老谦谦自牧的总结。他说自己在牧斋"无一日不取六经百氏之书以诵之于兹"，其中自包括释氏和老氏。《牧斋记》成了朱熹出入佛老由高潮转向低潮的标志。②

朱松陪伴朱熹十四年，为他的经学、文学、史学、政治理念等都打下了好底子，而且为他结交诸多师友提供了可能性前提，于是年轻朱熹得以广泛博览，融通禅道，最后成为理学的集大成者。黄百家案曰："程太中能知周子而使二子事之，二程之学遂由濂溪而继孟氏。朱韦斋能友延平与刘、胡三子，而使其子师之，晦翁之学遂能由三子而继程氏。"③

第二节　朱熹对朱松家风的传承和发展
——以《朱子家训》为中心

尽管朱松没有给予朱熹富裕的物质条件，但是朱松却为朱熹的启蒙教育

---

① 束景南：《朱子大传》，北京：商务印书馆，2003年，第114页。
② 束景南：《朱子大传》，北京：商务印书馆，2003年，第114页。
③ 〔清〕黄宗羲原著、全祖望补修：《宋元学案》卷三十九《豫章学案》，陈金生、梁运华点校，北京：中华书局，1986年，第1297页。

提供了丰厚的学术资源。朱松本人精通诗歌、经学、理学等,他的才华和理念都通过言传身教影响了朱熹的学术兴趣和发展方向;朱松与刘子翚、刘子羽、刘勉之、胡宪等文化名人都是好友,在他去世之后,朱熹便在这些老师的指导下继续学习,并顺利通过科考;朱松出于个人的兴趣爱好,又与许多知名的诗人、禅师、道士结下友谊,往来频繁,青少年时期的朱熹也深受佛道的影响;而李侗作为朱松的同门好友,在朱熹后来"逃禅归儒"的思想转变中起到关键作用。朱熹在二十四岁之前,读书、为学、交友无不受到父亲朱松的影响,这种影响是多方面的,比如性格气质、读书内容,以及思想变化等。青少年时期的知识积累和性格养成对他一生的经典诠释、诗歌创作、为政理念等都起到重要作用。朱熹不负所望,成为中国思想史、学术史、文化史上的重要人物,就思想的体系化、综合性而言,朱熹在中国文化史上仅次于孔子,而且就其学说的传播性及其影响力,以及其著作之富、著述领域之广,综观全史无出其右者。

从家庭教育角度看,朱松对朱熹的家庭教育是非常成功的,朱松的博学、开明、善于交友,以及超脱的个性,成就了后来的朱熹,而朱熹在教育自己的子女后代方面也继承了父亲的理念,形成了稳定的朱门家风,这一点从流传下来的《朱子家训》可以看出。

一、朱熹对朱松家风的传承

朱松在《先君行状》中描述朱家是一个儒学世家,从曾祖到父亲朱森都没有入仕,朱森"少务学科举,既废,不复事进取"[①],但朱森给朱松的告诫是"谆谆以忠孝和友为本"[②],又说:"吾家业儒,积德五世,后当有显者。当勉励谨饬,以无坠先世之业。"[③] 朱森本人对经营产业不感兴趣,认为事功经营乃是"外物浮云尔"。他最喜欢的是求道:"独见松从贤师友游,则喜见言

---

① 〔宋〕朱松:《韦斋集》卷十二,朱杰人、严佐之、刘永翔主编《朱子全书外编》第 3 册,上海:华东师范大学出版社,2010 年,第 191 页。
② 〔宋〕朱松:《韦斋集》卷十二,朱杰人、严佐之、刘永翔主编《朱子全书外编》第 3 册,上海:华东师范大学出版社,2010 年,第 191 页。
③ 〔宋〕朱松:《韦斋集》卷十二,朱杰人、严佐之、刘永翔主编《朱子全书外编》第 3 册,上海:华东师范大学出版社,2010 年,第 191 页。

色。其笃于道义，而鄙外浮荣，盖天资云。"① 这种不求科举功名、专心求道、为人洒脱的气质被朱松、朱熹所继承和发扬。不过朱森沉迷佛学，所谓："晚读内典，深解义谛，时时为歌诗，恍然有超世之志。"② 这对朱松以及少年朱熹也有很大影响。值得注意的是，"以忠孝和友为本"，应该说是贯穿朱森、朱松、朱熹三代的家风，也是朱熹《家训》的核心要义。

朱松把全部希望寄托在朱熹身上，朱熹五岁时，朱松就送他上学，在《送五二郎读书诗》中表达了自己的期待：

> 尔去事斋居，操持好在初。故乡无厚业，旧箧有残书。夜寝灯迟灭，晨兴发早梳。诗囊应令满，酒盏固宜疏。蕃羁宁似犬，龙化本由鱼。鼎荐缘中实，钟鸣应体虚。洞洞春天发，悠悠白日除。成家全赖汝，逝此莫踟蹰。③

朱松自言"故乡无厚业，旧箧有残书"，要求朱熹刻苦读书，达到两个目标——"诗囊应令满，酒盏固宜疏"，可见朱松致力于把朱熹培养成一个博学多才、严格自律的道学儒士。朱熹十一岁时，在除夕守岁时朱松作诗，再次表达了对朱熹的期望：

> 岁晚追土风，独瓮谁与佐？人心感流光，台馈屏奇货。鸡豚取牢栅，门户随小大。去乡二十年，忆此但愁卧。儿痴元未识，但索梨钉坐。何时鸦识村，莫作驴转磨。不须志四方，教子求寡过。归哉及强健，老去烦剂和。④
>
> 庭燎夜未央，旌旗焕龙蛇。九门一放锁，万马谁能遮。乱离忆旧事，

---

① 〔宋〕朱松：《韦斋集》卷十二，朱杰人、严佐之、刘永翔主编《朱子全书外编》第3册，上海：华东师范大学出版社，2010年，第191页。
② 〔宋〕朱松：《韦斋集》卷十二，朱杰人、严佐之、刘永翔主编《朱子全书外编》第3册，上海：华东师范大学出版社，2010年，第191—192页。
③ 转引自束景南：《朱子大传》，北京：商务印书馆，2003年，第16—17页。
④ 〔宋〕朱松：《韦斋集》卷三，朱杰人、严佐之、刘永翔主编《朱子全书外编》第3册，上海：华东师范大学出版社，2010年，第53页。

安眠梦无何。目眩灯烛光,坐厌儿女哗。念此亦土风,虽痴不容挝。更为卢白戏,纷争起横斜。故岁不足计,新岁莫蹉跎。努力诵书史,从人笑翁夸。①

"不须志四方"是朱松有慨于国事日非、自己一腔忠心反被斥逐的愤激之言,"努力诵书史"便寄托着要把朱熹培养成为忠君济世之才的苦心。朱松对朱熹的教育以及安排都围绕着这两个目标,朱熹在朱松的苦心督教下,从十一岁起接受了更为严格的家庭训蒙教育,开始了"十年寂寞抱遗经"的生涯。

朱熹对子女的教育也继承了朱松的家教理念,一样重视读经、交友等方面。朱熹有三个儿子——朱塾、朱埜、朱在,在写给吕祖谦的信中,可以看出朱熹对儿子的教育充满了殷殷期望。如:

熹昨已作书,欲遣儿子诣席下,会连雨未果行,俟梅断,看如何也。但此儿懒惰之甚,在家读书,绝不成伦理,到彼冀亲警诲,或肯向前。万一只如在家时,即乞飞书一报,当呼之使归,不令久奉累也。(《文集》卷三十三《答吕伯恭》)

儿子久欲遣去,以此扰扰,未得行,谨令扣师席。此儿绝懒惰,既不知学,又不能随分刻苦作举子文。今不远千里以累高明,切望痛加鞭勒,俾稍知自厉。至于择交游、谨出入,尤望垂意警察。如其不可教,亦几早以见报,或便遣还为荷,千万勿以形迹为嫌也。贱迹如此,又未有承晤之日,临风怳然。(《文集》卷三十三《答吕伯恭》)

小儿无知,仰累鞭策,感愧深矣。在家百计提督,但无奈其懒何。今得严师畏友,先与去去此病,庶或可望其及人也。又得叔度、叔昌书,儿子书中及回兵口说,荷其照属之意良厚,益深愧怍。偶欲入城,临行冗甚,作此附便,余俟后便也。匆匆。(《文集》卷三十三《答吕伯恭》)

正如朱森、朱松都重视师友一样,朱熹把儿子送到吕祖谦处学习,也是为了

---

① 〔宋〕朱松:《韦斋集》卷三,朱杰人、严佐之、刘永翔主编《朱子全书外编》第3册,上海:华东师范大学出版社,2010年,第54页。

替儿子寻找严师益友的环境。朱熹在给吕祖谦的信中一再指出朱塾的毛病是懒惰，在给朱塾的信中也解释了让他离家拜师的原因，体现了严父的形象。他说：

> 盖汝若好学，在家足可读书作文，讲明义理，不待远离膝下，千里从师。汝既不能如此，即是自不好学，已无可望之理。然今遣汝者，恐汝在家汩于俗务，不得专意，又父子之间不欲昼夜督责，及无朋友闻见，故令汝一行。汝若到彼能奋然勇为，力改故习，一味勤谨，则吾犹有望。不然，则徒劳费，只与在家一般。他日归来，又只是旧时伎俩人物，不知汝将何面目归见父母亲戚、乡党故旧耶？念之念之！夙兴夜寐，无忝尔所生，在此一行，千万努力！（《续集》卷八《与长子受之》）

朱熹反复告诫儿子要"勤、谨"，要勤学、勤问、勤思、谨起居、谨言谈、谨交友等，要勤学，要自律，要谨慎交友，可见此向来是朱门的一贯家风。朱熹在给儿子的一封信中，一再强调区分损友和益友的重要性，他说：

> 交游之间，尤当审择，虽是同学，亦不可无亲疏之辨。此皆当请于先生，听其所教。大凡敦厚忠信、能攻吾过者，益友也。其谄谀轻薄、傲慢亵狎，导人为恶者，损友也。推此求之，亦自合见得五七分，更问以审之，百无所失矣。但恐志趣卑凡，不能克己从善，则益者不期疏而日远，损者不期近而日亲。此须痛加检点而矫革之，不可荏苒渐习，自趋小人之域。如此，则虽有贤师长，亦无救拔自家处矣。（《续集》卷八《与长子受之》）

值得注意的是，朱熹在家书中劝勉儿子，主要是在个人修养上，谈立志、谈谦虚、谈待人接物等，只在为人处世平易切近处而言，他并不明确要求儿子进取功名，或者在学术上创造高深理论。朱熹的家风由此可见一斑。

除书信之外，朱熹还留下很多关于治家的言论和书法作品，如在福建尤溪县博物馆存有朱熹手迹板联四块，内容为："读书起家之本，循理保家之本，和顺齐家之本，勤俭治家之本。"这二十四个字与他的理学思想一致，反映了朱熹对家风、家教的基本理念是重视读书、遵循天理、讲究和顺、勤俭治家等亦与其一再教育儿子的理念相契合。

《朱子家训》则更加系统全面地表达了朱熹对子孙后代的教育理念。

二、《朱子家训》的流传及其内容

《朱子家训》最初只是朱熹对朱氏家族成员的训诫，长期以来只在朱氏家族内部流传，所以其影响远不及其他家训，甚而明末清初朱柏庐的《治家格言》长期以来被称作《朱子家训》。直到20世纪90年代中期，世界朱氏联合会的成员公布了一份从明代后期朱氏家谱中摘出并印行的《朱子家训》，大家才意识到原来朱熹也撰写过家训。世界朱氏联合会计划将《朱子家训》作为一个自我修身和公共伦理的指导原则进行推广，华东师范大学的朱杰人教授致力于将《朱子家训》作为朱子文化的核心理念来推广，并组织国外学者翻译《朱子家训》。

《朱子家训》一直保存在福建的朱氏家谱中，到晚明朱培将其单独刊出，随后收入《文公大全集补遗》。之后，朱玉在1724年至1730年间将之重印（内容略有不同），并收录在《朱子文集大全类编》。在17世纪早期和18世纪早期，尽管有两个文集的出版，然而除了1692年在日本出版了双语版的《朱子家训》之外，《朱子家训》在朱氏家族之外没有引起学者的关注。在《朱熹集》（郭齐、尹波点校，成都：四川教育出版社，1996年）出版的同一年，《世界朱氏联合会讯》第四期出版了《朱子家训》，还用一个包含5篇文章的专栏强调了《朱子家训》的重要性及其当代价值。

在朱熹的《朱子家训》推广之前，更广为人知的《朱子家训》是指朱柏庐的《治家格言》，朱柏庐约与朱培同时。"相较朱熹的《家训》而言，朱柏庐的《治家格言》更加注重实际。它较少关注道德上的自我修养（当然这在《朱子家训》中已充分展示，难以超越），而更加侧重经济问题。"[1] 2002年初，又有一组关于《朱子家训》的论文发表在学术杂志《朱子论坛》上，这是学者第一次在公众视野中解读《朱子家训》。2005年在洛阳召开的世界朱氏

---

[1] （美）田浩：《〈朱子家训〉之历史研究》，朱杰人编注《朱子家训》，上海：华东师范大学出版社，2014年，第35页。

联合会第六次代表会议上,名誉会长朱昌均在主题演讲中宣布:"《朱子家训》并不是只为朱家准备的,同时也是为全世界的人准备的。"① 这一观点在2009年《世界朱氏联合会成立十五周年纪念特刊》中得到公开阐释。之后在大会上多次出现朗读或吟诵《朱子家训》的场面。2010年世界朱氏联合会在马来西亚集会时,在中国墓地——孝恩园,马来西亚朱氏联合会为刻有中英文《朱子家训》的大型大理石石碑揭幕,世界朱氏联合会前秘书长、华东师范大学朱杰人教授赞扬了马来西亚朱氏后裔宣传《朱子家训》的创举,公开宣扬《朱子家训》的贡献。

在现代朱氏后人的推广之下,关于《朱子家训》的关注和研究也越来越多。就文体而言,《朱子家训》非常具有朱熹理学的特点:词约义丰、体系完整,而且与朱森、朱松的教育理念一脉相承,与朱熹给儿子信中一再强调的内容也完全一致。在浩如烟海的家训著述中,《朱子家训》以三百余字说明理学家对家庭教育的基本理念,也是独树一帜,与著名的《颜氏家训》《温公家范》《吕氏家范》等相较,有其不可取代的理学特色。

《颜氏家训》是最早的最著名的家训,宋陈振孙说:"古今家训,以此为祖。"(《直斋书录解题》卷十)《颜氏家训》共七卷,卷一:序致、教子、兄弟、后娶、治家;卷二:风操、慕贤;卷三:勉学;卷四:文章、名实、涉务;卷五:省事、止足、诫兵、养生、归心;卷六:书证;卷七:音辞、杂艺、终制。从目录可知,其近乎一本家庭教育的百科全书,不仅包括人文之理、治家之要、为人处世之道、治学问道之径,还包括为官出仕之箴、为文制艺之技等,可谓包罗万象。宋代儒者热衷于撰写家训,影响较大的有范仲淹《义庄规矩》、包拯《家训》、司马光《温公家范》、吕本中《童蒙训》、陆游《放翁家训》、吕祖谦《吕氏家范》等。与早期的家训相比,宋代家训更重视伦理教育以及家庭秩序的维护。《温公家范》凡十卷,除第一卷讲治家,其余卷则详细论述从祖、父、母、子、女到兄弟、妻、甥、舅、姑等家庭成员的定位及相互关系的规范,此书的特点是多用具体的历史故事来阐释自己的观点。《吕氏家范》凡六卷,卷一宗法,卷二昏礼,卷三葬仪,卷四祭礼,卷五

---

① (美)田浩:《〈朱子家训〉之历史研究》,朱杰人编注《朱子家训》,上海:华东师范大学出版社,2014年,第39页。

学规，卷六官箴，显然是以家庭礼仪为中心的家训。明末清初朱柏庐的《治家格言》，曾长期被称为"《朱子家训》"，内容也是面面俱到，相较于《温公家范》等文字较短，言简意赅。与以上家训相比，朱熹的家训继承了朱森、朱松的家庭教育理念，重视伦理教育，重视日常行为规范的要求，重视读书，文本短小精悍，全文317字，内容却很系统。《朱子家训》传承了儒家的传统治家理念，蕴含着朱熹深刻系统的理学思想，体现了传统家庭教育中的普遍价值，对于现代的家庭教育和家风建设具有鲜明的启发意义。其文曰：

> 君之所贵者，仁也。臣之所贵者，忠也。父之所贵者，慈也。子之所贵者，孝也。兄之所贵者，友也。弟之所贵者，恭也。夫之所贵者，和也。妇之所贵者，柔也。事师长贵乎礼也，交朋友贵乎信也。见老者，敬之；见幼者，爱之。有德者，年虽下于我，我必尊之；不肖者，年虽高于我，我必远之。慎勿谈人之短，切莫矜己之长。仇者以义解之，怨者以直报之，随所遇而安之。人有小过，含容而忍之；人有大过，以理而喻之。勿以善小而不为，勿以恶小而为之。人有恶，则掩之；人有善，则扬之。处世无私仇，治家无私法。勿损人而利己，勿妒贤而嫉能。勿称忿而报横逆，勿非礼而害物命。见不义之财勿取，遇合理之事则从。诗书不可不读，礼义不可不知。子孙不可不教，僮仆不可不恤。斯文不可不敬，患难不可不扶。守我之分者，礼也；听我之命者，天也。人能如是，天必相之。此乃日用常行之道，若衣服之于身体，饮食之于口腹，不可一日无也，可不慎哉！①

---

① 朱杰人编注：《朱子家训》，上海：华东师范大学出版社，2014年。另，《朱子遗集》卷四（《朱子全书》第26册）所收全文与此本略有不同，其开篇云："父之所贵者，慈也；子之所贵者，孝也。君之所贵者，仁也；臣之所贵者，忠也。"又："兄之所贵者，爱也；弟之所贵者，敬也。"无"随所欲而安之"一句。又，"以理而喻之"为"以理而责之"，"处世无私仇"为"处公无私仇"，"勿非礼而害物命"为"勿非理而害物命"，"遇合理之事则从"为"遇合义之事则从"，"僮仆"为"婢仆"，无"斯文不可不敬，患难不可不扶"一句，"守我之分者，礼也"为"守我之分者，理也"，"可不慎哉"为"可不谨哉"。他文则同。

综观朱熹的蒙学著作，其吸收借鉴了很多家范的体例和内容，并将之做了进一步细化，最终把传统家范、家训中的内容分散到不同的著述当中，使得《朱子家训》与《童蒙须知》《小学》《家礼》等共同构成一套蒙学教育体系，这些著述的内容虽同属于传统"家训""家范"的内容，但又各有侧重。比如，《小学》凡六卷，分内、外篇。内篇之《立教》，辑录古代圣贤关于率性、修道的言论；外篇之《嘉言》与之对应，以前贤的嘉言及古代有关立教的故事羽翼之。外篇之《嘉言》篇有"广立教""广明伦""广敬身"，《善行》篇有"实立教""实明伦""实敬身"，吸收借鉴了司马光《温公家范》中的古今事例部分。《童蒙须知》凡五卷，分为衣服冠履、语言步趋、洒扫涓洁、读书写文字和杂细事宜，这是传统家训中的具体行为规范的内容。此外，朱熹又撰写了《家礼》，作为普通庶民家庭日常礼仪的依据。《家礼》凡五卷，分为通、冠、昏、丧、祭礼，借鉴了《吕氏家范》以及《司马氏书仪》中家礼的部分。而《朱子家训》则体现了传统家训中最根本、最精髓的思想，朱熹将这些日常行为规范予以形而上学的哲理化，用精练、对称的语言表述，这就使家训摆脱了芜杂而言不及义的弊端。相较于《家礼》《童蒙须知》《小学》等著作更突出面向社会的普遍教化，《朱子家训》则更侧重于朱氏家族内部的家庭规范和家风培养，展示出朱熹对朱氏后人的家庭教育和家风建设理念。

三、《朱子家训》的家庭教育理念及其对现代家庭教育的启发

《朱子家训》的家庭教育理念可分为四个方面，具体如下。

第一，明人伦，重德性。朱熹说："君之所贵者，仁也。臣之所贵者，忠也。父之所贵者，慈也。子之所贵者，孝也。兄之所贵者，友也。弟之所贵者，敬也。夫之所贵者，和也。妇之所贵者，柔也。事师长，贵乎礼也，交朋友，贵乎信也。"明人伦是儒家的核心要义，是区别于佛道的鲜明特征。儒家认为，人具有社会性是区别于动物的显著特征。孔子在面对隐士的质疑时说："鸟兽不可与同群，吾非斯人之徒与而谁与？"（《论语·微子》）儒家认为，人是不可能脱离自己的同类，逃离现实社会的。儒家把人伦看作核心要义，由此出发对其他学派展开批评，孟子说："杨氏为我，是无君也；墨氏兼爱，是无父也。无父无君，是禽兽也。"（《孟子·滕文公下》）理学家批评佛老自私，

多是从他们不讲人伦上来立论的。

儒家认为，明人伦是自古的传承。孟子曰："圣人……使契为司徒，教以人伦：父子有亲，君臣有义，夫妇有别，长幼有序，朋友有信。"(《孟子·滕文公上》)《中庸》曰："天下之达道者五……曰君臣也，父子也，夫妇也，昆弟也，朋友之交也。"朱熹注："即书所谓五典，孟子所谓'父子有亲、君臣有义、夫妇有别、长幼有序、朋友有信'是也。"(《中庸章句》)在儒家看来，各类学校教育都以明人伦为目标，所谓："设为庠序学校以教之：庠者，养也；校者，教也；序者，射也。夏曰校，殷曰序，周曰庠，学则三代共之，皆所以明人伦也。人伦明于上，小民亲于下。"(《孟子·滕文公上》)朱熹注："伦，序也。父子有亲，君臣有义，夫妇有别，长幼有序，朋友有信，此人之大伦也。"(《孟子集注》)正是基于儒家古代学校教育主要是明人伦的观点，所以朱熹在《白鹿洞书院揭示》中开头便是"五教"，原封不动照搬孟子的说法。五典、五教、五伦尽管说法不完全相同，但指代的内容是明确的，即父子、夫妇、兄弟、朋友、君臣五对人伦关系。

《朱子家训》所提到的五伦中有三对属于家庭关系。父慈子孝、兄友弟恭、夫和妇柔是家庭中重要的关系，其中父子、兄弟是血缘关系，而夫妇则是所有伦理关系的前提，即所谓："有天地然后有万物，有万物然后有男女，有男女然后有夫妇，有夫妇然后有父子，有父子然后有君臣，有君臣然后有上下，有上下然后礼义有所错。夫妇之道，不可以不久也，故受之以《恒》，《恒》者久也。"(《周易·序卦传》)要之，这三种家庭伦理在任何时代、任何社会体制下都是家庭中的主要形式，家训作为家庭内部成员遵守的规范，如何正确处理家庭伦理关系是其重中之重。相较于后世诸多家训中的长篇大论，《朱子家训》用最简单的语言表述了明人伦的内容。

君仁臣忠，这就是君臣有义的具体展开。在封建专制社会，士、农、工、商是四大职业，重农抑商是基本国策，在这种情况下，读书人的唯一出路就是入仕，只要入仕，面对的就是君臣之伦，即便不入仕，读书人一样处在这种体制当中，所以君臣之义的存在是不言而喻的。对儒家来说，社会性的一部分是家庭伦理，另一部分就是君臣关系。子路说："不仕无义。长幼之节，不可废也；君臣之义，如之何其废之？欲洁其身，而乱大伦。君子之仕也，行其义也。"(《论语·微子》)不过,在先秦儒家那里,道德是具有相对性的,孔子、孟子强调君要尊敬士人,因为士人是道的代表,所谓尊道不尊势。朱熹当时提出的君仁臣忠也是如此,君主的本分是仁爱,臣子的本分是忠义。如果君主不能正心诚意,做不到仁爱,那么对臣子的忠诚也不能苛责。愚忠愚孝在当时并不受到推崇,只是后来随着集权程度的加深,才有了"君叫臣死,臣不能不死"的说法。

在传统五伦当中,朋友之伦必不可少,却又相对边缘化。儒家对待朋友关系非常重视,主要是从为学修德的角度。孔子将朋友分为"益者三友,损者三友。友直,友谅,友多闻,益矣。友便辟,友善柔,友便佞,损矣"(《论语·季氏》)。相对父母、兄弟、君臣等没有选择的余地,朋友则有自我选择的空间,所以朱熹给长子的书信中详细交代了交友之道。

"近朱者赤,近墨者黑"是普遍的道理,所以对于青少年来讲,一定要多交益友,远离损友。传统五伦中没有师生之伦,只是把师生比作父子,同样是从为学修德角度,朱熹则把老师单独列出,在五伦之外,特别加入了"事师长贵乎礼",主张对待老师要以礼为最高的标准。这就将师生关系也纳入传统伦理当中,这充分体现出朱熹希望后世子孙能够尊师重道的良苦用心。

"伦,序也。"在家庭之中,父母兄弟等关系都是由血缘亲疏确定了的,而在家庭之外,没有血缘关系的人之间就要按照长幼进行排序。朱熹指出,"见老者,敬之;见幼者,爱之"。在《增损吕氏乡约》中,朱熹按照年龄将尊幼区分为五种:"尊幼辈行凡五等。曰尊者(谓长于己三十岁以上,在父行者),曰长者(谓长于己十岁以上,在兄行者),曰敌者(谓年上下不满十岁者,长者为稍长,少者为稍少),曰少者(谓少于己十岁以下者),曰幼者(谓少于己二十岁以下者)。"而在《朱子家训》中,朱熹提出德行优先于年龄,告诫子孙不要迷信年龄的权威,而要理性区分:"有德者,年虽下于我,我必尊之;不肖者,年虽高于我,我必远之。"这种告诫与孟子的观点相一致,孟子说:"天下有达尊三:爵一,齿一,德一。朝廷莫如爵,乡党莫如齿,辅世长民莫如德。"(《孟子·公孙丑下》)《朱子家训》通篇不提爵,只关注德和齿,且朱熹明确把德看作更优先的因素。"不肖者,年虽高于我,我必远之",作为长辈对晚辈的训诫,朱熹在《朱子家训》中明确指出不要迷信年龄、资历的权威，这就给年轻人留下自由思考、理性选择的空间；对那些打算倚仗年龄倚老卖老的人也是一种告诫，要想得到晚辈的尊重，只有不断完善自己的德性。尊老爱幼早已成为中华民族的传统美德，遗憾的是，朱熹关于德性优先于年龄的训诫却被后世忽略了。

第二，明是非，别善恶，崇正义。西方哲学家认为儒家没有哲学思辨，只有道德教条。在他们看来，这是儒家的短处，但从人生哲学角度来看，这恰是儒家的长处。《朱子家训》作为长者对后世子孙的谆谆教诲，为人处世、修身养性尤其是必不可少的内容。《朱子家训》以禁止、告诫的语气对日常生活中可能面临的困扰给出了明智的选择。"仇者以义解之，怨者以直报之。"面对仇怨要秉持公正、平和的心态去解决，不必执着于结果，这与孔子所说的以直报怨、以德报德的理念一脉相承。"人有小过，含容而忍之；人有大过，以理而谕之。"面对别人的过失要视情况而定，面对别人的过错，或者忍耐宽容，或者以理劝说，坚持公理至上。能区分善恶的道德观是人之为人的本性，朱熹告诫子孙对待自己的行为要严格区分善恶，做到"勿以善小而不为，勿以恶小而为之"。而对别人的善恶言行则要隐恶扬善，多宣扬善言善行，忽视恶言恶行，至少不要宣扬、传播别人的恶言恶行。也许现代有很多不同的解读，但单就道德修养和人格的养成角度讲，多观察、接受善言善行总比过多地关注别人的恶行恶言更有积极意义。

儒家的公私之辨、义利之辨在《朱子家训》中也有体现，"处世无私仇，治家无私法"体现了传统家训、家法与国法并不矛盾的事实。长期以来，影视剧中的"家法处置"呈现出好像古代大家族都可以不顾国法随便处置一个人，按照《朱子家训》，这种行为分明就是用"私法"治家，用"私仇"来处公。不讲私情是尊崇正义的起码要求，理学家一贯反对自私，批评佛老的自私，儒家的仁便被看作公，李存山在《新三字经与社会主义核心价值观》中提出："仁在公，义在平，有公平，乃正义。"[1] 这种反对"私"的看法正是重视公平正义的表现。儒家看似重视私人道德，其实一样看重公德，推己及人，如果能推出去，就可以发展成为公德心。

---

[1] 李存山：《新三字经与社会主义核心价值观》，广州：广东人民出版社，2015年，第74页。

对待财物、人才、物品等方面，朱熹告诫子孙不能怄气、赌气做出伤害他人的事情，不能伤害物命。不取不义之财，见到不公平的事该管就要管，只要合乎理义就要管，要做合理、合礼、合义的事。

第三，读诗书，重礼仪，诗礼传家。朱熹是看重读书的理学家，本人也是一生读书、写书、教书。书是知识的重要载体，诗书传家是所有中国家庭的愿望，《朱子家训》非常具有代表性、普遍性。"诗书不可不读，礼义不可不知。子孙不可不教，僮仆不可不恤。"做有文化有知识的人一向是儒家家庭教育的重要目标。孔子说："弟子入则孝，出则弟，谨而信，泛爱众而亲仁。行有余力，则以学文。"（《论语·学而》）又说："质胜文则野，文胜质则史。文质彬彬，然后君子。"（《论语·雍也》）尊师重教是《朱子家训》的重要内容，培养书香门第的殷切希望溢于其中。读诗书，一方面获得知识，另一方面修养德行，还能提升自己的审美感受，即所谓"腹有诗书气自华"。读书只是有教养的必要环节，更重要的是有了书本知识后，更要有心系天下的责任担当和宽广胸怀。照顾弱者是儒家的传统，是仁爱品质的内在要求。故《朱子家训》强调一个有文化有教养的人要做到"僮仆不可不恤"。

第四，修己为本，天命由他。《朱子家训》全文在告诫子孙要如何修身养性、如何齐家、如何为人处世，没有谈如何获得财富、如何做官、如何考取功名，而这些恰恰是现代教育所关注的话题。孔子说："言寡尤，行寡悔，禄在其中矣。"（《论语·为政》）又说："古之学者为己，今之学者为人。"（《论语·宪问》）孟子说："修天爵以要人爵。"（《孟子·告子上》）这些都是要求学者首先要修养自己的德性，至于是否有功名、有官位、有财富，是否有顺利的人生，这些不是自己能左右的，所以朱熹要求子孙安分守己，顺应天命。这些看似消极，实则积极。宋代理学家大都志向高远、能力卓著，但都无法实现治国平天下的远大抱负，所以朱熹在《朱子家训》中告诫子孙不必追求修身之外的东西，否则就是虚无。正如《红楼梦》中所说的"陋室空堂，当年笏满床。衰草枯杨，曾为歌舞场"，这即是古代士人要面对的现实，如果以这些外在的不确定的东西为追求目标，到头来一定是失望的。所以儒家讲究修炼自己可以控制的德性，而将外在功名利禄全部归于"天命"，于是有了"尽人事，听天命"的说法。

相较于朱熹的其他著作,《朱子家训》语言精练、平实,容易理解,便于记诵。与其说是来自长者的训诫,还不如说是对后世子孙的殷切期望。它蕴含的丰富的家庭教育理念,对现代家庭教育仍具有重要的启发意义。

第一,要明确自己在当下的家庭角色和社会角色定位,再去明确自己的社会理想,实现社会价值。我们的现实环境首先是家庭、社会、国家,在家庭教育中,孩子首先要学会爱父母、爱家庭、爱社会、爱祖国。这种爱是相互的,对父母、祖父母的爱,对哥哥姐姐、弟弟妹妹的爱可以有不同的方式。在父母长辈面前可以撒娇,在弟弟妹妹面前就要起到榜样模范的作用。将来走出家庭,到学校里要尊敬老师、关心同学,走向社会,要敬爱长辈、关爱幼儿。五伦中的核心是家庭伦理,所以对家庭教育具有针对性。君臣已经伴随着专制社会体制的结束而消失,但也不妨理解为在工作场合,面对上司、面对员工等处境中应该讲忠诚、讲仁爱。这些关系在家庭教育中了解清楚了,之后到了学校、社会中就可以免受人际关系的困扰。人的行为要符合自己的身份设定,父亲要慈爱地对待孩子,儿子要孝顺地对待老人,兄长(姐姐)要友善地疼爱弟妹,弟妹要恭敬地对待兄长(姐姐),丈夫要和善地对待妻子,妻子要温柔地对待周围的人,朋友之间要彼此信任,对待老师要礼节周到。任何一个人都不外乎有这些身份,只要日常做到这些,就能构建和谐的家庭和社会。

第二,在日常小事中培养明辨是非、为善去恶的正义感,培养社会公德心,避免在大是大非问题上随波逐流。现代影视剧以及各类媒体对一些不良社会问题的大肆渲染,造成"好人难做"的印象,仿佛公平、正义离日常生活很远。事实上,担负着正义感的好人并非遥不可及,只要人人"勿以善小而不为,勿以恶小而为之",看到老人摔倒,扶一把,这就是行善;看到落难的人帮一下,这就是正义。无论身为百姓,还是身为官员,如果做到"见不义之财勿取,遇合理之事则从",这就是正义。只要我们在自己的能力范围内,做到"处世无私仇,治家无私法",就践行了正义的力量。只有心存正义感的人才能在面对诱惑、挫折时坚持立场、守住自我;反之,如果从小没有培养明是非、别善恶的能力,没有树立正义至上的信念,那么成长过程中就很容易随波逐流,甚至误入歧途。

第三，教育孩子热爱读书，遵守礼仪，做一个有文化、有担当的人。在现代教育中，父母、老师对读书的重视毋庸置疑，但如果仅把读书看作升学、谋职的手段，在儒家看来，这是"为人之学"。《朱子家训》是从"为己之学"出发，把读诗书看作修身养性的途径，通过读书，不仅获取了知识，而且培养了良好的德性。更进一步，读书还为齐家治国平天下打下坚实的基础。因此，读书不能脱离世事，要时刻心系百姓、心忧天下。作为读书人，要从爱护家人、体恤弱者开始，进而做到服务人民、造福社会，做一个对社会有担当的文化人，这才是读书的终极目标。

第四，教育孩子直面挫折，顺势而为，面对不如意甚至残酷的结局要学会自我开导。用美德和知识武装的人不仅是朱熹希望的，也是现代社会所需要的。我们当前很多家庭偏重知识的教育，缺少了道德伦理和人格完善的教育，如一些高学历、高智商的人出现了心理问题、精神问题，不能正视挫折和困难，遇到逆境就崩溃，遇到顺境就骄傲自满，缺乏能屈能伸、顺势而为的乐观态度。《朱子家训》中有一句话值得注意："守我之分者，礼也；听我之命者，天也。人能如是，天必相之。"这也是传统儒家所说的"尽人事，听天命"。这样的训诫对于年轻人来说未免消极，但对于努力奋斗过后不能如愿的人来说，倒不失为一种心理安慰和疏导。《朱子家训》面对的是子孙后代的一生，它不仅要指明走向成功的道路，也要为那些不"成功"的人做出合理性的解释。现代家庭教育过于关注成功学，却忽略了不成功之后的心理疏导，这是非常致命的。另外，安分守己、听天由命必须配合"尽人事"来践行。有努力不一定有收获，但没有努力一定没有收获。努力过后没有收获，这种失落应如何排解，这是现代教育中必须正视的课题，而《朱子家训》的"守分""听命"不失为一种解决方案。

第二章　朱熹的《小学》思想及其现代价值

《中庸》曰："天命之谓性，率性之谓道，修道之谓教。"在儒家看来，教育和教化是人生而为人必经的过程。人人需要受教育，国家有责任为之提供教育机构，使民众能够接受教育。朱熹说："三代之隆，其法寖备，然后王宫、国都以及闾巷，莫不有学。人生八岁，则自王公以下，至于庶人之子弟，皆入小学，而教之以洒扫、应对、进退之节，礼乐、射御、书数之文。及其十有五年，则自天子之元子、众子，以至公、卿、大夫、元士之适子，与凡民之俊秀，皆入大学，而教之以穷理、正心、修己、治人之道。此又学校之教、大小之节所以分也。"（《大学章句序》）朱熹非常重视《大学》一书，一再注释修改，临终前三天仍在修改"诚意"章。同时，朱熹认为大学的根基是小学，"圣人""醇儒"的培养应从儿童开始，他把儿童看成是"圣贤坯璞"。他说："古者小学已自养得小儿子这里定，已自是圣贤坯璞了，但未有圣贤许多知见。及其长也，令入大学，使之格物、致知，长许多知见。"（《语类》卷七）"古者，小学已自暗养成了，到长来，已自有圣贤坯模，只就上面加光饰。"（《语类》卷七）他强调儿童时期要打好基础，否则长大难免做出违背伦理纲常的事情，再要弥补就极为困难了，所谓"而今自小失了，要补填，实是难"（《语类》卷七）。因此，朱熹借鉴宋儒的《家范》《家训》中关于童蒙教育的内容，从《礼记》《论语》等经书中选择关于童蒙教育的言论、人物、故事编成《小学》一书，作为童蒙教育的教材，也作为格物穷理的大学教育的道德修养课。

除此之外，朱熹的《训蒙绝句》《童蒙须知》也是专门针对童蒙所作的经典著述。相较于《小学》而言，《童蒙须知》着重指导幼儿在言谈举止、衣食住行方面养成良好生活习惯。从这些蒙学读物中可见，相较于现代偏重知识性的早教课、幼儿乃至小学教育，朱熹的童蒙教育侧重于日常生活行为规范以及道德品行的培养，与格物、穷理、诚意、正心、修身、齐家、治国、平天下的大学教育有着明显的阶段性差异。朱熹说："盖自小便教之以德，教之以尚德不尚力之事。"（《语类》卷七）这也是理学家普遍的看法。张载说："教小儿，先要安详恭敬。今世学不讲，男女从幼便骄惰坏了，到长益凶狠。只为未尝为子弟之事，则于其亲已有物我，不肯屈下。病根常在，又随所居而长，至死只依旧。为子弟则不能安洒扫应对，接朋友则不能下朋友，有官长则不能下官长，为宰相则不能下天下之贤。甚则至于徇私意，义理都丧。也只为病根不去，随所居所接而长。"（《小学》卷六）结合现代教育中出现的一些高分低能、高学历低素养的案例，张载、朱熹关于儿童教育的观念可谓切中当前中国学校教育的问题根源，即当前小学教育忽略了对儿童行为习惯、道德品行的关注，导致留下了"病根"。朱熹继承了张载所言"教小儿，先要安详恭敬"的理念，为了把这种理念落实到行动中，朱熹编写了《小学》，节选了经书中不同历史人物的嘉言和善行，为儿童树立起学习的榜样。在《童蒙须知》中，朱熹用简洁明了的语言对儿童的衣服冠履、语言步趋、洒扫涓洁、读书写文字等日常生活行为给出明确的指导，基本不涉及格物致知、穷理尽性的大学之事。朱熹不仅把小学教育看作是大学教育的基础，而且把小学教育看作是成人的基础，按照《小学》规范自己，无论将来的社会成就如何，受教育的主体都将是人格完善的人。本章分两节，第一节阐述《小学》的内容及其影响，第二节总述朱熹蒙学思想以及现代价值。

第一节　《小学》的编纂及其影响

中国自古就有小学、大学之分，正如朱熹所说："人生八岁，则自王公以下，至于庶人之子弟，皆入小学，而教之以洒扫、应对、进退之节，礼乐、射御、书数之文。及其十有五年，则自天子之元子、众子，以至公、卿、大夫、元士之适子，与凡民之俊秀，皆入大学，而教之以穷理、正心、修己、治人之道。此又学校之教、大小之节所以分也。"（《大学章句序》）《大学》是

《礼记》中的一篇，相传为曾子所作，集中阐述了大学的目标和内容，就是三纲领八条目。《小学》一书则出自朱熹的手笔，清儒张伯行说："古者有大学、小学之教。八岁入小学，十五入大学。《大学》之书，传自孔门，立三纲领、八条目，约二帝三王教人之旨以垂训，程子以为入德之门是也。而《小学》散见于传记，未有成书，学者不能无憾。于是朱子辑圣经贤传及三代以来之嘉言善行，作《小学》书。……使夫入大学者，必先由是而学焉。"又云："朱子自谓一生得力，只看得《大学》透。而又辑《小学》一书者，以为人之幼也，不习之于小学，则无以收其放心、养其德性，而为大学之基本。"[①]《小学》是朱熹晚年所作，成书于《四书章句集注》之后，是朱熹理学思想成熟之后的著述。因此《小学》绝不仅是一部童蒙教材，更是一部理学经典。《小学》一经面世，就成为朱门弟子以及后学为学实践的教材和指导思想。随着朱子学的传播和发展，《小学》也成为海外朱子学者学习和研究朱子学思想的重要经典之作。

一、《小学》的编纂原因及其过程

朱熹历经两次中和之悟确立起心性论，再经过多次论战确立起整个理学体系，淳熙九年（1182），朱熹将《大学章句》《中庸章句》《论语集注》《孟子集注》集为一编，刊刻出版，名为《四书章句集注》。"四书"体系的完成，代表着朱熹理学思想体系最终确立。又过了五年，淳熙十四年，朱熹五十八岁，编成《小学》。《小学》作为朱熹编完《四书章句集注》之后的产物，绝不是简单的一部童蒙读物，其中更蕴含了朱熹对理学心性论、人性论、修养方法论的思考。换言之，朱熹之所以要写《小学》，与他对《大学》《中庸》《论语》《孟子》等经典的不断思考有关，与其对理一分殊、未发已发、格物致知等理学思想的发展有着密切的关系。

朱熹说："古者小学，教人以洒扫应对进退之节、爱亲敬长隆师亲友之道，皆所以为修身、齐家、治国、平天下之本。"（《小学原序》）[②]这正是朱熹

---

① 〔清〕张伯行：《小学集解》，上海：商务印书馆，1936年，第1—2页。
② 朱杰人、严佐之、刘永翔主编：《朱子全书》第13册，上海：上海古籍出版社、合肥：安徽教育出版社，2002年，第393页。

从学李侗对"理一分殊"有了深刻理解之后的看法。绍兴二十六年（1156），朱熹因公事到德化出差，途中借宿在剧头铺寺院，夜间读《论语》"子夏门人小子"章，突然对"洒扫应对进退之节"有了新的领悟。后来他不止一次说起这次夜悟：

> 问"子夏之门人小子洒扫应对进退"章。曰："某少时都看不出，将谓无本末，无大小。虽如此看，又自疑文义不是如此。后来在同安作簿时，因睡不着，忽然思得，乃知却是有本末小大。然不得明道说'君子教人有序'四五句，也无缘看得出。"（《语类》卷四十九）
>
> 问"洒扫应对"章程子四条。曰："此最难看。少年只管不理会得'理无大小'是如何。……因在同安时，一日差入山中检视，夜间忽思量得不如此。其曰'理无小大'，无乎不在，本末精粗皆要从头做去，不可拣择，此所以为'教人有序'也。"（《语类》卷四十九）

朱熹的这次夜悟，其实就是认识到"事有小大，理无小大"，因此从"洒扫应对"到"精义入神"，从事上说有精粗之别，而从理上说却无大小之分，万物各具一理之全。这也就是李侗告诉他的理一分殊，"事有小大"指分殊，"理无小大"指理一。关于洒扫应对和精义入神之间的关系，也体现了小学和大学的阶段性差别。朱熹得出"事有小大，理无小大"的结论，一方面是李侗的指点，另一方面也得益于程颢对该章的解说。

《论语》原文是："子游曰：'子夏之门人小子，当洒扫、应对、进退，则可矣，抑末也，本之则无。如之何？'子夏闻之，曰：'噫！言游过矣！君子之道，孰先传焉？孰后倦焉？譬诸草木，区以别矣。君子之道，焉可诬也？有始有卒者，其惟圣人乎！'"（《论语·子张》）在《论语集注》中，朱熹引用程颢的五条解说，最后下按语说：

> 程子曰："君子教人有序，先传以小者近者，而后教以大者远者。非先传以近小，而后不教以远大也。"又曰："洒扫、应对，便是形而上者，理无大小故也。故君子只在慎独。"又曰："圣人之道，更无精粗，从洒

扫、应对,与精义入神通贯,只一理。虽洒扫、应对,只看所以然如何。"又曰:"凡物有本末,不可分本末为两段事。洒扫、应对是其然,必有所以然。"又曰:"自洒扫、应对上,便可到圣人事。"

  愚按:程子第一条,说此章文意最为详尽,其后四条,皆以明精粗本末。其分虽殊,而理则一。学者当循序而渐进,不可厌末而求本。盖与第一条之意,实相表里,非谓末即是本,但学其末而本便在此也。(《论语集注》卷十)

朱熹强调,程子第一条即"君子教人有序,先传以小者近者,而后教以大者远者"最为符合文义,而这正是朱熹在编完《四书章句集注》之后必须撰写《小学》的一个理由。因为《四书章句集注》缺失了"洒扫应对进退之节"的内容,缺少了"分殊"的部分。可见,编写《小学》是理一分殊思想的必然要求。

编写《小学》还是敬知双修的方法论要求。朱熹对《大学》一生用功,从绍兴年间就编成《大学集解》,之后反复修改,编成《大学章句》。《大学》不仅有三纲领八条目,而且还有程子的"格物致知"思想,但是朱熹并不把"格物致知"看作是唯一的修养方式,他极其欣赏程颐"涵养须用敬,进学则在致知"的说法,这种观念是在中和之悟的过程中逐步确立起来的。朱熹在与湖湘学论战中,反对"先察识,后操存"的修养方法,他在一封信中说:

"敬"字之说,深契鄙怀,只如《大学》次序,亦须如此看始得。非格物致知全不用诚意正心,及其诚意正心,却都不用致知格物,但下学处须是密察,见得后便泰然行将去,此有始终之异耳。其实始终是个"敬"字,但敬中须有体察功夫,方能行著习察。不然,兀然持敬,又无进步处也。观夫子答门人为仁之问不同,然大要以敬为入门处,正要就日用纯熟处识得,便无走作。(《文集》卷四十二《答石子重》)

乾道五年(1169)春,朱熹在同蔡元定问辨时,认为中和旧说"非惟心性之名命之不当",而且"日用工夫全无本领"。于是用"涵养须用敬,进学则在致知"的思想重读二程著作,原来感觉抵牾的地方竟然无不贯通。这就是所谓"己丑之悟",也即中和新说。乾道五年朱熹确立了"涵养须用敬,进学则在致知"的学问大旨,于是将小学与大学统一成体系,以洒扫应对进退为用敬,以格物穷理为致知。在此基础之上,乾道七年,朱熹去取诸家之说,写成《大学章句》的初稿,然而此时朱熹并没有将《大学》分为经传,也没有补入格物一段。但随着对《大学》的不断深入思考,朱熹感到只有"大学"的格物致知对学者而言是远远不够,因为敬知双修要以敬的涵养为主,但是《大学》中的次序却先讲格物致知,由格物、致知而进于诚意、正心、修身、齐家直至治国、平天下,是先致知进学再用敬涵养,于是他试图用小学来弥补这一缺陷。

在朱熹看来,童蒙的洒扫应对进退等小学工夫,就是从敬的涵养入手;到成人入大学,又从穷理致知入手。所以有人提出"敬当不得小学"时,他回答说:"敬已是包得小学。"(《语类》卷七)小学与大学的关系,是教"事"与教"理"的统一:"小学是学事亲,学事长,且直理会那事。大学是就上面委曲详究那理,其所以事亲是如何,所以事长是如何。"(《语类》卷七)"古者初年入小学,只是教之以事,如礼乐射御书数及孝弟忠信之事。自十六七入大学,然后教之以理,如致知、格物及所以为忠信孝弟者。"(《语类》卷七)小学的根本目的是要"自养得他心"。这样朱熹通过把小学与大学统一起来,从而也就把用敬与致知统一起来。

朱熹编《小学》的直接原因就是他晚年有感于学界普遍存在缺少主敬修身的风气,这集中体现在以浙东学者为主的功利主义思想上,同时也体现在前来求学的弟子身上。朱熹在淳熙九年(1182)从浙东提举任上广泛接触浙学后,他就在给黄𠧧的信中批评浙东学者:"主敬方是小学存养之事,未可便谓笃行。须修身齐家以下,乃可谓之笃行耳。……近至浙中,见学者工夫议论多靠一边,殊可虑耳。"(《文集》卷五十一《答黄子耕》)在朱熹看来,浙东学者的驰骛功利就是缺少一段小学的修养工夫,不能主敬涵养、自律收敛,造成他们轻视向内正心而偏重向外求功的毛病,沉溺于功利主义。到淳熙十一年他同陈亮、吕祖俭进行义利王霸论战时,在给吕祖俭信中强调说:"前书所喻正容谨节之功,比想加力。此本是小学事,然前此不曾做得工夫,今若更不补填，终成欠阙，却为大学之病也。……大抵此学以尊德性、求放心为本，而讲于圣贤亲切之训以开明之，此为要切之务。"（《文集》卷四十七《答吕子约》）这里已经包含了他作《小学》的主旨。小学归根到底也就是尊德性、收放心的问题，因此在小学上也鲜明反映了朱学与陆学一致而与浙学相悖的事实。大概缘于此，朱熹把作《小学》的任务交给了师事陆九渊的刘清之。

刘清之（1134—1190），字子澄，世称静春先生，宋临江（治所在今江西省樟树市）人，绍兴进士，历任建德主簿、鄂州通判等。实际上，朱熹在编纂《小学》之前已经做了大量准备工作，远而言之，增损《吕氏乡约》，注《弟子职》，将《弟子职》《女戒》配以《书仪》印刻，都是为《小学》准备材料；近而言之，淳熙十年（1183）在武夷精舍讲学时，朱熹已为武夷精舍学者编成一本简略的《小学》大纲。这时刘清之也编了一本小学的书，朱熹在这一年七月给刘清之信中比较二书优劣，对重编《小学》作了详细指导：

> 《小学》书曾为整顿否？幸早为之，寻便见寄，幸幸。昨来奉报，只欲如此间所编者。今细思之，不若来教规模之善。但今所编皆法制之语，若欲更添"嘉言""善行"两类，即两类之中自须各兼取经史子集之言，其说乃备。但须约取，勿令太泛乃佳。文章尤不可泛，如《离骚》忠洁之志固亦可尚，然只正经一篇已自多了。此须更子细决择。《叙古蒙求》亦太多，兼奥涩难读，恐非启蒙之具。却是古乐府及杜子美诗意思好，可取者多，令其喜讽咏，易入心，最为有益也。来喻又有避主张程氏之嫌，程氏何待吾辈主张？然立言垂训，事关久远，亦岂当避此嫌耶？（《文集》卷三十五《答刘子澄》）

然而刘清之并没有按照他的意见修改，并于淳熙十一年（1184）将《小学》印刻于鄂州（时刘清之任鄂州通判）。朱熹对鄂州本《小学》自然不满。淳熙十二年正月二十六日，他写信给刘清之："《小学》惜乎太遽，又不蒙润色耳。近略修改，每章之首加以本书或本人名字，又别为题词韵语，庶便童习。今谩录去一观，他时有暇，终望为补故事之缺也。"（《文集》卷三十五《答刘子澄》）不过刘清之后来仍没有增补修改。

于是朱熹亲自参考二家之书重编《小学》，作了全面改动，突出了二程周张思想，淳熙十二年（1185）七月九日，他在给刘清之信中提到这次大改编说："《小学》见此修改，益以古今故事，移首篇于书尾，使初学开卷便有受用，而末卷益以周、程、张子教人大略及《乡约》《杂仪》之类别为下篇，凡定著六篇。"（《文集》卷三十五《答刘子澄》）实际上，朱熹在刘清之寄给他鄂州本以前，已经同蔡元定一起修改自己的《小学》编本，他给蔡元定的信中说："《小学》册子向时携去，今告早附来，添注此数项，便可上纳付匠家也。子澄寄得鄂州本来，今往一本。"（《续集》卷二《答蔡季通》）到鄂州本刻成寄来后，他又参考了这一编本，于是他在给潘友恭的信中说："《小学》未成，而为子澄所刻。见此刊修，且夕可就，当送书市别刊，成当奉寄，此书甚有益也。"（《文集》卷五十《答潘恭叔》）由此可见，流传下来的《小学》主要是朱熹所作，当然刘清之、蔡元定、潘友恭等弟子也有参与。《小学》完成于淳熙十二年，序定印刻于淳熙十四年，之后朱熹把《小学》定为"武夷精舍小学之书"（《续集》卷二《答蔡季通》），作为武夷精舍学徒们的教科书。绍熙元年（1190），朱熹在漳州任职时，印刻了十多种书籍，除了"四经"、"四子"和《大学章句》外，还有《小学》《近思录》等。

《小学》作为朱熹自己为学实践、教育实践、学术论辩中的产物，不仅是蒙学读物，更是贯穿了朱熹理学思想的著作。朱熹在《小学题辞》中表达了理学人性论："元亨利贞，天道之常。仁义礼智，人性之纲。凡此厥初，无有不善。蔼然四端，随感而见。……众人蚩蚩，物欲交蔽。乃颓其纲，安此暴弃。惟圣斯恻，建学立师。以培其根，以达其支。"这与他在注《大学》和《中庸》中所秉持的人性论完全一致，在他看来，小学教育就是要实现人向善性的复归，小学的任务就是要引导童蒙返回到性善的本初上去，即使不能完全达到，也要为这种人性的复初打下基础，故他说："小学之方，洒扫应对。入孝出弟，动罔或悖。行有余力，诵诗读书。咏歌舞蹈，思罔或逾。穷理修身，斯学之大。明命赫然，罔有内外。德崇业广，乃复其初。"（《小学题辞》）从编纂的动机和过程来看，《小学》就是朱熹理学思想的精华版，绝不可将之简单看作童蒙教育的教材，当然就蒙学教育体系而言，《小学》与另外两部童蒙教材《训蒙绝句》《童蒙须知》构成了一套完整的小学教育体系。

二、《小学》的体例和内容

宋儒普遍重视子女的教育以及家族规范，所以有大量家训、家范、家礼著述出现，比如司马光著有《家范》和《书仪》，吕大钧著有《乡约》《乡仪》，吕祖谦著有《家范》等。这些著述或偏重冠婚丧祭等礼仪，如《吕氏家范》《乡仪》《书仪》；或偏重家庭内部成员间的行为规范，如司马光的《书仪》和《家范》。朱熹参照这些著述，增损《吕氏乡约》，编纂《家礼》以及《小学》，为普通民众的日常生活提供教育和教化的指导。从体例而言，《小学》借鉴了司马光《家范》的形式，即大量引用经史子集的相关言论和人物故事，便于儿童理解和接受。

《温公家范》共有十卷，首卷是治家，引用《周易》《大学》《孝经》《诗经》中的内容说明治家的重要性、方法等，接下来九卷具体说明不同家族成员所应具备的道德品质和行为规范：卷二是祖；卷三是父、母；卷四、五是子；卷六是女、孙、伯叔父、侄；卷七是兄、弟、姑姊妹、夫；卷八、九是妻；卷十是舅甥、舅姑、妇妾、乳母。从篇幅安排上突出了男主人在家庭的中心地位，以此为基准展开对其他成员的阐述。《四库提要》早已指出《温公家范》与《小学》之间的关联，曰：

> 《温公家范》……自治家至乳母凡十九篇，皆杂采史事可为法则者，亦间有光所论说，与朱子《小学》义例差异而用意略同，其节目备具，简而有要，似较《小学》更切于日用，且大旨归于义理；亦不似《颜氏家训》徒揣摩于人情世故之间。朱子尝论《周礼》师氏云：至德以为道本，明道先生以之敏德以为行本，司马温公以之观，于是编犹可见一代伟人修己型家之梗概也。（《钦定四库全书·家范提要》）

朱熹很欣赏《温公家范》中"杂采史事"的方式，所以他建议刘清之修改《小学》时加上故事，故事正是《小学》外篇的主要内容。然而，相较于《家范》的重点是针对家族成员的人伦关系以及道德规范而言，《小学》则不再限于家庭道德方面，它更突出对童蒙进行道德教育，换言之，《小学》中的道德教育更加具有普遍性。这是因为，朱熹认为，《小学》是所有家庭教育、学校教育、社会教育的基础，是一个人在家庭、社会立足的根基。《温公家范》把道德教育看作治家的重要内容，《小学》则把道德教育贯穿小学和大学教育的全部环节，所谓："古者小学，教人以洒扫应对进退之节、爱亲敬长隆师亲友之道，皆所以为修身、齐家、治国、平天下之本。而必使其讲而习之于幼稚之时，欲其习与智长、化与心成，而无扞格不胜之患也。"（《小学原序》）由此可见，朱熹所说的"小学"与传统经学意义上的"小学"完全不同，经学中的"小学"是指音韵、训诂之学，是识字教育，而朱熹的"小学"则几乎不涉及识字这种知识性教育，而是强调道德培养。

朱熹对"小学"的定位不仅是大学的基础教育，而且具有社会教化的意义。他说："今颇搜辑以为此书，授之童蒙，资其讲习，庶几有补于风化之万一云尔。"（《小学原序》）为了达到这些目标，《小学》大量辑录了古代圣贤的"嘉言善行"，分为内、外两篇。内篇分四卷：立教、明伦、敬身、稽古。《立教篇》叙述古代圣人立极教人的法则，重在讲教育目的和教学方法，所谓"俾为师者知所教，而弟子知所以学"；《明伦篇》按照父子之亲、君臣之义、夫妇之别、长幼之序、朋友之信的顺序，列举了事亲、事君、事长、交友的具体规范；《敬身篇》按照心术之要、威仪之则、衣服之制、饮食之节的顺序，说明修养身心的规则；《稽古篇》辑录了夏商周三代圣贤立教、明伦、敬身的模范行为，目的在于证明前三项规定是圣贤已行之迹，非为空言，从而"使学者有所兴起"，自觉地模仿。外篇分两卷。第一卷《嘉言篇》辑录汉代以来的子史文集内所说的有关立教、明伦、敬身的嘉言，推广立教、明伦、敬身的道理；第二卷《善行篇》记载汉代以来子史集内的有关立教、明伦、敬身的善行，例证立教、明伦、敬身的实践。总起来看，内、外篇都是紧紧围绕着立教、明伦、敬身三方面展开的，内篇注重理论，以经史子集中关于立教、明伦、敬身的言论为主，外篇则偏重史事，以圣贤的事迹为主。

首先，朱熹在《立教篇》交代了小学教育的原因和目标。篇首就云："子思子曰：'天命之谓性，率性之谓道，修道之谓教。'则天明，遵圣法，述此篇俾为师者知所以教，而弟子知所以学。"（《小学》卷一）朱熹指出教和学都是因为人性虽同，气禀各异，所以要通过教和学使人恢复原初的善性。《小学题辞》以四字句式对《中庸首章》的这句话作了进一步说明：

> 元亨利贞，天道之常。仁义礼智，人性之纲。凡此厥初，无有不善。蔼然四端，随感而见。爱亲敬兄，忠君弟长。是曰秉彝，有顺无强。惟圣性者，浩浩其天。不加毫末，万善足焉。众人蚩蚩，物欲交蔽。乃颓其纲，安此暴弃。惟圣斯恻，建学立师。以培其根，以达其支。（《小学题辞》）

《立教篇》分别选用《列女传》《内则》《曲礼》《学记》《孟子》《周礼》《王制》《弟子职》《论语》《乐记》等来说明教育的目标、内容。小学教育先引用《列女传》关于胎教的说法："古者妇人妊子，寝不侧，坐不边，立不跸，不食邪味，割不正不食，席不正不坐，目不视邪色，耳不听淫声，夜则令瞽诵诗，道正事。如此，则生子形容端正，才过人矣。"（《小学》卷一）出生以后，要从选择乳母开始，即"必求其宽裕慈惠、温良恭敬、慎而寡言者，使为子师"（《小学》卷一）。从孩子能自己吃饭、说话起，就要由易到难、由浅入深地对儿童进行"孝悌、诚敬"等内容的教育。《小学》引用《内则》曰：

> 子能食食，教以右手；能言，男"唯"女"俞"；男鞶革，女鞶丝。六年，教之数与方名。七年，男女不同席，不共食。八年，出入门户及即席饮食，必后长者，始教之让。九年，教之数日。十年，出就外傅，居宿于外，学书计，衣不帛襦裤。礼帅初，朝夕学幼仪，请肄简谅。十有三年，学乐诵诗舞勺。成童，舞象，学射御。（《小学》卷一）

这是传统儒家对教育阶段的安排，也是朱熹的看法，他主张："人生八岁，则入小学。……年十五则入大学。"（《大学章句序》）《小学》主要是以八岁到十五岁之间的少年儿童为教育对象。

在教育内容上，《立教篇》列举了儒家经典的相关言论，将明人伦当作重点。如，《孟子》曰："圣人……使契为司徒，教以人伦，父子有亲，君臣有义，夫妇有别，长幼有序，朋友有信。"（《小学》卷一）《周礼·大司徒》曰：

63

"一曰六德，知、仁、圣、义、忠、和；二曰六行，孝、友、睦、姻、任、恤；三曰六艺，礼、乐、射、御、书、数。"(《小学》卷一)《王制》曰："乐正崇四术，立四教，顺先王诗书礼乐以造士。春秋教以礼乐，冬夏教以诗书。"(《小学》卷一) 可见，《立教篇》是以人伦道德教育为主要内容，辅之以礼乐射御书数等技能。《稽古篇》讲述了三代春秋时期的例子，如文王之母胎教、孟母三迁、孔子教育孔鲤，说明立教的重要性。《嘉言篇》引用了张载、杨亿、二程、陈瓘、马援、刘备、诸葛亮等前贤关于立教的看法。《善行篇》则以行事为主举了很多例子，如唐阳城为国子司业，引诸生告之曰："凡学者，所以学为忠与孝也。"(《小学》卷九) 再如："伊川先生看详学制，大概以为学校礼义相先之地，而月使之争，殊非教养之道，请改试为课。"(《小学》卷九) 说明古圣前贤主张小学立教应以仁义道德、礼仪为主，而不是以考试、竞争为主。

明伦和敬身是教育的重点内容，而明伦则是重中之重，从篇幅可见，《明伦篇》内容最多，分上下卷，朱熹大量引用《内则》《曲礼》《祭义》《王制》《论语》等经典解释明伦的内涵。上卷是父子有亲，从具体行为规范上解释了孝道的内容。如，《礼记》曰："孝子之有深爱者，必有和气；有和气者，必有愉色；有愉色者，必有婉容。……严威俨恪，非所以事亲也。"(《小学》卷二) 孝道不仅是对父母的孝顺，还要按照礼仪进行祖先祭祀。如，《祭统》曰："夫祭也者，必夫妇亲之，所以备外内之官也。官备则具备。"(《小学》卷二) "君子之祭也，必身亲莅之。有故，则使人可也。"(《小学》卷二) 孔子曰："五刑之属三千，而罪莫大于不孝。"(《小学》卷二)《稽古篇》举了舜、文王、武王、周公等圣贤孝敬父母的例子，以及曾子、闵子骞、老莱子、乐正子春等贤人行孝的事迹；《嘉言篇》列举了司马光、张载、罗从彦、二程等宋儒关于孝子、孝道的言论；《善行篇》列举了汉代以来关于孝子的人物事迹，再次加深读者对孝道的理解和感受。

《明伦篇》下卷集中论述了君臣之义、夫妇之别、长幼之序、朋友之交，最后还做了总结性的通论。与论述父子之亲一样，内篇先是借助于《礼记》《论语》等经书，列举君臣之义、夫妇之别、长幼之序、朋友之交的经典论述。如，《礼记》曰："将适公所，宿齐戒，居外寝，沐浴，史进象笏，书思对命。既服，习容观，玉声乃出。"(《小学》卷三) 这是偏重具体的行为。《论语》曰:"君召使摈,色勃如也,足躩如也。"(《小学》卷三)《稽古篇》举了箕子、伯夷、叔齐、蘧伯玉、豫让、王孙贾等古代贤臣的例子,《嘉言篇》中列举了宋儒对历史上贤臣及君臣之义的言论,如,《童蒙训》曰:"当官之法,惟有三事:曰清,曰慎,曰勤。"(《小学》卷七)"明道先生曰:一命之士,苟存心于爱物,于人必有所济。"(《小学》卷七)《善行篇》举了汉以来历史人物在为官、治家方面的大量例子。

关于夫妇之伦,《小学》着重阐述了男主外、女主内的夫妻模式,如,《内则》曰:"礼始于谨夫妇。为宫室,辨外内。男子居外,女子居内。深宫固门,阍寺守之。"(《小学》卷三)"孔子曰:妇人,伏于人也,是故无专制之义,有三从之道。在家从父,适人从夫,夫死从子,无所敢自遂也。"(《小学》卷三)《稽古篇》的例子有冀缺与妻子、公父文伯之母、卫共姜、蔡人妻等,说明夫妇之别的真实内涵。《嘉言篇》集中论述了历史上关于婚姻之道的言论,如,"王吉上疏曰:夫妇,人伦大纲,夭寿之萌也。世俗嫁娶太蚤,未知为人父母之道而有子,是以教化不明,而民多夭。"(《小学》卷七)文中子曰:"婚娶而论财,夷虏之道也,君子不入其乡。古者男女之族,各择德焉,不以财为礼。"(《小学》卷七)"安定胡先生曰:嫁女必须胜吾家者,胜吾家则女之事人必钦必戒。娶妇必须不若吾家者,不若吾家则妇之事舅姑必执妇道。"(《小学》卷七)《善行篇》讲述了曹爽从弟文叔妻、唐郑义宗妻卢氏、唐奉天窦氏二女守节的故事。

关于长幼之序,《小说》节选了经书中兄弟相处之道的例子说明兄友弟恭的道理。如,孟子曰:"孩提之童,无不知爱其亲也;及其长也,无不知敬其兄也。徐行后长者谓之弟,疾行先长者谓之不弟。"(《小学》卷三)《曲礼》曰:"见父之执,不谓之进不敢进,不谓之退不敢退,不问不敢对。"(《小学》卷三)《稽古篇》中讲述象和舜、伯夷叔齐的故事。《嘉言篇》选取宋儒关于兄弟之道的说法,如,伊川先生曰:"今人多不知兄弟之爱。且如间阎小人,得一食必先以食父母,夫何故?以父母之口重于己之口也。得一衣必先以衣父母,夫何故?以父母之体重于己之体也。至于犬马亦然。待父母之犬马,必异乎己之犬马也。独爱父母之子,却轻于己之子,甚者至若仇敌,举世皆如此,惑之甚矣。"(《小学》卷七)在伊川看来,兄弟的相处之道仍源自孝道,"爱父母之子"才是兄弟之情的真谛。《善行篇》讲了缪肜兄弟四人、王祥和王览兄弟之间的故事,以及李勣和姐姐、司马光和哥哥的故事。朱熹用晁以道、包拯、万石君石奋、疏广、张公艺等例子来说明长幼有序对于治家的重要性。

《小学》关于朋友之交的内容较少。如,曾子曰:"君子以文会友,以友辅仁。"(《小学》卷三)孔子曰:"朋友切切偲偲,兄弟怡怡。"(《小学》卷三)《曲礼》曰:"君子不尽人之欢,不竭人之忠,以全交也。"(《小学》卷三)《稽古篇》列举了虞、芮之君谦让的例子以及晏子交友的故事。《明伦篇》最后是通论,总言五伦的重要以及相互关系。如,孔子曰:"君子之事亲孝,故忠可移于君;事兄弟,故顺可移于长;居家理,故治可移于官。是以行成于内,而名立于后世矣。"(《小学》卷三)荀子曰:"人有三不祥。幼而不肯事长,贱而不肯事贵,不肖而不肯事贤,是人之三不祥也。"(《小学》卷三)"无用之辩,不急之察,弃而不治。若夫君臣之义,父子之亲,夫妇之别,则日切磋而不舍也。"(《小学》卷三)

《敬身篇》突出"敬"字,与主敬涵养直接相关。开篇云:"孔子曰:'君子无不敬也,敬身为大。身也者,亲之枝也,敢不敬与?不能敬其身,是伤其亲;伤其亲,是伤其本;伤其本,枝从而亡。'仰圣模,景贤范,述此篇以训蒙士。"(《小学》卷四)由此可见,敬身仍从孝道延伸而来,不敬其身,就是伤害自己的父母双亲,就是不孝。内篇引用《丹书》《曲礼》《乐记》等经典,分别从心术之要、威仪之则、衣服之制、饮食之节四个方面进行阐述。此处的敬身与朱熹中和之悟时的主敬涵养的论述相比,这里主要借用古语、故事来进行举例说明,并不是理学义理的阐述。

心术之要主要是指心要正。在朱熹的理学思想体系中,心有未发、已发,心有道心、人心,普通人并不能时时保证心永远至善,所以他强调一定要心正。如,《丹书》曰:"敬胜怠者吉,怠胜敬者灭。义胜欲者从,欲胜义者凶。"(《小学》卷四)又,《论语》曰:"君子有九思:视思明,听思聪,色思温,貌思恭,言思忠,事思敬,疑思问,忿思难,见得思义。"(《小学》卷四)为学时要时刻遵守正道,如,孔子曰:"君子食无求饱,居无求安。敏于事而慎于言,就有道而正焉,可谓好学也已。"(《小学》卷四)威仪之则是从举止、形态上要求,如,《曲礼》曰:"毋侧听,毋噭应,毋淫视,毋怠荒。游毋倨,立毋跛,坐毋箕,寝毋伏。敛发毋髢,冠毋免。劳毋袒,暑毋褰裳。"(《小学》卷四)《曲礼》曰:"坐如尸,立如齐。"(《小学》卷四)衣服之制配合威仪之则而来,以《仪礼》中的记载为基准,如《士冠礼》在三加冠时的祝词表明对成人衣着行为的要求,《曲礼》规定:"为人子者,父母存,冠衣不纯素。孤子当室,冠衣不纯采。"(《小学》卷四)在不同场合要穿合适的衣服,但也不能过于注重衣食,如,孔子曰:"士志于道而耻恶衣恶食者,未足与议也。"(《小学》卷四)饮食之制也是从礼仪和志向角度来讲,如,《曲礼》云:"共食不饱,共饭不泽手。毋抟饭,毋放饭,毋流歠,毋咤食,毋啮骨,毋反鱼肉,毋投与狗骨,毋固获,毋扬饭。饭黍毋以箸,毋嚃羹,毋絮羹,毋刺齿,毋歠醢。客絮羹,主人辞不能亨。客歠醢,主人辞以窭。濡肉齿决,干肉不齿决。毋嘬炙。"(《小学》卷四)孟子曰:"饮食之人则人贱之矣,为其养小以失大也。"(《小学》卷四)在衣食方面,《小学》主张要遵守礼仪,同时不能过分奢侈。《稽古篇》举了伯夷、澹台灭明、高柴、南容、子路、郑子臧、公父文伯、颜回的例子来说明敬身的具体规范,比如颜回就是不计较衣食,保持乐学的状态,所谓:"贤哉回也!一箪食,一瓢饮,在陋巷,人不堪其忧,回也不改其乐。贤哉回也!"(《小学》卷五)《嘉言篇》是广敬身,列举汉以来的历史言论,如,董仲舒曰:"仁人者,正其谊不谋其利,明其道不计其功。"(《小学》卷八)又引了大量理学家的言论,如,伊川先生言:"人有三不幸:少年登高科,一不幸;席父兄之势为美官,二不幸;有高才,能文章,三不幸也。"(《小学》卷八)说明世俗所认为的名利才分等并非心术之要。《善行篇》为实敬身,列举第五伦、刘宽、张湛、茅容、陶侃等公正、好礼的例子,又举了很多理学家的例子,如,"明道先生终日端坐,如泥塑人,及至接人,则浑是一团和气。"(《小学》卷十一)"明道先生作字时甚敬,尝谓人曰:非欲字好,只此是学。"(《小学》卷十一)这些例子都形象地展现了大儒的威仪气象。

立教总论了小学教育的原因和目标,与大学教育、社会教化相贯通。明伦是教育的核心内容,明儒薛瑄说:"《小学》一书,不出乎父子、君臣、夫妇、长幼、朋友之五伦,五伦不出乎仁、义、礼、智、信之性。是则性也者,其小学之枢纽也欤?"(《读书录·续录》卷二)显然,古人将明伦作为小学的精髓,这与官学、书院教育、社会教化等所有的教育手段、教育阶段的内容都是一致的，也是儒学的核心要义。敬身与主敬涵养的修养方法相对应，只不过小学阶段侧重在心术之要、威仪之则、衣服之制、饮食之节等具体行为上养成良好习惯。与主敬涵养相比，小学注重具体的事件、细节，注重历史人物的道德榜样的指导，即朱熹所说："后生初学，且看《小学》之书，那是做人底样子。"（《语类》卷七）因此，从某种意义上说，敬身的目的仍在于明伦。因为敬身的中心内容就是要知心术之要、威仪之则、衣服之制和饮食之节等修身养性的工夫，而这一切修养工夫，最终还要体现在伦常行为之中。可见，《小学》一书的基本点就在"明伦"二字，它教人以一种自下事上的人伦之道，与大学重在教人以自上临下的齐家治国之道，可谓相反相成。

三、《小学》的实践和影响

《小学》编成之后，朱熹将其作为武夷精舍学徒们的教科书。可见朱熹对《小学》的定位也绝不只是简单的童蒙读物，而是适用于所有人使用的一部理学著作。但朱熹认为"理无大小，事有大小"，所以他强调"教人有序"。在编纂《小学》之前，朱熹已经编成《近思录》《四书章句集注》。按照小学、大学的分期，《近思录》当然是大学教育的读物，该书以道体开头，谈到修身、治家、入仕、做圣贤等方方面面，首卷选择了周、张、二程关于宇宙论的论述，较难理解，所谓"或疑首卷阴阳变化性命之说，大氐非始学者之事"，吕祖谦则认为："后出晚进，于义理之本原，虽未容骤语，苟茫然不识其梗概，则亦何所底止？列之篇端，特使之知其名义，有所向望而已。"（《近思录·吕祖谦序》）除此之外，其余各卷都有利于更好地理解《四书》的内容，"至于余卷所载讲学之方、日用躬行之实，具有科级。循是而进，自卑升高，自近及远，庶几不失纂集之指"（《近思录·吕祖谦序》）。要之，《近思录》是用说理的方式来教育学生。在《小学》编成之后，因为小学的对象主要是八岁到十五岁的少年，所以大量选用历史故事，在选择往圣前贤的言论上，也突出了宋儒尤其是周、张、二程的观点。因此，从难易程度而言，《小学》是《近思录》的基础。另外，从内容而言，正如 Kelleher 所指出的，《小学》主要强调个人对社会的一面，而《近思录》是强调个人向内修行的一面，所以二者正好相辅相成。① 由具体到抽象，由外而内，这也符合人类从注重外在的事物慢慢转向探求内心的认识和学习规律。关于《小学》在朱熹著述中的重要性，后儒有更多概括，明儒施璜云：

>《五经》以《四书》为阶梯，读《四书》无入处，不可以言《五经》。《四书》以《近思录》为阶梯，读《近思录》无入处，不可以言《四书》。《近思录》以《小学》为阶梯，读《小学》无入处，不可以言《近思录》也。欲升入《五经》之堂室，必由《四书》阶梯而上。欲升入《四书》之堂室，必由《近思录》阶梯而上。欲升入《近思录》之堂室，必由《小学》阶梯而上。此《小学》一书所以为万世养正之全书，培大学之基本也。学圣人之学而不务此，如筑室无基，堂构安施乎？故朱子特编是书，以为读书做人基本。②

清人张履祥云：

>《小学》是读书做人基本，《近思录》治经之阶梯。但要成诵，刻期可毕。若其义，则虽终身由之，不能尽也。学者不从二书为门庭户牖，积渐以进，学术终是偏枯，立身必无矩法。③

因为《小学》是朱熹晚年著作，被看作是其所有理学著述的基础，所以《小学》随着朱子学的流传，也逐步成为朱子学派顶礼膜拜的"经"书，不少朱子学者为之作注解。自从《小学》编成之后，朱熹的弟子也纷纷效法尊师，在各自的私塾蒙馆中自编理学训蒙教材，用通俗易懂的方式向童蒙传播理学

---

① 高明士：《东亚教育史研究的回顾与展望》，台北：台湾大学出版中心，2005年，第149页。
② 转引自王光照、王燕均：《小学·校点说明》，朱杰人、严佐之、刘永翔主编《朱子全书》第13册，上海：上海古籍出版社、合肥：安徽教育出版社，2002年，第382—383页。
③ 转引自王光照、王燕均：《小学·校点说明》，朱杰人、严佐之、刘永翔主编《朱子全书》第13册，上海：上海古籍出版社、合肥：安徽教育出版社，2002年，第383页。

思想。《小学》的编纂引领了一股撰写童蒙读物的潮流，正是在这股潮流中，产生了后世民间普及的《三字经》。在朱门弟子中，程端蒙和陈淳的童蒙教育成就最为突出。程端蒙的《性理字训》是一本小学的理学字典，它根据《四书章句集注》提炼出了性、命、心、情、才、志等三十个理学范畴，加以通俗疏解，并仿效朱熹整齐句子声韵，便于童蒙诵习。程端蒙在淳熙十四年（1187）又同董铢制订了一本小学《学则》，为学生规定了律己、待人、接物所遵循的道德准则，朱熹认为《学则》"有古人小学之遗意"，在十一月特地作了一篇《跋程董二生学则》，以为"凡为庠塾之师者，能以是而率其徒，则所谓成人有德，小子有造者，将复见于今日矣"（《文集》卷八十二《跋程董二生学则》）。陈淳的《启蒙初诵》是启蒙读物《三字经》的先驱。陈淳还著有《北溪字义》，陈荣捷认为《北溪字义》是"宋代理学最简明之叙说分释"，又为"朱子哲学之总述"，又是"陈淳人生目的之所托"。[①] 相较于《小学》，程端蒙、陈淳的童蒙著作都有明显的理学特色，而《小学》由于采纳三代、孔孟、汉唐以及宋儒的诸多言论和事迹，似乎并没有刻意突出理学概念和理念，尽管它蕴含着主敬涵养的修养方法以及心性论，但是从文本表面几乎看不出理学概念和思想的灌输。所以跳出理学的藩篱去读《小学》仍能感受到朱熹蒙学思想的魅力。

《小学》在元明清三代都得到朝廷和民间的肯定与传播。据《元史·选举志一》载：元世祖至元二十四年（1287）立国子学，规定学习内容有《孝经》《小学》《孟子》《大学》《中庸》，次及《诗》《书》《礼记》《周礼》《春秋》《易》，元代小学课业习《小学》蔚然成风。元代许衡对《小学》"尊若六经"，他在给儿子的信中写道："《小学》《四书》，吾敬信如神明。自汝孩提，便令讲习，望于此有得，他书虽不治，无憾也。……我生平长处在信此数书。……汝当继我长处改我短处。"（《鲁斋遗书》卷九《与子师可》）许衡专门写了《小学大义》来阐发他的理解。明儒陈选著有《小学集注》，他在《小学句读序》中说："圣人之道，人伦而已矣，学之必自《小学》始。子朱子《小学》一书，其教化在于明伦，其要在于敬身，盖作圣之基也。"（《小学句读序》）也许正因为《小学》"其教化在于明伦"，所以国家统治阶层对此异常看

[①] 陈荣捷：《朱子新探索》，上海：华东师范大学出版社，2007年，第300页。

重。明朝初年，高后"尝令女史诵《小学》书，注意听之，既而奏曰：《小学》书言易晓，事易行，于人道无所不备，真圣人之教法"（《中庸衍义》卷七），同时建议皇帝推广此书。于是明太祖令亲王、驸马、太学生讲读。清朝政府在十三经和《四书》之外，对《小学》最为推重。"凡童生入学，复试论题，务用《小学》，著在律令。"[1] 清雍正帝则亲为《小学集注》一书撰序，由此可见其对《小学》的重视。宋元明清有大量注释的"类小学"书籍，清代张伯行曾将宋元明清四朝 18 家 69 则关于《小学》的论述，汇为《小学辑说》而置于《小学集解》之首，成为研究《小学》的重要资料。

随着朱子学传入朝鲜半岛、日本，《小学》受到海外朱子学者的推崇。朝鲜半岛上至朝廷，下至士林，无不对《小学》深表尊崇。《小学》是高丽科举考讲、成均馆五部学堂小学教材首选。世宗曾亲命宫廷铸字刻印《小学》定本，以广流布。肃宗还亲令儒臣代撰《御制小学序》《御制后序》等，对《小学》反复表彰。与此同时，一些著名学者也热衷于研究和推广《小学》。如，朝鲜李朝时，道学宗师金宏弼终生痴迷于《小学》，甚而以"小学童子"自称。大儒李珥也十分重视《小学》，并编有《小学诸家集注》一书，广为刊布。另一鸿儒金长生也极力推重《小学》，并自称："最以《小学》为学之基本，尊信服行，以为终身准则。"朝鲜半岛还出现了一批以俞彦镰《大东小学》、朴在馨《海东续小学》、金亨在《大东小学》为代表的"类小学"书籍。《小学》在日本也广为流传，江户时代（1603—1867）已在民间相当普及。中御门天皇正德年间（1711—1716），儒者松冈玄达在《小学集疏序》中写道："本邦承平既久，圣化洽敷，文运渐开，人人得识尊孔孟、排异端，文公《小学》书遍于党庠州序之间，户传人诵，莫不崇信。"（《小学集疏序》）与此相应，日本的朱子学派也纷纷对《小学》一书加以研究和推广。如闇斋学派的创始人山崎闇斋曾对《小学》书细加训点，并痛其真本失传，于《小学集成》中抄出朱熹本注付刊。闇斋的门人浅见絅斋、三宅尚斋等人对《小学》也极有研究，并撰写多种心得、注解。另外如中村惕斋、佐藤一斋、贝原益轩等也都是热心的《小学》研究者。1890 年，日本天皇公布《教育敕语》，确立了

---

[1] 〔清〕龙启瑞：《重刊朱子小学序》，清光绪四年（1878）刊本《经德堂文集》卷二，第 13 页。

以儒家道德思想为主要内容的国民道德教育方针，标志着朱子学在日本渐渐融入资本主义意识形态。越南陈朝（1225—1400）陈太宗元丰三年（1253）九月"召天下儒士诸国学院，讲四书六经"并仿效中国以朱熹《四书章句集注》科举取士。黎朝（1428—1527）则确立以朱子学为正统的国家哲学，作为建国治国指导思想。阮朝（1802—1945）明帝规定小学要读《孝经》《小学》《四书章句集注》。可以说，《小学》是亚洲儒家文化圈中共同的经典著作。

第二节　朱熹的蒙学思想及其现代价值

教育和为学一向是儒家理论的重点，在传统儒家理论中，人是否有教养，是否受过教育被看成人之为人的本质特征，即所谓："人之有道也，饱食暖衣、逸居而无教，则近于禽兽。圣人有忧之，使契为司徒，教以人伦。"（《小学》卷一）基于这种共识，历代儒者普遍看重教育，尤其自隋唐实行科举制度以来，平民教育蓬勃兴起，到了宋代，书院教育达到前所未有的繁盛，出现了大量集教育实践和教育理论于一体的思想家。作为理学集大成者的朱熹，不仅修复、建立书院，并亲自执教，而且对教育的理论也有非常系统且深入的阐述，《童蒙须知》《小学》《近思录》《四书章句集注》等既是其理学经典著作，也是他为不同阶段学生编撰的经典教材。《童蒙须知》，又作《训学斋规》，只有一卷，分衣服冠履、语言步趋、洒扫涓洁、读书写文字、杂细事宜五方面，文字简洁明了，较《小学》更加简单易懂，内容基本是对《小学·敬身篇》中的心术之要、威仪之则、衣服之制和饮食之节的具体化。《童蒙须知》在元代《程氏家塾读书分年日程》中作为八岁入小学之前的读物。

《小学》分为内篇和外篇，内篇分为《立教篇》《明伦篇》《敬身篇》《稽古篇》，外篇分为《嘉言篇》和《善行篇》。《小学》成书后，朱熹就将它作为武夷精舍的学习教材，《程氏家塾读书分年日程》将之作为小学教材，后世朱子学者更是将《小学》当作理学著作来学习和解读。《小学》既是朱熹蒙学教育思想的重要体现，更是展现其理学思想的精华之作。因此，《小学》自淳熙十四年（1187）成书后，对中国传统启蒙教育乃至东亚文化圈的传统教育模式都产生深远的影响。下面将以《小学》为主，佐以《童蒙须知》，结合现代教育所存在的问题，对朱熹的蒙学思想及其基本教育理念进行阐述。

一、以人性论为依据，把做人当作蒙学的终极目标

与传统儒家一样，朱熹也把教育看成人之为人的本质特征，这是基于其人性论的必然结果。在《立教篇》开篇曰："子思子曰：'天命之谓性，率性之谓道，修道之谓教。'则天明，遵圣法，述此篇俾为师者知所以教，而弟子知所以学。"（《小学》卷一）这里交代了老师何以要教，弟子何以要学的原因。因为《小学》是针对十五岁以下的少年，所以朱熹没有展开论述，而在《中庸章句》对此则有详细阐发，他说：

> 命，犹令也。性，即理也。天以阴阳五行化生万物，气以成形，而理亦赋焉，犹命令也。于是人物之生，因各得其所赋之理，以为健顺五常之德，所谓性也。率，循也。道，犹路也。人物各循其性之自然，则其日用事物之间，莫不各有当行之路，是则所谓道也。修，品节之也。性道虽同，而气禀或异，故不能无过不及之差，圣人因人物之所当行者而品节之，以为法于天下，则谓之教，若礼、乐、刑、政之属是也。盖人之所以为人，道之所以为道，圣人之所以为教，原其所自，无一不本于天而备于我。学者知之，则其于学，知所用力而自不能已矣。（《中庸章句》）

在朱熹看来，人性源于天理，都是纯然至善的，然而"性道虽同，气禀或异"，导致先天至善的本性不能完全发挥，就难免出现恶的现象，于是圣人设计礼、乐、刑、政来教化百姓。另外，从本源上来讲，人人都具有至善的天性，这使得社会教化成为可能。朱熹从天人合一角度出发，认为人秉承天道，生来至善，即所谓"天命之谓性，率性之谓道"。但是由于人在现实世界中受到气的影响，因此就有了气质之性，不再是纯然至善的，就有了恶的产生。那么，如何改变这种现实，回复到原本的善性，这就需要教与学，即所谓"修道之谓教"。其实朱熹在《小学题辞》中通过四字一句的方式亦表达了

与《中庸章句》同样的意思,他说:

> 元亨利贞,天道之常。仁义礼智,人性之纲。凡此厥初,无有不善。蔼然四端,随感而见。爱亲敬兄,忠君弟长。是曰秉彝,有顺无强。惟圣性者,浩浩其天。不加毫末,万善足焉。众人蚩蚩,物欲交蔽。乃颓其纲,安此暴弃。惟圣斯恻,建学立师。以培其根,以达其支。(《小学题辞》)

朱熹认为,天道之元亨利贞贯穿到人性中为仁义礼智,因此人性无有不善。这是一种应然的人性,或者说潜在的人性,"蔼然四端,随感而见",这种潜在的人性只有圣人能够在现实中体现出来,即所谓"不加毫末,万善足焉"。然而,对于广大民众而言,由于受到物欲的蒙蔽,善性的发挥受到阻碍,于是"乃颓其纲,安此暴弃"。为了改变民众发挥善性受阻的现象,圣人就要"建学立师""以培其根,以达其支"。朱熹立足于天命之性和气质之性,对教和学的必要性和可能性做了交代。从《小学题辞》到《中庸章句》对何以立教的解释完全一致,这一理念贯穿其教育实践和思想构建的全过程。朱熹在解释《论语》中"学"时也蕴含了这一思想:"学之为言效也。人性皆善,而觉有先后,后觉者必效先觉之所为,乃可以明善而复其初也。"(《论语集注》卷一)"人性皆善"便是"凡此厥初,无有不善",所以教育向善是可能的,"觉有先后"则是"众人蚩蚩,物欲交蔽。乃颓其纲,安此暴弃",于是教育和从学是必要的,否则便不能改变这种性有不善的现状。

在朱熹看来,圣人"建学立师"的目标是"以培其根,以达其支",培护的根即为"善"根,也即"明善复其初"。这意味着教育和为学的目标是成"人",成为一个万善具足的人、一个人格健全的人。这是朱熹从人性论出发对教育目标做的必然设定。当然,儒家之所以为儒家,在于其始终不忘入世,所以培养健全的个体是为了化民成俗,最终达到修齐治平的现实目标。因此朱熹说:"古者小学,教人以洒扫应对进退之节、爱亲敬长隆师亲友之道,皆所以为修身、齐家、治国、平天下之本。而必使其讲而习之于幼稚之时,欲其习与智长、化与心成,而无扞格不胜之患也。"(《小学原序》)朱熹非常看重蒙学教育对做人的要求，是因为他试图通过"以培其根"的蒙学教育实现个体成长过程中的"习与智长、化与心成"，进而达到化民成俗的目的，故他有感于社会习俗与儿童个体成长的密切关联，提出："蒙养弗端，长益浮靡。乡无善俗，世乏良材。利欲纷拏，异言喧豗。"（《小学题辞》）所以他要编撰《小学》，启蒙儿童，改善不良民风。朱熹的蒙学教育不仅注重个体人格的培养，而且关注了蒙学教育对社会教化和民风习俗的重要性，这与时下社会流行的早教中心、各种兴趣学习班只注重个体成才有着霄壤之别。毋庸置疑，朱熹这种蒙学思想与传统儒家修己治人的教育理念一脉相通。

朱熹固然把做人、学圣贤作为教育为学的最终目标，但是这并不意味着否定知识教育，事实上，朱熹是最重视读书的理学家。与心学的发明本心、致良知等"简易功夫"相较，朱熹主张的成圣成贤的方法非常艰苦，他一再强调读书是学做圣贤的必由之路。为此他对读书法做了专门论述，并编撰了大量的经典著作，为不同程度的学者制订不同阶段的读书计划。即所谓："为学读书，宁详毋略，宁近毋远，宁下毋高，宁拙毋巧。"（《语类》卷一百一十六）只是在朱熹的思想体系中，学做人是其教育、读书的终极目标，格物致知乃是为了更好地提升自我的德性，这一点亦是儒家的共识。由于小学主要是为大学打基础，所以朱熹在《小学》中除了提到礼乐射御书数等技能之外，几乎都是在讲做人的道德修养，朱熹认为："后生初学，且看《小学》之书，那是做人底样子。"（《语类》卷七）"古者，小学已自暗养成了，到长来，已自有圣贤坯模，只就上面加光饰。"（《语类》卷七）后儒在此共识之上，强调《小学》在为学中的必要性。明儒施璜云："故朱子特编是书（按，即《小学》），以为读书做人基本。"[①] 由做人是小学教育的目标出发，朱熹从明伦和敬身两方面对蒙学教育的内容和方法做了重点阐发。对此，明儒陈选解释道："圣人之道，人伦而已矣，学之必自小学始。子朱子《小学》一书，其教化在于明伦，其要在于敬身，盖作圣之基也。"（《小学句读序》）

朱熹把做人作为蒙学教育的终极目标，非常具有现实意义。实际上，朱熹晚年编纂《小学》时已历经几十年的学习和教育实践，当时很多人来武夷

[①] 转引自王光照、王燕均：《小学·校点说明》，朱杰人、严佐之、刘永翔主编《朱子全书》第13册，上海：上海古籍出版社、合肥：安徽教育出版社，2002年，第383页。

精舍学习，这些学生当然不是儿童，甚至不是初学者，很多还是曾经拜过名师的知名人士，但朱熹认为这些人中存在为学目标和理念上的问题，于是才萌生了编纂一部《小学》的想法。《小学》编成之后，朱熹又把《小学》作为武夷精舍的教材，后世很多朱子学者也把《小学》作为自己修养心性的指导用书来对待。按照朱熹的蒙学理念，小学的任务就是在十五岁入大学之前打好基础。具体而言，通过历史人物的榜样作用，学会明伦、敬身，逐步建立起正面的价值观。朱熹认为，小学是学"做人"，是做"圣贤坯模"。无数事实证明，一个人如果从小养成了良好的习惯，形成正确的、正面的价值观，以后无论学什么知识、多少知识，都是增光添彩，即便没有再学什么新知识，也能堂堂正正做个人。相反，如果没有形成良好的品行，以后学的知识越多，误入歧途后的危害就越大。这就要我们反思：教育的本质是什么，为什么要教育，应该怎样教育？这也就是朱熹在《小学》中所说的"立教"的主要内容。朱熹认为，人性皆善，但是由于气禀各异，表现出的行为就有善有恶，这时教育是必要的，教育的目标是恢复人的本来善性，那么要采取的手段就有"礼、乐、刑、政之属"。由此出发，朱熹在《童蒙须知》和《小学》中强调道德教育，特别是日常行为规范的养成，在家庭之中、社会的公共场合要遵循父子有亲、君臣有义、夫妇有别、长幼有序、朋友有信的基本原则，在日常要遵守《小学》所规定的心术之要、威仪之则、衣服之制、饮食之节。即便未入小学的幼童，朱熹认为也要有自己的样子："夫童蒙之学，始于衣服冠履，次及语言步趋，次及洒扫涓洁，次及读书写文字，及有杂细事宜，皆当所知。"（《童蒙须知》）又曰："凡此五篇，若能遵守不违，自不失为谨愿之士，必又能读圣贤之书，恢大此心，进德修业，入于大贤君子之域，无不可者。"（《童蒙须知》）相比之下，现代各类教育的选拔机制都隐含着竞争机制，从小就强调争先的意识，这是否能培养出礼让的公民，似乎值得思考。程颐已经指出学校竞争机制不利于礼仪的培养："伊川先生看详学制，大概以为学校礼义相先之地，而月使之争，殊非教养之道，请改试为课。"（《小学》卷九）面对现代教育中存在的问题，尤其对于幼儿、小学生而言，教养之道还是离不开道德立教的基本原则。

二、从人的社会性出发,把明伦看作蒙学的核心内容

儒家思想的核心价值观是五伦,即君臣有义、父子有亲、夫妇有别、长幼有序、朋友有信。在所有儒家教育理论当中,无不将明伦作为教育的重点,因此古代文庙、书院、学宫等教育机构都设有明伦堂。在朱熹整个思想体系以及编撰的著作中都体现了他对明伦的重视,如在《白鹿洞书院揭示》中,他首先强调五教之目为父子有亲、君臣有义、夫妇有别、长幼有序、朋友有信。而在《小学》中,明伦所占篇幅最大。

《小学》之《明伦篇》分上、下卷,上卷是父子之亲,下卷是君臣之义、夫妇之别、长幼之序、朋友之交以及通论。这充分体现了父子之亲在五伦中的重要地位,这当然与传统家国一体的观念密切相关,也是传统儒家人性论的必然要求。朱熹引用孔子语曰:"身体发肤,受之父母,不敢毁伤,孝之始也。立身行道,扬名于后世,以显父母,孝之终也。夫孝始于事亲,中于事君,终于立身。爱亲者,不敢恶于人;敬亲者,不敢慢于人。"(《小学》卷二)在儒家看来,孝是人之为人的开始,因为人人都为父母所生养,所以事亲是人人应尽的基本义务。而且孝在现实社会中进一步扩而充之便可以事君,可以在社会上安身立命。即孝亲可以扩充到忠君爱民,这种"移孝作忠"的逻辑是对传统儒家推己及人观念的运用。通论部分,朱熹引孔子语曰:"君子之事亲孝,故忠可移于君;事兄弟,故顺可移于长;居家理,故治可移于官。是以行成于内,而名立于后世矣。"(《小学》卷三)这说明孝道和兄弟之道都可以推广到其他事君和事长的场合。

儒家所谓的"孝"面向的是所有人,这是从人之为人的本质出发得出的结论。在儒家看来,不同阶级、不同阶层的人都要孝,只是孝的内容有差别。"爱敬尽于事亲,而德教加于百姓,刑于四海,此天子之孝也。在上不骄,高而不危,制节谨度,满而不溢,然后能保其社稷,而和其民人,此诸侯之孝也。非先王之法服不敢服,非先王之法言不敢道,非先王之德行不敢行,然后能保其宗庙,此卿大夫之孝也。以孝事君则忠,以敬事长则顺,忠顺不失,以事其上,然后能守其祭祀,此士之孝也。用天之道,因地之利,谨身节用以养父母,此庶人之孝也。故自天子至于庶人,孝无终始,而患不及者,未

之有也。"(《小学》卷二)尽管不同阶层的人可能有不同内涵的孝，但孝具有普遍性，所谓"夫孝始于事亲，中于事君，终于立身"(《小学》卷二)。因此，朱熹将父子之亲位列《明伦篇》的首位。在当前社会，父子之亲的伦理教育和实践仍亟待倡导。近年来老人被遗弃、子女争夺遗产等案件屡见不鲜，养老院护工掌掴老人、老人摔倒是否该扶等已经脱离个案，成为社会讨论的热点，造成这种情况固然有多方面原因，但是中华民族"孝"理念的缺失无疑是一个重要因素。

儒家是入世的学说，修己治人是儒家的主旋律，所以君臣之义是五伦中必不可少的，《明伦篇》继父子之亲后便是君臣之义。在所有封建伦理中，君臣之伦在近现代高扬民主和自由的文化大潮中受到的抨击最猛烈。其实很多批评是针对愚忠愚孝等极端方式展开的。而事实上，一向追求中庸之道的儒家并不主张极端的愚忠愚孝。孔子主张事君尽礼，"君使臣以礼，臣事君以忠"(《小学》卷三)。如果君不能礼遇臣，臣该如何，孔子没说，但孔子一生没有愚忠于某一位君主。孔子又说："大臣以道事君，不可则止。"(《小学》卷三)显然，孔子眼中的君臣观不是绝对的愚忠。身处战国纷乱的孟子对君臣关系更加开明，他说："责难于君谓之恭，陈善闭邪谓之敬，吾君不能谓之贼。"(《小学》卷三)又说："君之视臣如手足，则臣视君如腹心；君之视臣如犬马，则臣视君如国人；君之视臣如土芥，则臣视君如寇仇。"(《孟子·离娄下》)君臣关系的相对性在孟子这里体现得更为明显。在儒家看来，君臣之义的"义"有"当做"与"不当做"的区别，绝不是一成不变的愚忠。在当下社会，君臣都已随着封建体制的瓦解而一去不复返，然而不妨将君臣之义的伦理移到上下级关系，个体与集体、社会的关系上。无论社会结构如何改变，忠于事业，忠于祖国，忠于信仰等仍是必要的道德伦理原则。

夫妇之别主要着眼于婚姻之道以及女子守节方面。《礼记》曰："夫昏礼，万世之始也。取于异姓，所以附远厚别也。币必诚，辞无不腆，告之以直信。信，事人也。信，妇德也。一与之齐，终身不改，故夫死不嫁。男子亲迎，男先于女，刚柔之义也。天先乎地，君先乎臣，其义一也。执挚以相见，敬章别也；男女有别，然后父子亲；父子亲，然后义生；义生，然后礼作；礼作，然后万物安。无别无义，禽兽之道也。"(《小学》卷三)孔子曰："妇人，伏于人也,是故无专制之义,有三从之道。在家从父,适人从夫,夫死从子,无所敢自遂也。"(《小学》卷三)传统儒家对夫妇之别的主张是从"男不言内,女不言外"角度来讲的,但是女子要"三从",这是当时农业社会封建专制体制下的基本伦理,在主张男女平等的现代,显然已经不再适应。

长幼之序是天伦,孟子曰:"孩提之童,无不知爱其亲也;及其长也,无不知敬其兄也。"(《小学》卷三)在家庭中要遵守长幼之序,在社会上也要遵守长幼之序,"年长以倍则父事之,十年以长则兄事之,五年以长则肩随之"(《小学》卷三)。行走坐卧都要遵守长幼之序,"侍坐于先生,先生问焉,终则对。请业则起,请益则起"(《小学》卷三)。"侍于君子,不顾望而对,非礼也。"(《小学》卷三)《稽古篇》用舜和象、伯夷叔齐的例子说明兄弟的相处之道。《童蒙训》曰:"同僚之契,交承之分,有兄弟之义。"(《小学》卷七)《善行篇》举了大量兄弟友好的例子,如缪肜兄弟四人皆同财业、王祥与王览互相爱护等。

朋友之交是五伦中最自由的人伦关系,朋友要互相扶持,有益于成长和进步。曾子曰:"君子以文会友,以友辅仁。"(《小学》卷三)孔子曰:"益者三友,损者三友。友直、友谅、友多闻,益矣;友便辟、友善柔、友便佞,损矣。"(《小学》卷三)孟子曰:"责善,朋友之道也。""不挟长,不挟贵,不挟兄弟而友。友也者,友其德也,不可以有挟也。"(《小学》卷三)《稽古篇》举了晏子的例子:"晏平仲善与人交,久而敬之。"(《小学》卷五)

由于五伦是封建伦理道德的核心,也是儒家的核心思想,所以在反封建的文化运动之中,以传统五伦为代表的封建道德无疑是批判对象。但我们也要理性地分析愚忠愚孝是否是儒家推崇的理想道德,男尊女卑是否是中国封建社会或者是儒家独有的想法,它是否也是农业时代、封建时代的共同观念?封建伦理当中固然有男尊女卑的背景,但必须看到儒家提出夫妇之别的初衷是维护家庭和谐、家族和睦、社会稳定,为家国天下的政治理想提供良好的家庭基础。任何一个正常社会的主流思想都应该提倡建立稳定的秩序,而不是提倡对抗和战争,那么合理平衡夫妇在家庭伦理中的职能、分工仍相当必要。至于长幼之序、朋友之信在任何社会、任何行业里都应该是基本规则。最为关键的是,儒家伦理具有相对性、互动性,不能简单地把五伦看作是绝对不变的压迫和被压迫的关系,儒家伦理是随着地位和关系的变动而灵活变化的。晏子曰："君令臣共，父慈子孝，兄爱弟敬，夫和妻柔，姑慈妇听，礼也。君令而不违，臣共而不二，父慈而教，子孝而箴，兄爱而友，弟敬而顺，夫和而义，妻柔而正，姑慈而从，妇听而婉，礼之善物也。"（《小学》卷三）君臣、父子、兄弟、夫妻、婆媳等各种关系都是相互的，双方都要做到应该做的，再去要求对方，否则这种伦理关系就很难维持长久。

实际上，在任何社会形态下，父子、上下级、夫妇、长幼、朋友等伦理都无所不在，任何个人都脱离不了各种社会关系网络和社会角色设定。既然人伦关系是现实存在的，我们就要吸取《小学》在明伦上的智慧，客观评价传统五伦对现实社会的价值。近现代社会不断质疑批判传统儒家的明伦教育，虽然起到张扬个性、创造民主和自由的社会风气的现实作用，但不可否认对当前社会道德滑坡现象难辞其咎。

三、针对儿童的学习特点，把敬身当作蒙学教育的具体任务

朱熹是一位极其务实的理学家，他不仅为学者树立高远的目标，比如学做圣贤，还为实现目标制订阶段性的计划，比如编纂不同阶段的著作，提出具体的读书方法。在其蒙学著作中，朱熹针对儿童的身心发展特点，充分考虑到儿童喜欢模仿的天性，提出很多关于生活细节的规定。在朱熹看来，儿童是"人之幼也，知思未有所主"，很容易受各种思想影响，一旦接受了某种邪说，再教以儒家的伦理思想就会产生抵触情绪，因此要及早进行教育。另外，朱熹接受程颐等人的思想，认为对儿童进行教育的时候，要形象、生动，这样才能激发兴趣，使之乐于接受。为此，《小学》主要是从经传史籍以及其他论著中节选有关忠君、孝亲、事长、守节、治家等内容的格言、训诫、故事编辑而成。对儿童进行道德教育，只有从儿童的生理和心理特点出发，运用儿童喜欢的教育形式才能达到预期的教育效果。朱熹强调结合儿童的兴趣和爱好进行启蒙教育，因势利导，形式活泼。为此，他十分重视故事、诗歌、音乐、箴言等儿童喜闻乐见的教育形式，重视其生动性、趣味性和教育性的结合。程颐曾经说："教人未见意趣，必不乐学。……别欲作诗，略言教童子洒扫应对事长之节，令朝夕歌之，似当有助。"（《小学》卷六）

朱熹针对儿童这一阶段自制能力较差、道德意识较薄弱等特点，在教育

方法上主张通过在日常生活中严格地、持续地对儿童进行道德行为习惯训练，使他们"积久成熟"，然后"自成方圆"，完成从开始的不自觉到逐步自觉的转化，他说："夫童蒙之学，始于衣服冠履，次及语言步趋，次及洒扫涓洁，次及读书写文字，及有杂细事宜，皆所当知。"这就是《童蒙须知》的主要内容。《童蒙须知》考虑到七八岁甚至更小年纪的儿童模仿能力强的特点，从举止仪表上做出要求。朱熹认为，通过对身体的形态、衣服的外观、语调的高低、语速快慢等细节的规定和引导，有助于儿童的理解和接收，并进一步模仿演练。比如他说："大抵为人，先要身体端整，自冠巾衣服鞋袜，皆须收拾爱护，常令洁净整齐。""凡为人子弟，须是常低声下气，语言详缓，不可高言喧哄，浮言戏笑。"这些细节与其说是教育儿童，不如说是对儿童父母的要求，只有当父母言行一致，做到《童蒙须知》的要求，才能对喜欢模仿的儿童产生事半功倍的效果。《童蒙须知》对读书的规定也体现了朱熹蒙学理论的可操作性，如，"凡读书，须整顿几案，令洁净端正。将书册整齐顿放，正身体对书册，详缓看字，子细分明。读之，须要读得字字响亮，不可误一字，不可少一字，不可多一字，不可倒一字，不可牵强暗记。只是要多诵遍数，自然上口，久远不忘。"相较于朱熹的读书法，《童蒙须知》对读书的环境、体态、声调等规定显得初级、具体，便于儿童模仿演习。他写作此篇的用意，具见于篇末："凡此五篇，若能遵守不违，自不失为谨愿之士，必又能读圣贤之书，恢大此心，进德修业，入于大贤君子之域，无不可者。"

《小学》之"敬身"是对《童蒙须知》中所规定生活细节的延伸和深入，分别从心术之要、威仪之则、衣服之制、饮食之节给予具体阐发，着重培养儿童的仪容、谈吐、举止等基本礼仪。主敬是朱熹工夫修养论的重点，"涵养须用敬，进学则在致知"，故而《小学》将"敬身"当作儿童进学的起点。孔子曰："君子无不敬也，敬身为大。身也者，亲之枝也，敢不敬与？不能敬其身，是伤其亲；伤其亲，是伤其本；伤其本，枝从而亡。"（《小学》卷四）然后相较于《童蒙须知》的规定，这里显得高级、深刻，但较之《大学》中格致诚正而言则显得浅近。心术之要是敬身的根本，具体包括九项内容："君子有九思：视思明，听思聪，色思温，貌思恭，言思忠，事思敬，疑思问，忿思难，见得思义。"（《小学》卷四）

81

《敬身篇》看似是简单的礼仪指导，其实蕴含了儒家最高的社会理想。在儒家看来，"凡人之所以为人者，礼义也。礼义之始，在于正容体，齐颜色，顺辞令。容体正，颜色齐，辞令顺，而后礼义备，以正君臣，亲父子，和长幼。君臣正，父子亲，长幼和，而后礼义立"（《小学》卷四）。因此，《小学》对站立坐行、衣服饮食等都有专门的描述，如，"坐如尸，立如齐。""童子不裘不帛，不屦絇。""《曲礼》曰：共食不饱，共饭不泽手。"（《小学》卷四）除了具体的规定，又有避免过度注重衣食细节的警示，如，"士志于道而耻恶衣恶食者，未足于议也。""饮食之人则人贱之矣，为其养小以失大也。"（《小学》卷四）这告诉儿童饮食衣服固然要关注，但是不能以此为目标，必须超越这些才能实现更高远的理想。

《稽古篇》选取古人的优秀事迹使儿童读后有所感动，从而引导他们模仿古人奋发为善，这也符合儿童自身认知发展水平。朱熹特别强调家庭教育在一个人成长过程中的重要作用，他认为父母要以身作则，不仅有"言教"，更重要的是"身教"，这也符合儿童的道德判断及其前期道德观念的发展规律。儿童正处在道德观念形成的关键时期，常常对自己仰慕的偶像充满了敬佩和羡慕之情，愿意将之作为自己学习的榜样。因此，在道德教育实践中，应针对儿童的这种心理特征恰当运用各种典型人物、典型事迹，去启发、诱导和激励儿童不断提高自己的道德修养水平。《小学》就利用了道德榜样的作用，大量节选古圣前贤的历史典故和事迹，激发儿童的景仰之情。周敦颐说："圣希天，贤希圣，士希贤。伊尹、颜渊，大贤也。……志伊尹之所志，学颜渊之所学，过则圣，及则贤，不及则亦不失于令名。"（《小学》卷八）在《外篇》又以"嘉言""善行"列举古代贤人的大量例证，感染和熏陶儿童。

在所有的例子当中，我们可以看出，《小学》主要侧重于正面引导，而不像某些家训、家法或者学规那样以禁止言辞居多。朱熹强调，对儿童进行道德教育，正面的积极引导要尽量多用，而消极禁防的规范要尽量少用。他说："《小学》多说那恭敬处，少说那防禁处。"（《语类》卷一百五）《童蒙须知》《小学》基本是以正面引导为主，启发儿童自觉自律。朱熹在《小学》中提到的各种道德规范多达数十条，从穿衣戴帽、起床睡觉、交朋会友、待人接物，到吃饭饮酒、一言一行、一举一动都有章可循、有规可依。只要遵守这些规范又能经常诵读圣贤之书,终能成为像圣贤那样的人。相反,如果一味地使用严加禁防的方式进行教育,即使一时有效,也很难保持长久。

值得注意的是,《童蒙须知》关于举止言谈、衣食住行的规范基本属于日常礼仪的范畴,《小学》更是大量选用《礼记》中的内容,也属于日常行为规范。朱熹心目中的小学不仅是道德教育,还是礼仪教育,借用孔子的话:"质胜文则野,文胜质则史。文质彬彬,然后君子。"(《论语·雍也》)可以说,朱熹的小学目标就是培养文质彬彬的君子人格,既有道德的心性,又有符合礼仪的仪表。可以想象,按照《小学》书中修养,不管儿童还是成人,都将会成长为一个有教养的文明人。《小学·敬身篇》只是节选了中国礼书的小部分,已经展现出中国传统礼仪的细致入微,无所不至。从《童蒙须知》和《小学》中可以看出曾经闻名于世的"礼仪之邦"是如何炼成的。个体对礼仪的把握以及礼仪社会的形成必须从儿童开始培养,慢慢浸润。清末美国传教士明恩浦对中国人的礼仪行为有形象的描述,他说:"中国人已经把礼仪烂熟于心,已把它变成了一种内在的文化境界。中国人靠着自己的聪明才智,将这些规矩视作节日的盛装,该穿时就得穿出来,不完全被这些繁文缛节所束缚。""对中国人有偏见的批评家,也不得不承认中国人已经把礼貌升华到一个完美的高度,这是西方人所不曾体验、不可想象、不可知的。"[①] 当前中国人最受人诟病的往往是基本礼仪,比如在公共场所高声喧哗、随地吐痰、不遵守公共秩序等,这些看似不起眼的问题反映出现代教育特别是蒙学教育对日常礼仪教育的缺失。现在有些大学或教育机构开办绅士班、家政学校,试图培养绅士、淑女,殊不知这种将礼仪教育当成知识技能学习而进行商业运作的方式,毕竟不同于古人将礼仪看作是人之为人的本质,礼仪教育在启蒙时期已经伴随自己的身心成长而逐渐熏陶,直至将礼仪和人的身体合二为一,形成一种"内在的文化境界"。唯有如此,古代中国才能成为"礼仪之邦"。

在朱熹看来,小学教育使得童蒙有了做人的底子,能够进行基本的洒扫应对进退,做到入孝出恭。在此前提下,随着年龄的增长,再进入诵诗读书,追求穷理修身、治国平天下的大学。在朱熹思想体系中,由于理和事是相通

---

① (美)明恩溥:《文明与陋习——典型的中国人》,舒扬、舒宁、穆姊译,太原:书海出版社,2004年,第18页。

的，事事都包含理，所以《小学》虽然主要是传授引导做"事"，但与大学中蕴含的理是一样的。正因如此，《小学》方能够从众多蒙学教材中脱颖而出，受到后世统治者的重视，并且远播海外，至今仍受到韩国重视。不可否认也有人反对将《小学》当作蒙学教材，所谓："今文公所集，多穷理之事，则近于大学；又所集之语，多出四书五经，读者以为重复；且类多引古礼，不谐今俗；开卷多难字，不便童子。此《小学》所以多废也。"（《小学集解原序》）就《小学》的文字内容而言，全文没有韵语，没有偶句，文句的难度超出儿童的发展水平，如果强迫儿童记诵，当然不容易。但是，《小学》一书关键不在于强令儿童记诵文字内容，而在于指导蒙学工作者，比如老师、家长把握其中的教育理念，从人性论出发，以做人为培养目标，教授儿童如何与周边的人相处，如何从小养成良好的习惯，为日后的知识技能学习乃至走向社会应对职场打下坚实的基础。相较于《三字经》《百家姓》《千字文》来说，朱熹的《小学》文字内容确实很难，但其中蕴含的蒙学教育理念对儿童个体的成长、对社会良好习俗的养成，乃至礼仪之邦的形成绝对必不可少，值得当前儿童启蒙教育工作者借鉴学习。

教学篇：朱熹的大学教育思想

第三章 朱熹对大学教育的实践及其影响

朱熹相信为学能使人变化气质，复性明伦，因此极其重视学校教育。他向往三代学校之制，所谓"家有塾，党有庠，术有序，国有学"，认为学校要以人伦道德为教育内容和目标。实际上，宋代各州县都有学校，只是官学以科举为目的，以记诵、文学为教育内容，而朱熹希望学者能学习修己治人之道，学成后到社会上传播理学、教化民众，使人伦道德教化日益普及。在解释《孟子》中"得天下英才而教育之，三乐也"一句时，将这种期待表达得淋漓尽致，他说："尽得一世明睿之才，而以所乐乎己者教而养之，则斯道之传得之者众，而天下后世将无不被其泽矣。"（《孟子集注》卷十三）作为长期关注并实践教育的理学家，朱熹对其时代的教育制度有深刻、全面的反思，这集中体现在他晚年写成的《学校贡举私议》中。纵观朱熹的一生，从任同安主簿起，就重视振兴教育，主张以人伦道德为教育重心。其后，不论居乡或做官，都不断教育学者，希望能讲明道学，兴学化民。朱熹一生在兴学校、明教化方面的实践着重表现在两个方面：一是整顿官学教育；二是修复书院，创立精舍，教育门人。

第一节 朱熹对官学的整顿及其反思

朱熹十九岁中进士，先后做过五任地方官。二十四岁到泉州同安县（治所在今福建省厦门市同安区）任主簿，二十八岁去职，一直到五十岁前，只担任过有官无职的差事。五十岁知南康军两年。五十二岁任提举两浙东路常平茶盐约一年，因弹劾唐仲友，与宰相王淮不和，辞职。六十一岁知漳州，推行经界清丈田地，任职一年卸任。六十五岁知潭州，半年召至朝廷任焕章阁待制兼侍讲，历时四十六天，因上书告韩侂胄被免职。六十七岁被弹劾为"伪学魁首"。七十一岁去世。总起来看，朱熹在外做官的时间并不长，所谓"仕于外者仅九考，立朝才四十日"（《宋史》卷四百二十九），可以说，朱熹一生把主要的精力都放在读书、著书、教书上，但在他有限的为官生涯中，都把整顿官学作为重要的工作之一。朱熹在任地方官期间，大力整顿地方官学，包括同安县学、南康军学及属县县学、永嘉县学、漳州州学及属县县学、潭州州学及属县县学等，其整顿官学的目的在于改善学风，使地方官学成为求学与修养德性的学习场所，不再只是追求功名利禄之地。朱熹晚年针对官学体制进行反思，写成《学校贡举私议》，表达了自己对南宋科举制度和考试制度的看法。虽然没有被统治者采纳，但对科举制度的反思有着深远的意义，成为近现代学制改革的资源之一。

一、整顿官学

朱熹在任职期间整顿官学最为突出的是同安县学。绍兴二十三年（1153）七月，朱熹就任同安县主簿，职兼学事，当时朱熹二十四岁，对县学进行了大刀阔斧的整顿。为了使学生读书明义理，他亲自讲课，改变教学方法，鼓励学生要求"为己之学"而不是求功名之学。同时在明伦堂、校舍、藏书楼等学校设施上也认真修葺、整理，对学校的整体环境及学风都进行了一次全面整顿。

朱熹在主持县学教育中特别注重四书中的《论语》和五经中的《礼经》。朱熹亲自到县学把《论语》从头到尾讲授了一遍。朱熹第一次到县学为诸生讲授《论语》时，一些只会吟诗作赋的学生"愕眙不知所向"，只有一个叫戴迈的学生表现出兴趣，但当他把朱熹的讲授内容抄录成四大编寄给朱熹时，朱熹认为不过是"浅陋之辞托名经端"。

有一个专攻诗赋的县学弟子杨宋卿曾把自己的诗编为一集寄给朱熹，朱熹看后发表了详细看法："熹闻诗者志之所之，在心为志，发言为诗。然则诗者岂复有工拙哉，亦视其志之所向者高下如何耳。是以古之君子德足以求其志，必出于高明纯一之地，其于诗固不学而能之。至于格律之精粗，用韵属对、比事遣辞之善否,今以魏晋以前诸贤之作考之,盖未有用意于其间者,而况于古诗之流乎?近世作者乃始留情于此,故诗有工拙之论,而葩藻之词胜,言志之功隐矣。"(《文集》卷三十九《答杨宋卿》)朱熹对另一名弟子林峦说:"学之道非汲汲乎辞也,必其心有以自得之,则其见乎辞者非得已也。"(《文集》卷三十九《答林峦》)通过讲《论语》,朱熹强调儒学是为己之学,而不是为了功名利禄、升官发财。经过一番整顿后,同安一县之学从拘守章句到精研义理、从习辞章到重经学的转变,就是在朱熹主管县学五年打下的基础。

为己之学不仅是理念,还是践履的问题,所以朱熹强调"行仁"之"行"。朱熹认为南宋之所以人心败坏、世风日下,不在于人们不识孔子的仁学,而在于学者知而不行,诵习而不践履,所以他又借重礼来补充《论语》,为诸生建立起一种实践的儒家仁学。他请柯翰为诸生讲授《礼记》时,亲自作了篇《讲礼记序说》:

> 学者博学乎先王六艺之文,诵焉以识其辞,讲焉以通其意,而无以约之,则非学也。故曰博学而详说之,将以反说约也。何谓约?礼是也。礼者,履也,谓昔之诵而说者,至是可践而履也。……然古礼非必有经,盖先王之世,上自朝廷,下达闾巷,其仪品有章,动作有节,所谓礼之实者,皆践而履之矣。故曰"礼仪三百,威仪三千,待其人而后行",则岂必简策而后传哉!(《文集》卷七十四《讲礼记序说》)

把"礼"解为"履",正是朱熹独特的礼学思想。礼不仅是调节人际关系的规范,而且是学者实践仁的现实之路,借助于礼,知与行得到了统一。朱熹在主同安县学时贯彻了知行合一的精神,对学员不仅提出学在"为己"的要求,而且更提出了学在"通当世之务"的要求。他平日课考县学弟子的策问,都是要诸生本程学立说,一部分是对经学、理学义理的独立探讨研究,一部分是对朝政时局、经济赋税、科举教育等现实要务的进言献策。

朱熹在县学中向学生提出的策问,今留有三十三条,从这些策问,可以看出他当时讲学的重心。在策问中,朱熹问如何学做圣人及增进道德的有八条,问有关学校教育与选举取士方法的有八条,问《左传》《国语》的作者一条,问经学两条,专问《论语》一条,问祭祀礼制二条,问礼、乐的作用一条,问荀子性恶说一条,问老庄一条,问韩愈一条,问汉代常平法一条,问宋代学者一条,问台谏的职责一条,问如何减轻人民赋税两条,问祥应说一条,问学生的志向一条。可见,他当时教学最关心学生的品德修养及学校科举制度的改进,并留意礼乐制度,对经、史、诸子甚至老庄亦留心,也不忘关心当时的政治与财赋问题。

朱熹不仅对授课内容、方式,而且对学校设施也进行了改革,比如教室和图书馆。同安县学原有日新、汇征二斋,朱熹认为"汇征"之名有以利禄诱人之意,便重建四斋,更名为志道、据德、依仁、游艺,并作《四斋铭》,表达了其为己之学的教育理念。他还挑选学生充当斋长、斋谕,在明伦堂左建教思堂,在大成殿后建经史阁。同安县学的官书已散落殆尽,朱熹整理出六种一百九十一卷,以后又募集民间所藏之书得二种三十六卷。绍兴二十五年(1155)春,他又致书泉州守方滋请到九百八十五卷,一起藏于经史阁中。除整理并募集官学藏书,他还制订了图书借还管理办法。

朱熹在诗中描述当时整顿县学的情形:"吏局了无事,横舍终日闲。庭树秋风至,凉气满窗间。高阁富文史,诸生时往还。纵谈忽忘倦,时观非云悭。咏归同与点,坐忘庶希颜。尘累日以销,何必栖空山!"(《文集》卷二《教思堂作示诸同志》)在《泉州同安县学官书后记》中,朱熹记载了当时四处搜集图书的情形:

绍兴二十有五年春正月,熹以檄书白事大都督府廷中,已事,而言于连帅方公曰:"熹为吏同安,得兼治其学事。学有师生诵说,而经籍弗具,学者四来,无所业于其间。愿得抚府所有书以归,使学者得肆习焉。"公幸哀其愚,不以为不可,即日减省少府用度金钱,属工官抚以予县,凡九百八十五卷。熹与诸生既受赐,则相与群议所以敛藏守视、出内凉暴之禁戒,以复于公,报皆施行如章。熹窃惟公之举是赐也,盖将以幸教此县之人,而非私于熹之请。熹乃幸得以菲薄奉承,惧不能称,且无以垂示久远,故敢具刻公所出教,而并叙其指意如此,揭之以视县之父兄子弟与学官弟子之有秩于典领者,使承公志,永永不怠。此熹之

职守也。夏四月丁丑具位谨记。(《文集》卷七十七《泉州同安县学官书后记》)

除此之外,《文集》中还有《同安县学经史阁上梁文》《经史阁上梁告先圣文》《泉州同安县学故书目序》,都是讲这件事。由此可见,朱熹完全是以教育家的视野来整顿县学。除了讲学、搜集图书之外,朱熹还于绍兴二十五年(1155)为故丞相苏颂立祠于县学,以鼓励士风、民风。苏颂字子容,是宋代天文学家和药物学家,官至尚书右仆射兼中书侍郎。北宋哲宗元祐三年(1088),苏颂同韩公廉等人制造了世界上第一座水运仪象台。朱熹在《苏丞相祠记》中曰:

> 熹少从先生长者游,闻其道故相苏公之为人,以为博洽古今,通知典故,伟然君子长者也。熙宁中掌外制,时王丞相用事,尝欲有所引拔,公以其人不可用,且非故事,封上之。用此罢归,不自悔,守益坚。当世高其节,与李才元、宋次道并称"三舍人"云。后得毗陵邹公所撰公行状,又知公始终大节,盖章章如是,以是心每慕其为人。属来为吏同安,同安,公邑里也,以公所为问县人,虽其族家子不能言,而泉人往往反喜道曾宣靖、蔡新州、吕太尉事以为盛。予不能识其何说也,然尝伏思之,士患不学耳,而世之学者或有所怵于外,则眩而失其守。如公学至矣,又能守之,终其身一不变,此士君子之所难,而学者所宜师也。因为之立祠于学,岁时与学官弟子拜祠焉,而记其意如此,以视邑人云。(《文集》卷七十七《苏丞相祠记》)

朱熹在整顿官学、修复与创立书院时,都要立乡贤祠,这与《小学》讲历史故事,树立道德榜样的用意是一样的,都是为了激发学生的学习热情,启发学生为学先立大志。

朱熹还非常重视学校礼仪的实践。同安县学的释奠典礼一向草率,只以吏人祭祀先圣先师。朱熹不满意这种状况,他想找《政和五礼新仪》的印本作为参考,但县中没有此书。他只好取《周礼》《仪礼》《唐开元礼》《绍兴祀令》等,互相参考,画成礼仪、器用、衣服等图,让执事的学生朝夕研习,方使县学释奠典礼庄严隆重。当时朝廷规定，士人必须参与过乡饮酒礼才能应举，但朝廷颁下的礼仪极简陋，同安县的执行更是草率。朱熹也不满意于此，与学生们共同考协礼文，依据旧章，郑重地举行乡饮酒礼。这样一来，朱熹对官学的整顿，从学生到学校，从经学内容到礼学实践，从为己之学到实践之学，都有了全面整顿和改革。朱熹努力整顿同安县学，一心使之成为求学与修养德性的教育场所。

此后朱熹任地方官时，虽不主管学事，但仍旧关心官学。淳熙六年（1179）三月，朱熹知南康军。自从他卸任同安主簿后，有将近二十年的时间奉祠家居，专心读书探讨义理。此时，他的理学思想与教化理论已具规模。到任之初，他即谒告先圣，说明自己要将所学用于治民的用心。随后又颁布《知南康榜文》，告诉属官与民众，自己有心于宣明教化与宽恤民力。榜文首言："伏自惟念圣天子所以搜扬幽隐、付畀民社之意，固将使之宣明教化，宽恤民力，非徒责以簿书期会之最而已。"（《文集》卷九十九《知南康榜文》）他最注重的三件事是宽恤民力、敦厚风俗、培育人才。在培育人才方面，他将重点放在整顿南康军学上，具体措施有：增加就学人数、亲自讲学、建立规律的教学制度、设周敦颐及先贤祠堂、严整军学释奠典礼等。

从写给吕祖谦的信可知，朱熹曾亲自讲授《大学》，又特别重视《论语》，由此可见他讲学的重点所在。至于南康军学的授课情况，可参见《招学者入郡学榜》：

> 每日讲书，次日覆，三八出题，四九日纳课。择精勤者书考以示劝，无籍者给食，有籍者以次差补职事。其不率教者，则有规请贤父老勉其子弟，努力从事于学，尚庶几以见其成焉。［《晦庵先生朱文公别集》（以下简称"《别集》"）卷九《招学者入郡学榜》］

课程安排详尽而有条理，有讲课，有复习，有考试，对学生的待遇也有明确的规定，要之，对学生的教育以勉励为主，目的在于培养有道德的人才。

与同安县学一样，朱熹也在南康军学中建祠堂，兴教善俗。他于淳熙六年（1179）三月到任，因周敦颐曾经任职于南康军，就在学宫讲堂东面建成周敦颐祠堂，以程颢、程颐配享，请张栻作祠记。在讲堂西面建成五贤祠，军学教授杨大法原已在军学中立先贤刘涣与李常之祠，朱熹又增益陶潜、刘恕、陈瓘三人，成为五贤祠，请江西提举尤袤作了一篇祠记。

朱熹对南康军学的释奠礼也非常重视。知南康时，他曾委托当时任职隆兴府学教授的门人黄灏借隆兴府的祭器、祭服，想依仿制造。后来因种种原因没有成功，但由此可见他的用心。淳熙七年（1180）三月前，他曾修葺军学。在修葺的过程中，朱熹发现军学中从祀的神位有错乱，于是具状申尚书省礼部，请礼部颁下现行的从祀神位名号，作为奉安的依据。礼部颁降下神位名号后，他又详细检视，发现崇宁元年（1102）曾将孔鲤追封为泗水侯，而礼部颁降下的神位名号未将泗水侯列入从祀之列。于是他又申省，请以泗水侯孔鲤从祀先圣。此外，他还申请礼部检会《政和五礼新仪》中有关州县臣民可行的礼制，镂板并颁降给各路州军，让州县春秋释奠、祈报社稷及祀风雷雨师等仪式有礼可循，也让臣民之家婚冠丧祭有礼可循。随后，他又检查礼部颁下的《政和五礼祭祀仪式》，考察出其中有关释奠仪式的错误及社稷风雷雨师坛、山川之神、历代圣君明王忠臣烈士等的祭祀问题，上报尚书省礼部，希望可作为朝廷编修礼书时的参考。

通过朱熹的全力整顿，周程理学思想成为了南康学子的主要学习内容。不仅立了周濂溪祠，挂起周濂溪像，朱熹还通过推荐有志于学的乡党子弟入学，选用德才兼备的名流担任学职，把好穿凿经义断章出题的教官下放到郡学中去的方式，重新整合了师资和生源。同时他还常同学官讲论经旨，每隔四五天便到学宫中亲自讲说传授《大学章句》《论语集注》。更为值得注意的是，朱熹在南康军学期间还修复了白鹿洞书院，使之重新焕发了生机。

除此两处官学之外，朱熹对永嘉县学、漳州州学、潭州州学也做了整顿。淳熙九年（1182）八月，朱熹极力奏劾唐仲友，而在朱唐交奏风波正烈时，朱熹得知温州永嘉县学有秦桧的祠堂，便立刻移文永嘉县学，要求毁除秦桧祠堂。他认为永嘉县学不应该因秦桧曾捐田助学，就设祠堂祭祀秦桧，应毁除之。绍熙元年（1190）四月，朱熹知漳州。在漳州任上，他将施政重心放在正经界及蠲减苛征杂税上，但仍不忘整顿州、县学。他刊四经、四子书于郡，正式提倡四书之学；更换不称职的州学正，并延请德行端正的郡士入学；

推崇因忤秦桧而被贬官的乡贤高登。绍熙五年五至八月，朱熹知潭州兼荆湖南路安抚使，当时湖南诸州爆发瑶民起义，朱熹就任后用军校田升招降瑶人首领蒲来矢，起义被平定。在此期间，朱熹修复了岳麓书院，还在弟子詹体仁的帮助下，考正释奠典礼，将之推行于潭州州学及属县县学，又推广到荆湖南路所辖诸州中。释奠礼完成后，詹体仁已去职，其后并未推广于全国。朱熹在知潭州时所完成的释奠礼，庆元元年（1195）潭州州学教授邵困加以刊刻流传，并请朱熹作跋于后。此外，朱熹在潭州时因上丁释奠及祭社稷貂的祭服，制造年深，不如法式，还向太常寺申借了祭服，在临安府依仿制造，更新了祭典的祭服。

朱熹的门人也仿照老师的做法，仕宦所至，随处整顿地方官学。如，黄榦在嘉定八年至九年（1215—1216）知汉阳军时，就发现汉阳军学没有教官，由汉阳知县暂时摄代，学校教育流于形式，于是以郡治后凤栖山为屋，设馆教授士子；王遇整顿蕲州州学等。这为南宋朱熹理学的发展和传播发挥了重要作用，同时对南宋社会的学风、士风都起到了积极的影响。

二、为文讲励，整顿士风

朱熹任地方官时热衷于建立乡贤祠，为鼓舞士风、学风，赋闲家居时依然支持鼓励地方官设立乡贤祠，因此在《文集》中保留了大量其为地方官或学校写的祠记、学记、藏书记，从这些记文中，我们可以看出朱熹对学校教育的反思和期待。朱熹总共作了十七篇祠记，九篇学记，九篇有关学校教育的记文，合计三十五篇，在其《文集》八十一篇记文中约占43%，可看出朱熹对学校教育的重视。[①]

在十七篇祠记中，有十六篇是关于官学祠记，一篇关于周敦颐书堂祠记。朱熹的祠记内容大体上有两大要点：其一是叙述被祀先贤的事迹行谊，阐发其道德学问，鼓励学者们见贤思齐；其二是嘉勉立祠官员教诲学者的用心，使他们的行为借祠记流传后世，也使学者们效法其行为。如，他在《建宁府建阳县学四贤堂记》文末表扬立祠的知县姚耆寅："姚侯名耆寅，其兴学聚书

---

① 孟淑慧：《朱熹及其门人的教化理念与实践》，台北：台湾大学出版中心，2003年，第272页。

以教学者之意,已见于予文矣,今为此祠,其意尤非苟然者,后之君子亦可以观政于斯焉。"(《文集》卷七十八《建宁府建阳县学四贤堂记》)又如,他在《徽州婺源县学三先生祠记》文末也说:"周侯名师清,玉山人,好学有文,而尝仕于朝矣。其为此邦,宽以抚民,礼以俟士,而所以教诲之者又如此,非今之为吏者所能及也。"(《文集》卷七十九《徽州婺源县学三先生祠记》)故祠记有两种示范作用,一是激劝学者效法被祀者的道德节操,二是勉励学者学习立祠官员的教化作为。

在十七篇祠记中,有五篇是应门人请求而作,有十二篇被祀者为道学家,由此可见朱熹在官学中提倡道学的用心。其中最特别的是《徽州婺源县学三先生祠记》。婺源知县周师清在淳熙八年(1181)三月于县学中设立周程三先生祠堂,并派人向朱熹请祠记。当时,朱熹考虑到婺源县按惯例不应该设立三先生的祠堂,故拒绝了周师清的请文。因三先生不是婺源县人,亦不曾寓居婺源,更不曾仕宦于此,而且也未列入国家的礼典中,于礼于义,都不应该奉祠于县学。其后几个月,周师清与县中处士李缯及县学诸生数十人都写信给他,表达在官学中立三先生祠的目的是仰慕三先生之道德,希望能"使学者日夕瞻望而兴起焉耳"(《文集》卷七十九《徽州婺源县学三先生祠记》)。于是朱熹答应了他们的请求,写下此祠记。朱熹以传布道德之教的原因写了婺源县的三先生祠记,打破了旧有官学立祠的习惯,也显示了其推广道学的热忱。

此外,还有一篇祠记较特别,就是《平江府常熟县学吴公祠记》。平江府常熟县学吴公祠祭祀的是孔子的弟子子游。相传子游是常熟县人,朱熹门人孙应时知常熟县后,特地在庆元三年(1197)七月别立子游祠堂于县学中,并向朱熹请求记文。因为向往子游武城弦歌的礼乐教化,朱熹答应了请文。他在记文中表达了对子游的敬仰:"考其行事,则武城之政不小其邑,而必以诗书礼乐为先务……至使圣师为之莞尔而笑,则其与之之意,岂浅浅哉!"(《文集》卷八十《平江府常熟县学吴公祠记》)最后他嘉勉孙应时发挥武城弦歌的用意。

在《琼州学记》中,朱熹明确阐述了设立学校的目的与作用:

昔者圣王作民君师,设官分职,以长以治。而其教民之目,则曰父子有亲、君臣有义、夫妇有别、长幼有序、朋友有信五者而已。盖民有是身，则必有是五者，而不能以一日离；有是心，则必有是五者之理，而不可以一日离也。是以圣王之教，因其固有，还以道之，使不忘乎其初。然又虑其由而不知，无以久而不坏也，则为之择其民之秀者，群之以学校，而联之以师儒，开之以《诗》《书》，而成之以礼乐。凡所以使之明是理而守之不失，传是教而施之无穷者，盖亦莫非因其固有而发明之，而未始有所务于外也。……此先王教化之泽所以为盛，而非后世所能及也。（《文集》卷七十九《琼州学记》）

朱熹认为，圣王设教只是教民五伦。国家设学校，是使民之俊秀入学，接受诗书礼乐的涵养，使五伦之教传之无穷。学者肩负化民成俗的职责，这是学校设置的理想目的，也是士人学者应该自我期许的。

在《漳州龙岩县学记》中，朱熹阐述了学校教育的内容和重点："夫所谓圣贤之学者，非有难知难能之事也。孝弟忠信、礼义廉耻以修其身，而求师取友、颂诗读书以穷事物之理而已。"（《文集》卷七十九《漳州龙岩县学记》）至于学者修养的方法，他说："养其全于未发之前，察其几于将发之际，善则扩而充之，恶则克而去之，其如此而已矣。"（《文集》卷七十九《衡州石鼓书院记》）总之，朱熹认为学校是讲明人伦道德的学习场所，是风俗教化的源头，他期待学者修养身心，修己治人，传播教化。

朱熹在《南剑州尤溪县学记》中，重提《大学》《中庸》中的性理观，主张理学人性论决定了教育的本质和内容就是明人伦：

盖熹闻之，天生斯人，而予之以仁、义、礼、智之性，而使之有君臣、父子、兄弟、夫妇、朋友之伦，所谓民彝者也。惟其气质之禀不能一于纯秀之会，是以欲动情胜，则或以陷溺而不自知焉。古先圣王为是之故，立学校以教其民，而其为教，必始于洒扫、应对、进退之间，礼、乐、射、御、书、数之际，使之敬恭朝夕，修其孝弟忠信而无违也。然后从而教之，格物致知，以尽其道，使知所以自身及家、自家及国而达之天下者，盖无二理。其正直辅翼，优游渐渍，必使天下之人皆有以不

失其性，不乱其伦而后已焉。（《文集》卷七十七《南剑州尤溪县学记》）

此外，朱熹还有九篇与学校教育有关的记文，其中有两篇的内容是叙述州学教授将历任教授姓名刻于厅壁，四篇有关修建及扩充官学中之图书设备，一篇记载取废绝佛寺田产归入县学的经过，一篇记录修建官学中的大成殿，另有一篇针对官学中设进士题名录发表看法。从所写的记文可看出，他重视教授在官学中的领导作用，以及对官学图书馆、图书设备的充实。特别值得注意的是，他对取废绝佛寺田产归入官学的看法。崇安县学一向有学无田，因此县学的运作不佳。至淳熙七年（1180），赵彦绳知县事，于是取县内绝而不继之五座佛寺的田产归入县学，作为学田。其后，县学诸生请记文于朱熹，朱熹非常赞同赵彦绳的作法，于是写下记文。他在记文中显示了强烈的辟佛崇儒的思想。

三、对官学的反思

实际上，朱熹在《建昌军进士题名记》中已经发表过对科举取士的不满和反思。建昌军的父老贤达为了鼓励士人进取，于是将宋初曾中进士者的姓名刻石于军学中，并向朱熹请求记文，希望后进者读之有所警惕。朱熹再三推辞不得，于是写下对科举取士的看法，并勉励士人应该从事为己之学。他认为，古代以德行道艺教民，兴其贤能者入仕，而宋代的科举取士则只注重无用的空言。但他勉励士人，即便在不良的制度下，还是应该尽心学习，无愧于古，无愧于今，无愧于所得之官。朱熹文曰：

不论夫教法之是非，则无以识其取士之本意。不反身以自求，而得其有贵于己者，则又未足以议其教法之是非也。夫古之人教民以德行道艺，而兴其贤者能者，其法备而意深矣。今之为法不然。其教之之详，取之之审，反复澄汰，至于再三，而其具不越乎无用之空言而已。深求其意，虽或亦将有赖其用，然彼知但为无用之空言，而便足以要吾之爵禄，则又何暇复思吾之所以取彼者，其意为如何哉！二君子盖尝有所受学，而得其所贵于己者矣，盖亦推明其说，以告夫乡之后进，使之因是感发，以求古人之所以教者而尽心乎？诚尽其心而有得乎此，然后知今日教人之法虽不由此，而吾之于此，自当有不能已者；今日取士之意虽或不皆出此，而吾之所以副其意者，自当无日而不在乎此也。是则不惟无愧于今人，而亦且无愧乎古；不唯无愧于一官，而视彼文字声名之盛者，犹将有所不屑，况乎不义而富且贵者，其又何足道哉！（《文集》卷八十《建昌军进士题名记》）

在这里，朱熹揭露了科举制度的弊端，即"不越乎无用之空言"，但"足以要吾之爵禄"。朱熹认为，学者中进士之后应当以为己之学为目标，以求道为目标。《建昌军进士题名记》末署"庆元元年秋八月丙寅"，正是朱熹对当时教育制度反思的晚年定论，同年朱熹又有《学校贡举私议》对科举体制进行全面的反思，并设定了更加合理的举国体制，以补充当时科举制度之不足。

就国家取士的方式而言，朱熹理想中的制度是由学校教育结合乡举里选来取士，一如程颢在熙宁年间作的《请修学校尊师儒取士札子》中所设计的制度。然而，朱熹也知道实际上科举制度难以废除。相较于《白鹿洞书院揭示》极其强调明伦教育，《学校贡举私议》则在批评当时科举制度以及学校教育制度的同时，继承了胡瑗的"明体达用之学"，主张国家用人的取舍标准宜以德行和实学为主。李存山指出，庆元元年（1195）所作的《学校贡举私议》，作为朱熹的晚年定论，比较完整地表达了朱熹的教育思想。[①]《学校贡举私议》云：

古者学校选举之法，始于乡党，而达于国都。教之以德行道艺，而兴其贤者、能者。……若夫三代之教，艺为最下，然皆犹有实用而不可阙。其为法制之密，又足以为治心养气之助，而进于道德之归。此古之为法，所以能成人材而厚风俗，济世务而兴太平也。（《文集》卷六十九《学校贡举私议》）

[①] 李存山：《朱子〈学校贡举私议〉述评》，《中国社会科学院研究生院学报》2011年第2期，第21页。

显然，朱熹在此对德行道艺之要求较《白鹿洞书院揭示》中所言五教更加全面，其实这就是胡瑗主张的"明体达用之学"。"明体达用之学"是自范仲淹、胡瑗、二程以来儒者共同的追求，这反映了宋儒在追求内圣的同时也追求事功，即建立社会秩序的实际要求。正如《白鹿洞书院揭示》把"正其谊不谋其利，明其道不计其功"作为"处事之要"，突显了理学家对"义利之辨"的重视，"明体达用之学"所针对的是场屋之学"徒欲其务记览、为词章，以钓声名、取利禄而已"。《学校贡举私议》也直接针对当时科举教育的弊端：

> 其所以教者，既不本于德行之实，而所谓艺者，又皆无用之空言。至于甚弊，则其所谓空言者，又皆怪妄无稽，而适足以败坏学者之心志。是以人材日衰，风俗日薄……而议者不知其病源之所在，反以程试文字之不工为患，而唱为混补之说以益其弊。（《文集》卷六十九《学校贡举私议》）

所谓"程试文字"即后来八股文的滥觞，而"混补之说"即主张增加贡举的名额。朱熹认为，追求程试文字之工和滥增贡举名额，只会使"游其间者校计得失于旦暮锱铢之间"而益增其弊。《学校贡举私议》未只停留在批评科举制度的层面，而是设计了更为合理的制度，并提出十项解决方案。第一，针对士人不愿考乡举而争着考太学的现象，朱熹提出均各州解额的办法。建议礼部用各州参加考试三举终场的人数，以一定的比率，定为新的解额。同时减少太学的解额，与诸州解额不至于相差太多。第二，设立德行科。以各州解额的四分之一，作为德行科的人数。由县令搜访有德行的人才，送至州，再由州送入太学，然后试以职事。其中特优者可直接任官，其余的参加省试。如果所举之士人学行不佳，举者也要受罚。第三，罢废诗赋取士。第四，分别考经、子、史、时务的年份，使士人在一定的年份内都能熟读经史。第五，士人治经必须专精家法，应试时以本家之说为主，旁通他说，不能胡乱作答。第六，命题者必须依章句出题，不可乱出怪题目，为难考生。第七，答题必须贯通经文，条陈众说，再以自己的意见作结论。每道题目，所答文字止限五六百字以上。第八，选用实有道德的人作为太学学官，讲明道义，教育学生。第九，减少太学解额还给诸州，罢去舍选之法。并使太学教师能考察各州所解送士子的德行；士与学生中的贤能者，特命以官。第十，改革制科、词科、武举的方式。

《学校贡举私议》所论之第一项是为了解决士人争相考太学的问题。第二项是希望借由乡举里选的方式，选出有德行的人才，善加培养，再入仕。第三至七项是改革科举考试的内容、科目、题目、答题方式，希望能培养并选出有真才实学的士人。第八、九项，改革太学，希望能用有才德的人为教师，改进太学教育。第十项是改革贤良方正科、词科、武举的方式。朱熹所提出的改革内容，偏向解决实际问题，就一些已产生的科举弊端提出解决方案。他也希望由乡举里选的方式，直接选出有德行的士人入太学，加以培育，再择其优者为官。但衡量现实状况，朱熹也清楚程颢所提的"尊师儒由学校取士"方式在南宋行不通，所以只建议以各州解额的四分之一为额度，由乡举方式选德行之士入太学。整体看来，朱熹的科举与太学改革设计，是稳健渐进的。这样的改革是否能改变学风，引导士人向善，不得而知。然而从当时的现实环境来看，科举制度与官学教育可改革的空间并不大。

遗憾的是，朱熹在《学校贡举私议》中提出的很多方案，即便到了元明清也没有被采纳，反而走向了他提出的反面。但是，朱熹对于分科教育以及经学不专一家的提议却有现代意义。李存山指出：

> 与朱子的《私议》相比，元、明、清的科举考试"专立德行明经科"，不同于《私议》的将"德行"科与"诸经"科分设，更不同于除"诸经"科外，《私议》另设有诸子、诸史、时务等专科。元代以后的科举考试专尊程朱理学，"非程朱学，不试于有司"，此亦不同于《私议》既主张"必专家法"，又主张参酌众说而兼容并包。元代以后的科举考试虽尊程朱理学，但士人往往"功利驱之"，把程朱理学当作"侥幸一第"的敲门砖，明、清学者对此批判颇多，而对科举"场屋之业""声利之场"的批评已先发之于宋代的"明体达用之学"（包括朱子的《私议》）。①

---

① 李存山：《朱子〈学校贡举私议〉述评》，《中国社会科学院研究生院学报》2011年第2期，第26页。

因此李存山认为,"《学校贡举私议》在宋代以后终未得到实行,却促进了中国近现代的学制改革,这从一个方面透显出朱子思想的丰厚内涵及其重要的现实意义"①。如果说《白鹿洞书院揭示》提出了一种理学化的教育思想,那么《学校贡举私议》则提出了一种理学化的教育体制,二者正好相互补充。

第二节 朱熹修复书院及创办精舍

朱熹担任地方官期间,除了持续整顿官学外,还修复与创办了多所书院。五十岁任南康知军,复建白鹿洞书院,五十四岁在福建崇安武夷山建武夷精舍,六十五岁知潭州,修复岳麓书院,晚年在建阳考亭修建沧洲精舍。这些书院为程朱理学的发展和弘扬培养了大量人才,为程朱理学最终成为官学奠定了坚实的基础。

一、修复书院
(一)修复白鹿洞书院

淳熙五年(1178),朱熹四十九岁,被任命为南康知军,淳熙六年三月三十日到任,直到淳熙八年离开南康,在南康共待了两年。在南康任上,朱熹在整顿士风学风上的最大功绩是修复白鹿洞书院。北宋时,庐山国学改称白鹿洞书院,到大中祥符年间增建学馆,生员经常有数十百人。但南渡以后几经兵燹战乱,白鹿洞书院屋宇已经焚毁不存。朱熹一到任,就积极寻访白鹿洞书院遗址,但直到同年秋天南康军秋雨不时,他到处巡视陂塘时,经由樵夫的指引,方在星子县(治所在今江西省庐山市)庐山之东发现白鹿洞的废址。朱熹于是向朝廷申请修复白鹿洞书院,并在弟子寺簿刘清之、杨方赞襄下,由教授杨大法和星子令王仲杰负责,于淳熙六年十月动工,次年三月就完工,行释菜礼并开讲。书院有学舍二十余间,先招收生员二十人,后又增置建昌东源庄田为学田以赡养学员,朱熹自任洞主,到九月又任命学录杨日新为书院堂长。朱熹特请吕祖谦作了一篇《白鹿洞书院记》阐述重建书院的

---

① 李存山:《朱子〈学校贡举私议〉述评》,《中国社会科学院研究生院学报》2011年第2期,第26页。

宗旨，刻石树碑。在书院建成以后，朱熹又办了两件大事：一是在淳熙八年春向朝廷奏请赐白鹿洞书院洞额、高宗赵构手书石经和《九经疏》《论语》《孟子》等书，为白鹿洞书院的复建争取皇帝的"钦定"。二是为书院向各路广求藏书，还派人专往金陵向江东帅陈俊卿求书。著名大诗人江西提举陆游也为白鹿洞书院藏书倾力相助。

在去任离开南康后，朱熹还给继任知军钱闻诗三十万钱，为白鹿洞书院修建了一座礼圣殿。礼圣殿是礼敬"至圣先师"孔子的大殿，是白鹿洞书院的主体建筑。但朱熹重建白鹿洞书院的意义不只是想恢复了前代的遗迹，更重要的是书院能实现他推广儒家人伦教化的理想。他在《白鹿洞牒》《缴纳南康军任满合奏事件状》《辛丑延和奏札》中不断提到庐山一带佛老观寺极多，殄弃彝伦，谈空说幻，而南康军只有官学三所，三纲五常之教极微弱，希望借由重建书院推广礼义，化民成俗。朱熹在《白鹿洞牒》中发表了对儒佛差别的看法：

> 昨来当职，到任之初，即尝询访，未见的实。近因按视陂塘，亲到其处，观其四面山水清邃环合，无市井之喧，有泉石之胜，真群居讲学、遁迹著书之所。因复慨念庐山一带，老、佛之居以百十计，其废坏无不兴葺。至于儒生旧馆，只此一处。既是前朝名贤古迹，又蒙太宗皇帝给赐经书，所以教养一方之士德意甚美。而一废累年，不复振起。吾道之衰，既可悼惧，而太宗皇帝敦化育材之意，亦不著于此邦，以传于后世，尤长民之吏所不得不任其责者。其庐山白鹿书院合行修立。（《文集》卷九十九《白鹿洞牒》）

白鹿洞书院初步修复后，朱熹五日一诣，亲自授课。白鹿洞书院于三月十八日正式开讲，朱熹亲自给诸生讲授了《中庸章句》首章及《中庸或问》。以后每逢休沐他都要到白鹿洞与诸生一起研讨论辩。朱熹主办白鹿洞书院有着鲜明的传播周程理学的目标，他亲自给生员出策问，以加强他们的道统意识。而针对朝中当权者既反对王学又反对程学喧嚣，朱熹出了一道《白鹿书堂策问》，要诸生回答孟子是如何继承圣传的：

> 孔子殁，七十子丧。杨、墨之徒出。孟子明孔子之道以正之，而后其说不得肆千有余年。诸生皆诵说孔子，而独荀卿、杨雄、王通、韩愈号为以道鸣者，然于孟子或非之，或自比焉，或无称焉，或尊其功以为不在禹下，其归趣之不同既如此。而是数子者，后议其前，或以为同门而异户，或无称焉，或以为大醇而小疵，而不得与于斯道之传者。其于杨、墨，或微议其失，或无称焉，或取焉以配孔子，其取予之不同又如此，是亦必有说矣。（《文集》卷七十四《白鹿书堂策问》）

又要诸生回答程氏是如何继承道统的：

> 本朝儒学最盛，自欧阳氏、王氏、苏氏皆以其学行于朝廷，而胡氏、程氏亦以其学传之学者。然王、苏本出于欧阳，而其末有大不同者。胡氏、孙氏亦不相容于当时，而程氏尤不合于王与苏也。是其于孔子之道，孰得孰失，岂亦无有可论者耶？杨、墨之说则熄矣，然其说之流，岂亦无有未尽泯灭者耶？后世又有佛、老之说，其于杨、墨之说同耶？异耶？自杨雄以来，于是二家是非之论，盖亦多不同者，又孰为得其正耶？二三子其详言之。（《文集》卷七十四《白鹿书堂策问》）

这是要诸生写一篇抨击异端异学的道统论，是站在程学立场对孔子千年以来的儒家文化作总结。朱熹离开南康时在白鹿洞书院与众人辞别，还特地讲了《西铭》"民吾同胞，物吾与也"一段，警示学者不可自私偏倚。

朱熹修复白鹿洞书院在中国书院史上影响较大的有两件事：一是订立书院的学规——《白鹿洞书院揭示》，二是请陆九渊来书院讲学。《白鹿洞书院揭示》是朱熹为白鹿洞书院制定的学规，主旨是反对当时官学的科举制度。在朱熹眼里，科举已经成为一种有害无利的"法弊"，他主张"学以明人伦为本""以德行为先"，《白鹿洞书院揭示》的"五教"即体现了他以伦理道德为本位的基本教育思想。在这种教育思想下，朱熹用敬知双修的原则融贯统一了大学与小学、德育与智育、致知与力行，其书院学规要比官学学制更好地体现了传统儒家文化的精神。

淳熙八年（1181）二月，陆九渊来南康访朱熹，请朱熹为陆九龄写墓志铭。二月二十日，朱熹请陆九渊到白鹿洞书院，登堂升席为僚友诸生开讲。陆九渊慷慨激昂地讲说了《论语》中的"君子喻于义，小人喻于利"一章：

> 人之所喻由其所习，所习由其所志。志乎义，则所习者必在于义，所习在义，斯喻于义矣。志乎利，则所习者必在于利，所习在利，斯喻于利矣。……科举取士久矣，名儒钜公皆由此出。今为士者固不能免此。然场屋之得失，顾其技与有司好恶如何耳，非所以为君子小人之辨也。而今世以此相尚，使汩没于此而不能自拔，则终日从事者，虽曰圣贤之书，而要其志之所乡，则有与圣贤背而驰者矣。……诚能深思是身，不可使之为小人之归，其于利欲之习，怛焉为之痛心疾首，专志乎义而日勉焉，博学审问，慎思明辨而笃行之。由是而进于场屋，其文必皆道其平日之学、胸中之蕴，而不诡于圣人。（《陆九渊集》卷二十三《白鹿洞书院论语讲义》）

陆九渊联系科举之弊对义利君子小人的严辨，听者反响很大。陆九渊回忆说："当时说得来痛快，至有流涕者，元晦深感动，天气微冷，而汗出挥扇。"朱熹当场起身离席说："熹当与诸生共守，以无忘陆先生之训。"一再表示："熹在此不曾说到这里，负愧何言。"后来朱熹还提起这件事说："子静来南康，熹请说书，却说得这义利分明，是说得好。如云：'今人只读书便是利，如取解后，又要得官，得官后，又要改官。自少至老，自顶至踵，无非为利。'说得来痛快，至有流涕者。"他便请陆九渊书写了《讲义》（即《白鹿洞书院论语讲义》），刻碑立于白鹿洞书院，还亲自为这篇《讲义》写了跋，称赞"其所以发明敷畅，则又恳到明白，而皆有以切中学者隐微深痼之病，盖听者莫不竦然动心焉"（《文集》卷八十一《跋金溪陆主簿白鹿洞书堂讲义后》）。

陆九渊是根据《白鹿洞书院揭示》发挥义利之说的，实质又是借义利之说阐述了尊德性、道问学的思想，"博学审问，慎思明辨而笃行之"，等于承认了读书讲学的不可废，而由以义立志、以义为习达到学问思辨行，可见陆渊也强调尊德性与道问学的统一，这才是朱熹大为赞赏这篇《讲义》的真正原因。所以《讲义》与其说是显示了陆九渊的巨大成功，不如说恰是证实了他思想的"转步"。众所周知，在南宋理学阵营中，陆九渊之学是与朱熹之学分歧最大的一派，朱熹能破除门户之见，请其登上自己所主持的讲坛，虽不能因此就说这开启了书院讲会之先声，但它对于培育自由讲论的书院学风确有重要的意义。朱熹对白鹿洞书院的复办，成为之后白鹿洞书院兴盛的起点。

（二）修复潭州岳麓书院

岳麓书院在湖南长沙湘江西岸岳麓山下，创建于北宋太宗太平兴国元年（976），至南宋初年，书院遭到战乱的严重破坏。乾道元年（1165），湖南安抚使刘珙复建，为屋五十楹，大抵悉还旧观，并请张栻主持教事。乾道三年，朱熹专程往访张栻，并在书院里讲学，论述《中庸》之义。朱熹在岳麓书院讲堂手书"忠孝廉节"四字，成为岳麓书院代代遵行的校训。

绍熙五年（1194），朱熹出任荆湖南路安抚使、潭州知州，他对岳麓书院进行了修复和扩建。先是请了醴陵贡士黎贵臣充讲书职事，和学录郑一之一起措置岳麓书院。本来书院在乾道间由帅臣刘珙建斋，定养士名额二十人。淳熙末潘畤帅湖南又扩建二斋，增加名额十八。朱熹便扩大书院规模，再增添额外生员十名。每日给米一升四合，钱六十文，不采取补试办法，而由当职通过考察搜访，直接选人。另外又置学田五十顷，供书院祭祀、师生俸廪等用。七月，朱熹发布了一道《潭州委教授措置岳麓书院牒》：

> 契勘本州州学之外复置岳麓书院，本为有志之士不远千里求师取友，至于是邦者，无所栖泊，以为优游肄业之地，故前帅枢密忠肃刘公特因旧基复创新馆，延请故左司侍讲张公先生往来其间，使四方来学之士得以传道授业解惑焉。此意甚远，非世俗常见所到也。而比年以来，师道陵夷，讲论废息，士气不振，议者惜之。当职叨冒假守，蒙被训词，深以讲学教人之务为寄。（《文集》卷一百《潭州委教授措置岳麓书院牒》）

在书院教学方面，朱熹以《白鹿洞书院揭示》作为岳麓书院的学规，以《四书章句集注》作为书院的主要教材，他还亲自到书院讲学。每逢朱熹来视察听学时，教授们先要请他升堂端坐，学子们分坐到八个斋室中。朱熹亲自从装满一百余根签子的签筒中抽八根签子,决定每斋出一人讲解四书五经。据门人廖谦的描述,朱熹在岳麓书院的讲学严整而不含糊,特别重视《大学》中"明明德"的义理:

> 先生至岳麓书院抽签子,请两士人讲《大学》,语意皆不分明。先生遽止之,乃谕诸生曰:"前人建书院,本以待四方士友相与讲学,非止为科举计。某自到官,甚欲与诸公相与讲明。一江之隔,又多不暇。意谓诸公必皆留意,今日所说反不如州学,又安用此赘疣。明日烦教授诸职事共商量一规程,将来参定,发下两学(按,指州学与书院),共讲磨此事。若只如此不留心,听其所之。学校本是来者不拒,去者不追,岂有固而留之之理?且学问自是人合理会底事,只如"明明德"一句,若理会得,自提省人多少。明德不是外面将来,安在身上,自是本来固有底物事。只把此切己做工夫,有甚限量。此是圣贤紧要警策人处,如何不去理会?不理会学问,与蚩蚩横目之泯何异?"(《语类》卷一百六)

廖谦所描述的应该是朱熹初次到岳麓书院查看时士气不振的情况。此后,经过黎贵臣与郑一之的共同措置,书院应有新气象。所以岳麓书院一时成了三湘士子向往的问道圣地,四方学子负笈赶来朝拜道学之魁。朱熹在职事之暇,都有数十上百的学子拥进他的寓斋,八月三日一个常宁士子袭盖卿来谒见问学,当晚与他一起向朱熹求教的竟有七十余人之多。

因为岳麓书院无法容纳这么多的四方学人,所以朱熹计划扩大书院的规模,他委托门人长沙县令饶干寻得湘西精舍的原址,计划重建,后又听从门人陈士直的建议略作更改。但直到他离任时,湘西精舍仍未完工,于是他请继任新帅王蔺继续建设。不久湘西精舍建成,王蔺还应朱熹之请题了"湘西精舍"匾,朱熹十分满意地回信说:"湘西扁榜,饶宰(廷老)寄示,得以仰观,非惟健笔纵横,势若飞动,而心画之正、结体之全,足使观者魄动神竦,甚大惠也。……遂得弹压江山,垂示永久,湘中学者一何幸耶!"(《续集》卷七《答王枢使》)州学、岳麓书院、湘西精舍,构成了"三学"统一的教育体制。

陈荣捷先生指出,除寒泉、武夷、竹林、湘西、白鹿洞、岳麓书院外,

(朱熹)至少在六所其他书院讲过学,为三所书院作记,为另一所书院作诗并附序,为九所书院题匾额,又在某一书院停留较长时间。不计重复,最少与二十四所书院有关。① 朱熹修复白鹿洞书院与岳麓书院,使其兴学校明教化的理想得到进一步的实现。

二、创建精舍

除了任官时整顿官学与重建书院外,朱熹奉祠家居时,还创建了三所精舍作为讲学的场所,分别是寒泉精舍、武夷精舍、竹林(沧洲)精舍。书院的初义为编纂典藏书的场所,精舍则是隐居修炼敬身的场所,至朱熹时,二者演变成讲习之地,在这一通义下,精舍亦称书院或称书院为精舍。此外,在朱熹时代,书院可为官方性质亦可为民间性质,但精舍则纯为民间私人性质,具有独立性和自由性。上面提及的三所精舍纯粹是朱熹私人讲学的场所。到精舍从学的学生,多因仰慕朱熹学问与人格,主动问学。因此朱熹在精舍的教学,与门人的问答,尤其能看出他对学者的教育与期待。

(一)修建寒泉精舍

乾道五年(1169),朱熹母亲祝氏卒。乾道六年,朱熹葬母亲于建阳崇泰里后山天湖之阳寒泉坞,寒泉精舍就建在附近,以便守墓的同时授徒讲学。寒泉精舍是朱熹所建的第一所精舍。关于寒泉精舍的记载不多,束景南认为,朱熹先在建阳西北庐山峰巅的云谷构建了三间草堂,匾曰"晦庵",作为歇脚之所;又在寒泉坞建筑了寒泉精舍,接纳来学士子。朱熹在给蔡元定的信中提到寒泉精舍的规模:"别后两日,稍得观书,多所欲论者。幸会期不远,此只八九间下寒泉,十一二间定望临顾也。"(《续集》卷二《答蔡季通》)朱熹有一首《卜居》诗即是咏叹自己在寒泉精舍的生活:

> 卜居屏山下,俯仰三十秋。终然村墟近,未惬心期幽。近闻西山西,深谷开平畴。茆茨十数家,清川可行舟。风俗颇淳朴,旷土非难求。誓捐三径资,往遂一壑谋。伐木南山颠,结庐北山头。耕田东溪岸,濯足

---

① 陈荣捷:《朱子新探索》,上海:华东师范大学出版社,2007年,第341页。

西溪流。朋来即共欢，客去成孤游。静有山水乐，而无身世忧。著书俟来哲，补过希前修。兹焉毕暮景，何必营菟裘。(《文集》卷四《卜居》)

这里说的"西山"是另外一座山，崇泰里寒泉坞正在西山之西，云谷则在西山之东。自朱熹卜居屏山至乾道六年建寒泉精舍为二十七年，"三十秋"盖虚数。① 西山蔡元定是朱熹非常欣赏的一位弟子，朱熹在给许升的信中说："山间有一二学者相从，但其间绝难得好资质者。近得一人，似可喜，亦甚醇厚，将来亦可望也。斋舍迫狭，已迁在圭甫屋后佛顶庵中相聚矣。"(《文集》卷三十九《答许顺之》)"得一人"说的就是蔡元定。

在云谷晦庵、寒泉精舍时期，正值朱熹思想形成时期。朱熹在乾道三年(1167)去衡山访张栻，观过识仁，乾道五年有了中和新说。在朱熹建立中和新说过程中，蔡元定曾是他重要的讲论者和启发者。朱熹在此时期有大量的著述产出：乾道五年成《太极通书后序》；乾道八年，《论孟精义》《资治通鉴纲目》《八朝名臣言行录》《西铭解义》成书；乾道九年，《太极图说通书》《伊洛渊源录》《程氏外书》成书；淳熙二年(1175)，与吕祖谦共同编纂《近思录》；淳熙四年六月《论孟集注或问》，十月《周易本义》《诗传集注》成。蔡元定是朱熹著作的修改者、校定者和撰写者。在《书近思录后》，朱熹说："淳熙乙未之夏，东莱吕伯恭来自东阳，过予寒泉精舍。留止旬日，相与读周子、程子、张子之书，叹其广大闳博，若无津涯，而惧夫初学者不知所入也。因共掇取其关于大体而切于日用者，以为此编。"这说明《近思录》是寒泉时期的思想探索和著述的总结。

(二) 修建武夷精舍

淳熙十年(1183)，朱熹五十四岁，在武夷山五曲大隐屏下建武夷精舍，四月完工。朱熹曾有名句："一水屡萦回，千峰郁岩峣。苍然大隐屏，林端耸孤标。"(《文集》卷四《游武夷以相期拾瑶草分韵赋诗得瑶字》)。武夷精舍面溪背山，环境极为清幽。朱熹《武夷精舍杂咏·精舍》诗曰："琴书四十年，几作山中客。一日茅栋成，居然我泉石。"(《文集》卷九)"茅栋"即指武夷精舍。朱熹从十五岁去五夫里至五十四岁居于崇安，恰好四十年。武夷精舍建成后，

---

① 束景南：《朱子大传》，北京：商务印书馆，2003年，第290页注②。

至绍熙元年（1190）就任漳州知州，朱熹约有八年时间是在武夷精舍从事著述与讲学。这一时期，前来求学问道的门人众多，但关于精舍中生活的情形，记载不多。

武夷精舍中间正厅为"仁智堂"，堂左是朱熹的起居室，名为"隐求"；堂右是客房，称作"止宿"。还建有学生群居的"观善之斋"。又有房屋可接待方外道流，命名为"寒栖之馆"。

朱熹这一时期的主要著作有：淳熙十三年（1186），三月《周易启蒙》，八月《孝经刊误》；淳熙十四年三月序定《小学》；淳熙十五年，《太极通书》《西铭解义》；淳熙十六年，序定《大学章句》《中庸章句》《中庸或问》等。武夷精舍是朱熹又一次思想总结的场所。

(三) 修建竹林精舍（沧洲精舍）

朱熹在绍熙二年（1191）四月离开漳州，五月归建阳，寓居于同繇桥。绍熙三年，在建阳的考亭筑屋定居。绍熙五年闰十月他被"逐出国门"，十一月返回考亭，十二月竹林精舍成，后匾曰"沧洲精舍"。据陈荣捷考证，《文集》《语类》均无竹林精舍之名，《语类》但云精舍。《文集》三言沧洲精舍。而《文集》编在朱子死后数十年，沧洲精舍决非朱子本人所改。后人改竹林精舍为沧洲精舍可能因为竹林精舍禅味太浓之故。[1]

在沧洲精舍建成后第二天举行隆重的释菜仪式上，朱熹大谈为学之要，据叶贺孙记载：

> 新书院告成，明日欲祀先圣先师，占有释菜之礼，约而可行，遂检《五礼新仪》，令具其要者以呈。先生终日董役，夜归即与诸生斟酌礼仪。鸡鸣起，平明往书院，以厅事未备，就讲堂行礼。宣圣像居中，兖国公颜氏、郕侯曾氏、沂水侯孔氏、邹国公孟氏西向配北上并纸牌子。濂溪周先生、东一。明道程先生、西一。伊川程先生、东二。康节邵先生、西二。司马温国文正公、东三。横渠张先生、西三。延平李先生、东四。从祀。亦纸牌子。并设于地。祭仪别录。祝文别录。先生为献官，命贺孙为赞，直卿、居甫分奠，叔蒙赞，敬之掌仪。堂狭地润，颇有失仪。但献官极其

---

[1] 陈荣捷：《朱子新探索》，上海：华东师范大学出版社，2007年，第317—320页。

诚意，如或享之，邻曲长幼并来陪。礼毕，先生揖宾坐，宾再起，请先生就中位开讲。先生以坐中多年老，不敢居中位，再辞不获，诸生复请，遂就位，说为学之要。午饭后，集众宾饮，至暮散。(《语类》卷九十)

竹林精舍奉安的先圣先师是孔子，以颜渊、曾子、子思、孟子配，又以周敦颐、程颢、程颐、邵雍、张载、司马光、李侗从祀。精舍的教育同样贯彻了《白鹿洞书院揭示》的精神，朱熹在释菜仪上谕告学者的"为学之要"，实际上提出了他办沧洲精舍的基本教育思想，即把"学道"作为教育的最高目的，认为读书学习是为了"道义"而不是为了"利禄"，为了"学道"而不是为了"学文"，为了"作好人"而不是为了"作贵人"。达到"学道"的三个根本环节是立志、熟读、精思，而以立志为第一。朱熹对沧洲精舍学者的根本要求就是"更能反求诸己，真实见得，真实行得"，"就自己身心上存养玩索，着实行履"。他说的"立志"第一，正是指这种实行实做的道德修养工夫，故他说："圣贤所说千言万语，都无一字不是实语，方始立得此志。就此积累功夫，迤逦向上去，大有事在。"(《文集》卷七十四《又谕学者》)这成了他晚年同沧洲精舍学者讲学的基调。

此后朱熹在沧洲精舍讲学以终。朱熹所建的三所精舍中，以竹林（沧洲）精舍最重要，与前两所相比，讲学于此的时间并不长，但因为朱熹晚年时思想体系最为完善，教学方法也最为完备，所以朱熹在此培养了大量弟子，《朱子语类》中的语录许多出自竹林（沧洲）时期，通过这些记载，我们可略推朱熹在此讲学的生活状况、上课情形、教学内容及他与门人互动的情形。

精舍的读书生活自有一套严格的规矩。王过在绍熙五年（1194）之后所记录的精舍一日生活的开始，类似佛寺每日晨课般严整：

先生每日早起，子弟在书院，皆先着衫到影堂前击板，俟先生出。既启门，先生升堂，率子弟以次列拜炷香，又拜而退，子弟一人诣土地之祠炷香而拜。随侍登阁，拜先圣像，方坐书院，受早揖，饮汤少坐，或有请问而去。月朔，影堂荐果酒；望日，则荐茶；有时物，荐新而后食。(《语类》卷一百七)

精舍的上课讲学，也有一套规矩。如黄义刚记载："包显道领生徒十四人来，四日皆无课程。先生令义刚问显道所以来故，于是次日皆依精舍规矩说《论语》。"（《语类》卷一百一十九）包扬（字显道）率领十四名学生访问精舍，起初当作客人，不参与精舍的课程。但朱熹让黄义刚问包显道的来意，知道是来求学之后，就按照规矩让他们参加讲论。讲论的过程可能是门人先讲解经书的文义，朱熹再加评论。如潘植记载门人讲《论语·泰伯篇》"民可使由之章"的情形："植云：'民可使之仰事俯育，而不可使之知其父子之道为天性；可使之奔走服役，而不可使之知其君臣之义为当然。'及诸友举毕，先生云：'今晚五人看得都无甚走作。'"（《语类》卷三十五）门人也常针对不懂的地方提出疑问，朱熹必详细解答。

精舍当然是以论学穷理为目的，但可能也有青年人随班附读作举业的情形。朱熹在给黄榦的信中就提到："伯崇之子见留精舍，随敬子作举业，亦淳谨朴实可喜也。"（《续集》卷一《答黄直卿》）伯崇是范念德的字，范念德是朱熹的连襟。范念德的孩子是朱熹的外甥，此时可能寄居于姨丈家，而附读于精舍，跟随李燔（字敬子）作举业。这说明朱熹的家庭生活与精舍讲学有重叠，举业可能亦是精舍讲学的一部分。

从朱熹的《沧洲精舍谕学者》，可看出精舍的讲论以《四书》、经书、北宋理学家著作为重点。他责备有的学生不曾下功夫苦读，只是泛然发问：

> 今人说要学道，乃是天下第一至大至难之事，却全然不曾着力，盖未有能用旬月功夫，熟读一卷书者。及至见人泛然发问，临时凑合，不曾举得一两行经传成文，不曾照得一两处首尾相贯，其能言者，不过以己私意，敷演立说，与圣贤本意义理实处，了无干涉，何况望其更能反求诸己，真实见得，真实行得耶？如此求师，徒费脚力，不如归家杜门，依老苏法，以二三年为期，正襟危坐，将《大学》《论语》《中庸》《孟子》，及《诗》《书》《礼记》、程、张诸书分明易晓处，反复读之，更就自己身心上存养玩索，着实行履，有个入处，方好求师。证其所得而刊其谬误，是乃所谓就有道而正焉者，而学之成也可冀矣。如其不然，未见其可，故书其说，以示来者云。（《文集》卷七十四《沧洲精舍谕学者》）

由此可见，沧洲精舍讲论不是基础教学，而是要求门人先打好经书的基础，又切实存养实践后，再来求师问学。《朱子语类》是朱熹与门人问答记录的汇集，记载自乾道六年（1170）开始到庆元五年（1199）为止约三十年间朱熹与门人的论学问答，有许多是在竹林精舍时期的问答。《朱子语类》共有一百四十卷（黎靖德编），其中讲论《四书》的有五十一卷，讲论《六经》的有二十七卷，讲论周程张邵著作的有七卷，合计八十五卷，占全部卷数的60%，可见朱熹讲学的确以《四书》《六经》、北宋理学家著作为重心，尤以《四书》为重。若再详看《语类》的记录，可看到朱熹与门人逐章逐句讨论经书的文义及所蕴含的道理，因此可以推测，精舍中的教学讲论应该也是事先有计划，逐日有课程，循序渐进。

但精舍论学决不只是偏重知识的读书讲论，而是合读书穷理与德行修养为一的完整人格教育。事实上，朱熹对门人有更高的期待。他并不希望门人们只是修身养性，作一乡善士；更希望他们学道爱人，推己及人，随分施为，扩展人伦教化，使天下人都能自明其明德。朱熹劝勉门人要各司其职，致力于教化，他说："荀悦曰：'教化之行，挽中人而进于君子之域；教化之废，推中人而堕于小人之涂。'若是举世惄地各举其职，有不能者亦须勉强去做，不然，也怕公议。既无公议，更举无忌惮了！"（《语类》卷一百八）他日常就以身作则，作道德实践的榜样，也常趁机对门人进行教育，如刘炎记载：

> 侍先生到唐石，待野叟樵夫，如接宾客，略无分毫畦町，某因侍立及之。先生曰："此一等人，若势分相绝，如何使他得以尽其情？"唐石有社仓，往往支发不时，故彼人来告。先生云："救弊之道，在今日极是要严。不严，如何得实惠及此等细民。"（《语类》卷一百七）

这处记载是朱熹仁民爱物襟怀的真实呈现。可能因对门人的期待很高，他有时对门人的责备也很严厉。如陈淳就曾记录，朱熹生病时仍不断地迎接宾客，左右门人有人劝他要稍微节制休息，他就厉声责备道："你懒惰，教我也懒惰！"（《语类》卷一百七）

由于交通不便，遍布各地的门人不容易到精舍亲自求学问道，于是朱熹常与门人函授教学。所谓函授教学，是指门人写下读书心得或疑问，寄给朱熹，朱熹加以批改或解答疑问，再寄回。较特别的例子是宋若水之子宋之源（字深之）、宋之润（字泽之）、宋之汪（字容之）三兄弟。据陈荣捷考证，宋氏三兄弟没有与朱熹会面的证据，但朱熹曾在书信中详细解答其学问上的疑问。《文集》中，朱熹给门人的书信，也是以答问论学为主。朱熹的精舍教育最能发挥他的理学理想，即便在庆元党禁的肃杀气氛下，仍有门人从游于精舍中，相与讲学不辍。这些及门弟子真正仰慕并相信朱熹学说，正是日后传递朱熹人伦教化理想的一股重要力量。

朱熹晚年于沧洲精舍完成了很重要的礼学、文学著作。如庆元元年（1195），《楚辞集注》成；庆元二年，《仪礼经通解传》成；庆元三年，《韩文考异》成。

三、朱熹书院教育的影响

朱熹通过修复书院、创建精舍，教学授徒，培养了大量门人弟子。门人弟子对朱熹的事业有重要的推广作用，首先体现在他们继续朱熹的教育事业，创立书院，或者在书院中任教，为朱子理学成为统治思想奠定了坚实的基础。朱熹门人通过整顿官学，建立书院，仿用朱熹所定的学规，教授朱熹的著作，使朱熹的教化理想不断地传递与扩散，对地方社会的教化影响极为深远。

除整顿地方官学外，又有一部分门人创设书院传播朱熹的思想。朱子门人所创设的书院可分为两类，一类是担任地方官时建立的官立书院，一类是私人讲学书院。在官立书院方面，陈宓、王埜、江万里、赵顺孙曾创立书院。陈宓知南剑州时，创设延平书院，以白鹿洞学规为规式。王埜知建宁府时，创立建安书院，又设朱熹祠堂，以真德秀配祀。江万里知吉州时，创设白鹭洲书院，权知隆兴府时，又创宗濂书院。朱熹三传弟子赵顺孙在度宗时，知平江府，筑学道书院讲学。在私人讲学书院方面则有辅广、曾兴宗、饶鲁、魏了翁等人。辅广在嘉定初年得罪了史弥远，奉祠而归。他返乡后建传贻书院，讲学授徒。曾兴宗亦自创精舍讲学。黄榦门人饶鲁屡召不起，作朋来馆以居学者，又作石洞书院讲学。私淑朱熹的魏了翁分别在蒲江及靖州城北两筑鹤山书院，讲学授徒。此外，黄榦与黄绩所筑的书院，则无法判断属官方还是私人性质。黄榦在知汉阳军时，"即郡治后凤栖山为屋，馆四方士，立周、程、游、朱四先生祠"①。黄绩"从陈师复、潘谦之二子游。及二子卒，同门友筑东湖书堂，而请田于官以祀之，续约聚讲如二子规约，由是学者皆就正于先生"②。门人创设书院，模仿白鹿洞学规，以朱熹思想为依归，讲授理学，培育更多具有相同理想的士人，使朱熹的教化理念广泛地散播到各地。

朱熹门人在书院中讲学，则更能亲切地宣扬理学。在朱熹的门人中，李燔、张洽、黄义勇都曾担任白鹿洞书院堂长。庆元党禁之后，诏访遗逸，九江守以李燔荐，但他未赴召。于是九江守请他任白鹿书院堂长，"学者云集，讲学之盛，它郡无与比"。张洽应袁甫的聘请，出任堂长，整顿白鹿洞书院。黄义勇是在陈宓知南康军时，受聘为白鹿洞书院堂长。林用中、陈宓、黄榦、包定、陈文蔚也都曾讲学于白鹿洞书院。门人创设书院，或掌政地方时，也多聘请同门朋友主讲于书院中。如陈宓创延平书院，延请蔡念成、李燔、杨复、林羽、邓邦老等同门任堂长或讲学。可见陈宓建立书院发扬朱子学的用心。朱熹再传蔡杭守婺州时，也聘请朱熹三传王柏主教丽泽书院、上蔡书院。此外，如陈埴、叶士龙都曾讲学于书院。门人及再传弟子任教于书院，同门朋友间彼此援引，虽易于形成门户之见，但无形中也团结成一股力量，持续扩大理学的影响力。

其次，朱熹在书院教育的同时著书立说，编成很多重要教材，特别是其《四书》体系对后世影响巨大。南宋末期理学思想的正统化固然与当时的政治运用、内外情势有关，但也不可忽视朱熹的门人与私淑的贡献。他们不断多渠道努力，希望促使政府解除对理学的禁令，又将朱熹的《四书章句集注》与《白鹿洞书院揭示》引入太学，并请求以北宋五子与朱熹从祀孔子。宁宗朝（1195—1224）后期，太学采用朱熹的《语孟集注》作为教科书，朱熹、吕祖谦、张栻、周敦颐、程颢、程颐、张载等理学家陆续获朝廷追加谥号，得到政治肯定。理宗朝（1225—1264）更将周敦颐、张载、二程兄弟与朱熹

---

① 〔清〕黄宗羲原著、全祖望补修：《宋元学案》卷六十三《勉斋学案》，陈金生、梁运华点校，北京：中华书局，1986年，第2036页。
② 〔清〕黄宗羲原著、全祖望补修：《宋元学案》卷七十《沧洲诸儒学案下》，陈金生、梁运华点校，北京：中华书局，1986年，第2340页。

列为孔子的从祀,接受理学为国家正统思想。理学思想成为南宋正统思想的历程漫长且曲折,除了政治因素外,朱熹门人的努力也值得探讨。

宁宗嘉定年间(1208—1224),官学教材进一步列入周、张、程、朱的重要著作,并促使科举官学、官设书院、民间书院在教育士子时,兼重举业与性理之学,使理学的传播日广。理学与科举结合,固然会产生一些弊病,然而士子经由举业,亦可习得性命义理之学。理学思想传播到全国各地后,也感动了真正向往明德新民理想的读书人,并使之在地方社会生根。

最为重要的是,朱熹通过书院教育,培养了大量弟子,一方面,朱熹的门人及再传弟子继承他的教化理念,随分施为,持续推广各种道德教化事业,使儒家成德之教深入民间。他们接续朱熹的批判精神,尝试以道德理性正君心并合理化政治运作,然而南宋晚期君昏臣暗,权臣当政,理性与道德批判所能发挥的影响力微乎其微。另一方面,朱熹的门人及再传弟子在地方社会所推行的教化事业则产生了重要的影响。他们持续兴学校明教化,有官门人仕宦所及,整顿官学,兴建新书院;未仕的门人也创办私人书院,或在书院中讲学。以朱熹著作为教材的学校教育日渐普及,使朱熹的修己治人、明德新民的教化理想深入民间。于是经过朱熹门人及再传弟子的持续努力,儒家的成德之教不断深入民间,逐渐成为庶民的生活与精神的指导。

第四章　朱熹大学教育的教材、教法及学规

朱熹是一位教育理论家，同时也是一位有着教育理想的实践者。在教育实践上，朱熹著书讲学、整顿县学州学、修复书院、创建精舍、编订教材、探索教学法、制定学规。纵观朱熹一生对待教育的态度，可知他忧学旨之不明、肩传道之重任、笃教学之精审，莫不恳切。朱熹著书立说，为了教育；办书院教授弟子，也是为了教育，可以说，朱熹一生主要精力都花在了教育上。朱熹为什么这么看重教育？这源自他对宇宙、人生的认识。朱熹在《大学章句》《中庸章句》中阐发了"性即理"的基本看法。在他看来，人出生以后，由于受到气禀的影响，形成了有善有恶的气质之性，人只有不断地学习、修炼，才能回复纯然至善的本性，这就是其念念不忘读书、教育的根本原因。《四书章句集注》是朱熹一生用功编订的儒家经典，它集中体现了朱熹的理学思想以及教育理念。《四书章句集注》在南宋已经受到理宗的表彰，后来成为元明清三代科举制度的指定教材，对中国人的思想意识、文化心理结构等都产生了深远而持久的影响。同时，朱熹还是最重视读书的理学家，《朱子读书法》即是弟子整理他的相关言论，经过后学的进一步阐发和改编，以及书院和官学的提倡，逐渐成为理学家都认可并推行的读书方法。朱熹还订立了著名的《白鹿洞书院揭示》，成为书院的普遍学规，至今仍然在一些书院中发挥着校训的作用。在大学教育阶段，朱熹依然有着丰富的教育实践经验、大量的教育专著以及体系化的教育思想总结，这些共同构成朱熹的教育思想体系，实现其"修道之谓教"的理学教育理念。

本章共分三节，第一节《〈四书章句集注〉的编纂、理学思想及其历史影响》，第二节《〈朱子读书法〉的教育理念及其现代价值》，第三节《〈白鹿洞书院揭示〉的教育理念及其影响》。

第一节 《四书章句集注》的编纂、理学思想及其历史影响

继隋王通、唐韩愈、李翱等对《大学》《中庸》《论语》等先秦儒家经典进行一定程度的阐发之后，北宋儒者普遍意识到《论语》《孟子》《大学》《中庸》的重要性，同时对这些经典做了自己的阐释，特别是二程对《四书》体系的形成起了重大作用。程颐说："学者当以《论语》《孟子》为本。《论语》《孟子》既治，则《六经》可不治而明矣。"（《二程遗书》）尽管二程极其重视《大学》《中庸》《论语》《孟子》，但他们没有对其进行系统阐释，也没有将它们合编为一体。但二程对它们的表章为朱熹编纂《四书章句集注》提供了先决条件，朱熹倾其毕生精力，不断整理、注释、修改，《四书》体系最终确立起来。朱熹不仅合编了《四书》，使之在形式上成为独立于《五经》之外的又一经学体系，而且他用毕生精力为之做注释，其《四书章句集注》具有融合经学和理学的特点，所以能从无数注释文本中脱颖而出，成为元明清三代科举考试的指定教材。这不仅确立了朱熹理学在后世的地位，也重新确立了儒学在社会意识形态中的统治地位。与《六经》一样，《四书》的形成也并非一人、一时整理完成的。但一般认为，《六经》是由孔子整理而成，《四书》则由朱熹整理、合编，《四书》之于朱熹，正如《六经》之于孔子。

一、《四书章句集注》的编纂过程

淳熙九年（1182），《四书章句集注》初刻于婺州（治所在今浙江省金华市）。合刻后，朱熹又对其不断地修改，直至临终前三天仍在改《大学》"诚意章"。从编《论语要义》算起，《四书章句集注》的编纂历时四十余年。朱熹说："某于《论》《孟》，四十余年理会，中间逐字称等，不教偏些子。学者将注处，宜子细看。"（《语类》卷十九）又说："《论语集注》如秤上称来无异，不高些，不低些。"（《语类》卷十九）朱熹对《论语》用力最为精勤，先后作过《论语要义》《论语训蒙口义》《论孟精义》《论孟集义》《论语集注》《论语或问》等。集注和章句两种不同的体例，在编写过程中也是几经改动。

（一）《论孟集注》的编纂

据《朱熹年谱》，孝宗隆兴元年（1163），朱熹三十四岁，撰成《论语要

义》《论语训蒙口义》。《论语要义》是《论语集注》的最初蓝本，流传不广，早已没有传本。不过《论语要义》和《论语训蒙口义》的序文却保存了下来。《论语要义目录序》云：

> 熹年十三四时，受其说（按，指二程《论语》说）于先君，未通大义而先君弃诸孤。中间历访师友，以为未足，于是遍求古今诸儒之说，合而编之。诵习既久，益以迷眩，晚亲有道，窃有所闻，然后知其穿凿支离者固无足取，至于其余，或引据精密，或解析通明，非无一辞一句之可观。顾其于圣人之微意，则非程氏之俦矣。隆兴改元，屏居无事，与同志一二人从事于此，慨然发愤，尽删余说，独取二先生①及其门人朋友数家之说，补缉订正，以为一书，目之曰《论语要义》。（《文集》卷七十五《论语要义目录序》）

在朱熹看来，北宋邢昺《论语注疏》的特点是"于章句训诂名器事物之际详矣"，但是义理不详，神宗熙宁年间（1068—1077），王安石父子注解《论语》"尽废先儒之说，妄意穿凿"，只有二程正确阐发《论语》义理。朱熹在十三四岁时就由父亲传授二程学说，但是"未通大义"，父亲去世后，他遍访师友，遍求诸儒之说，自编一部《论语》注解，但渐渐觉得此编"穿凿支离"，不合二程理学。于是在隆兴元年（1163），朱熹再编纂了一部《论语要义》。根据序文可知，朱熹写《论语要义》是为了纠正邢昺《论语注疏》的"疏于义理"和王安石的"妄意穿凿"，运用二程学说阐发《论语》义理。同时，朱熹又有《论语训蒙口义》，其序云：

> 予既序次《论语要义》，以备览观，暇日又为儿辈读之。大抵诸老先生之为说，本非为童子设也，故其训诂略而义理详。初学者读之，经之文句未能自通，又当遍诵诸说，问其指意，茫然迷眩，殆非启蒙之要。因为删录，以成此编。本之注疏，以通其训诂；参之《释文》，以正其音读。然后会之于诸老先生之说，以发其精微。一句之义，系之本句之下；

---

① "独取二先生"据王懋竑《朱熹年谱》补。

一章之指，列之本章之左。又以平生所闻于师友而得于心思者，间附见一二条焉。本末精粗，大小详略，无或敢偏废也。然本其所以作，取便于童子之习而已，故名之曰《训蒙口义》。（《文集》卷七十五《论语训蒙口义序》）

由序文得知，朱熹编纂《论语训蒙口义》是专为初学者所作，其体例是兼顾训诂和义理，后来《四书章句集注》便是融合了《论语要义》和《论语训蒙口义》的长处。

《孟子集解》的编纂开始于绍兴年间。绍兴二十五年（1155），朱熹二十六岁。此年，朱熹同安主簿任满，因代者未至，送老幼归里，在泉州候职，批读《孟子》。绍兴三十年冬，朱熹到延平与李侗相见，讨论的中心问题是如何在"用"上下功夫，达到体用无间的"洒然融释"。李侗一再让他"观心廓然""遇事廓然"。二人又讨论孟子"养气"章，李侗进一步引导他在分殊上做格物致知工夫。见李侗归后，朱熹以"养气章"为纲完成了一部《孟子集解》，这与苏辙摒弃"养气"说的解《孟》著作针锋相对。乾道二年（1166）、三年朱熹对《孟子集解》做了全面修改，张栻、何镐、魏掞之、柯翰、范念德、林用中、许升、陈齐仲、徐元聘一起同他讨论修订，朱熹戏称《孟子集解》是"古今集验方"。其间，何镐向他提供了《孟子遗说》，多被采用，二人往来信件讨论《遗说》的得失和《孟子集解》的去取达三十一条之多。乾道五年中和新说确立后，朱熹又有全面修改《孟子集解》的想法，其后至乾道七年完成修改，这次帮他修订的有张栻、吕祖谦、蔡元定、杨方、李伯谏。

在此之后，朱熹又将《论语》《孟子》注解合著，作《论孟精义》。乾道八年（1172），朱熹四十三岁，《论孟精义》成书。《论孟精义》计《论语》二十卷、《孟子》十四卷，又各有《纲领》一篇，不入卷数。其序云：

《论》《孟》之书，学者所以求道之至要，古今为之说者，盖已百有余家。然自秦汉以来，儒者类皆不足以与闻斯道之传。……宋兴百年，河洛之间，有二程先生者出，然后斯道之传有继。其于孔子、孟氏之心，盖异世而同符也。故其所以发明二书之说，言虽近而索之无穷，指虽远而操之有要，使夫读者非徒可以得其言，而又可以得其意；非徒可以得其意，而又可以并其所以进于此者而得之。其所以兴起斯文，开悟后学，可谓至矣。间尝搜辑条疏，以附本章之次，既又取夫学之有同于先生者，若横渠张公、范氏、二吕氏、谢氏、游氏、杨氏、侯氏、尹氏，凡九家之说，以附益之，名曰《论孟精义》。（《文集》卷七十五《语孟集义序》）

据其序文，此书主要收集二程之说，又收集了张载、范祖禹、吕大临、吕大钧、谢良佐、游酢、杨时、侯仲良、尹焞等九家之说。《精义》所引注释，除二程、张载、范祖禹之外，其他七人都是二程的弟子，这意味着《精义》是以二程理学为主导的诠释著作，总体指导思想与《论语要义》无大差别。然而，朱熹此时对汉魏注和宋注都有了新认识："汉、魏诸儒正音读、通训诂、考制度、辨名物，其功博矣。学者苟不先涉其流，则亦何以用力于此？"（《文集》卷七十五《语孟集义序》）而近世诸儒的注释则"以其荒幻浮夸，足以欺世也，而流俗颇已乡之矣，其为害岂浅浅哉！顾其语言气象之间，则实有不难辨者"（《语孟集义序》）。《论孟精义》重新修订、刊发过数次，书名也发生了数次改变。《朱熹年谱》曰："是书后名《要义》，又改名《集义》。"《书语孟要义序后》云：

熹顷年编次此书，锓版建阳，学者传之久矣。后细考之，程、张诸先生说尚或时有所遗脱。既加补塞，又得毗陵周氏说四篇有半于建阳陈焊明仲，复以附于本章。豫章郡文学南康黄某商伯见而悦之，既以刻于其学，又虑夫读者疑于详略之不同也，属熹书于前序之左，且更定其故号"精义"者曰"要义"云。（《文集》卷八十一《书语孟要义序后》）

此时正值淳熙七年（1180），距《精义》成书已过八年。《论孟精义》初刻于建阳，流传一段时间后，随着认识的加深和新资料的增加，朱熹做了一些增补，并刻于豫章郡，更名曰《要义》。显然，豫章版《要义》与隆兴元年（1163）的《要义》的内容和用意有所不同。"盖至其时，朱子已见所收《精义》未必精，而仍不要都废了，故又改称《要义》，乃与其三十四岁时作《论语要义》时取名《要义》之意又不同。盖先之称《要义》，表其重视。后称《精义》，表其更重视。后又改称《要义》，则表其不复如称《精义》时之重视。"① 而这部《要义》后来又改名为《论孟集义》，虽是《精义》的再版，但在内容上却有详略的不同，非仅书名上的一字之差，这一字之改表明朱熹的用意又发生了变化，"既不称'精'，亦不称'要'，只称《集义》，则只是集此诸家之说而已"②。从此这部书再也没有用过《精义》的旧名，所以，现今《四库全书》收录的《论孟精义》并非朱熹最初完成的《精义》，实为《论孟精义》之增订本，依朱熹对这部书的最后定名，应称为《论孟集义》。

《论孟集义》在《论孟集注》成书之后并没有被朱熹废弃。朱熹曾说："如《精义》，诸老先生说非不好，只是说得忒宽，易使人向别处去。某所以做个《集注》，便要人只恁地思量文义。晓得了，只管玩味，便见圣人意思出来。"（《语类》卷二十一）于是，淳熙二年（1175），朱熹写成《论语集注》，而于次年写成《孟子集注》。淳熙四年，朱熹四十八岁，把《论语集注》《论语或问》《孟子集注》《孟子或问》定稿。《朱熹年谱》有曰：

> 先生既编次《论孟集义》，又作《训蒙口义》。既而约其精粹、妙得本旨者为《集注》，又疏其所以去取之意为《或问》。然恐学者转而趋薄，故《或问》之书未尝出以示人。时书肆有窃刊行者，亟请于县官追索其板，故惟学者私传录之。其后《集注》删改日益精密，而《或问》则不复厘正，故其去取间有不同者，然辨析毫厘，互有发明，亦学者所当熟味也。③

由于《集注》经历了反复修改，多次刊行，所以不同版本的《集注》内容不完全一致。朱熹在六十七岁时写给孙敬甫的信中仍说："南康《语》《孟》，是后来所定本，然比读之，尚有合改定处，未及下手。义理无穷，玩之愈久，愈觉有说不到处。"（《文集》卷六十三《答孙敬甫》）正因《集注》经历

---

① 钱穆：《朱子新学案》，成都：巴蜀书社，1986年，第130页。
② 钱穆：《朱子新学案》，成都：巴蜀书社，1986年，第131页。
③ 〔清〕王懋竑：《朱熹年谱》，何忠礼点校，北京：中华书局，1998年，第76—77页。

了数次修改,所以《或问》中保留下来的关于《集注》的问语中,往往与今本《集注》有不同之处。总起来说,朱熹治《论语》,先成《要义》,后成《精义》,皆是只采前说,不自立论。《论孟集注》在形式上虽是集合诸家的注释,但它却是朱熹反复筛选,精益求精,反复磨砺之后的一家之言。许谦说:"《论语》《孟子》者,斯道之阃奥也。繇汉而还,解之者率有不获;至二程夫子肇明厥旨,今散见《遗书》。嗣时以后,诸儒所著,班班可考。然各以所见自守,有得有失,未有能搜抉融液,折诸理而一之者。子朱子深求圣心,贯综百氏作为《集注》,竭生平之力始集大成,诚万世之绝学也。"(《论孟集注考证原序》)许谦评价《集注》乃是"贯综百氏"的"集大成",毫不为过。

(二)《大学章句》《中庸章句》的编纂

《大学章句》《中庸章句》也经历长期的创作、修改、定稿。两书最早是以集解的形式成书。绍兴年间,朱熹编成《大学集解》,以抄本流传,乾道二年(1166)做了一次全面修订,乾道五年以后,随同敬知双修学问大旨的确立,朱熹把小学工夫与大学工夫统一成一个体系,在《大学集解》的基础上写出一本新书。乾道七年,朱熹再在《大学集解》的基础上取诸家之说,写成《大学章句》的初稿。乾道六年,朱熹依据中和新说修订了早年关于《中庸集说》的旧稿,将其定名为《中庸集解》,并与吕祖谦展开讨论。乾道八年,朱熹在《中庸集解》的基础上,撰写了《中庸章句》的初稿。

淳熙二年(1175),朱熹自鹅湖之会归来,开始修改《大学章句》《中庸章句》,年底完成。这年与张栻书云:"《〈中庸〉〈大学〉章句》缘此略修一过,再录上呈。然觉其间更有合删处。《论语》亦如此草定一本,未暇脱稿。《孟子》则方欲为之,而日力未及也。"(《文集》卷三十一《答张敬夫》)可见,此时《〈大学〉〈中庸〉章句》和《论孟集注》都在修改之中。通常朱熹在修改之后,还要广泛征集当时学者的意见,以便进一步完善。

淳熙四年(1177),朱熹经过修改,序定了《大学章句》和《中庸章句》,并写成了《大学或问》和《中庸或问》。朱熹认为,经文、《章句》、《或问》之间有一定的关联,读者须分清主次,切勿舍本逐末,他说:"看《大学》,且逐章理会。须先读本文,念得,次将《章句》来解本文,又将《或问》来参《章句》。"(《语类》卷十四)此后朱熹又进一步修改《章句》。淳熙十六年,朱熹六十岁,二月序《大学章句》,三月序《中庸章句》,这标志两书编纂工作的完成。《年谱》有曰:"二书定著已久,犹时加窜改不辍。至是,以稳洽于心而始序之。又各著《或问》,《中庸》又有《辑略》。"① 据钱穆先生考证,朱熹在六十二岁时仍在修改《大学章句》《中庸章句》。②

《大学》作为"初学入德之门",在朱熹心中有着特殊地位,所以他对《大学章句》特别谨慎。在序定《大学章句》之后,朱熹仍对《大学》注释不断产生新看法,他说:"《中庸解》每番看过,不甚有疑。《大学》则一面看,一面疑,未甚惬意,所以改削不已。"(《语类》卷十九)钱穆认为,此条应在朱熹六十五岁之后所闻。③ 尽管《大学章句》《中庸章句》最终序定是在朱熹六十岁(1189)时,但他对《大学》和《中庸》的思考并没有就此终止,直到在易篑前三日,仍在修改《大学》"诚意章"。也许对朱熹来说,理学和经学诠释都没有最终的完成式,只有不断被赋予崭新内涵的进行式。

《大学章句》是朱熹尤为看重的一部著作,《语类》载:

> 或问朱敬之:"有异闻乎?"曰:"平常只是在外面听朋友问答,或时里面亦只说某病痛处得。"一日,教看《大学》,曰:"我平生精力尽在此书。先须通此,方可读书。"(《语类》卷十四)

又说:

> 某于《大学》用工甚多。温公作《通鉴》,言:"臣平生精力,尽在此书。"某于《大学》亦然。《论》《孟》《中庸》,却不费力。(《语类》卷十四)

他还把《大学章句》和《周易启蒙》相提并论,认为二书是自己思想的代表作。《语类》载:"说《大学》《启蒙》毕,因言:'某一生只看得这两件文字透,见得前贤所未到处。若使天假之年,庶几将许多书逐件看得恁地,

---

① 〔清〕王懋竑:《朱熹年谱》,何忠礼点校,北京:中华书局,1998年,第198页。
② 钱穆:《朱子新学案》,成都:巴蜀书社,1986年,第1379页。
③ 钱穆:《朱子新学案》,成都:巴蜀书社,1986年,第1382页。

煞有工夫。'"(《语类》卷十四)《周易启蒙》成书在朱熹五十七岁时，至此也有十年以上。由此可见，朱熹注经有着一丝不苟、精雕细琢、追求完美的特点，他绝非为了阐发义理而脱离经书文本。

(三)《四书章句集注》的合编

朱熹对《论语》《孟子》《大学》《中庸》的注释经历了漫长的过程，在这一过程中，不仅《集注》和《章句》的内容不断得到修正，而且名称也有所改变。"四书"这个名词的出现较晚。淳熙九年（1182），朱熹在浙东提举任上，首次把《四书》合为一集刻于婺州。"这个宝婺刻本，是朱熹首次把《大学章句》《中庸章句》《论语集注》与《孟子集注》集为一编合刻，经学史上与'五经'相对的'四书'之名第一次出现。"[①]《四书》合刻后，朱熹于淳熙十三年对《四书章句集注》作了修改。修改后的本子于同一年分别由詹仪之刻印于广西静江、赵汝愚刻印于四川成都。这两个本子后来又作了较大修改，与朱熹晚年定本有些出入。淳熙十五年，朱熹在以往修改的基础上，对《四书章句集注》又作了一次大的修改，但这个版本并没有刻印。

绍熙元年（1190）朱熹在漳州刊印《四经》《四子》，《四经》指《诗》《书》《易》《春秋》，《四子》指《大学》《中庸》《论语》《孟子》，朱熹有时称《四书》为《四子》。绍熙三年，由曾集将《四书章句集注》刻印于南康（治所在今江西省庐山市），流行一时，成为朱熹弟子传习的主要本子。后来朱熹对南康本作了修定，并于庆元五年（1199）逝世前数月刻板于建阳，这就是《四书章句集注》最后的定本。朱熹经历了数次修改、刊刻，最终才完成《四书章句集注》的编纂。只有了解了朱熹注释《四书》的艰辛漫长的过程，才能全面而深刻地理解《四书章句集注》的内容，进而体会朱熹所编《四书章句集注》的真正价值。

束景南对《四书》体系的意义有一段总结："《大学》的规模是三纲八目，《论语》的根本是'吾道一以贯之'，《孟子》的发越是'存心''养心''尽心—知性—知天'，《中庸》的微妙是'诚'。朱熹的四书学就以这传统儒学文化的四条精神血脉建起来一个庞大的理学体系，使四书成为五经登堂入室的阶梯。……四书的并行与程朱四书学体系的完成在儒家传统文化史上的意义可

[①] 束景南：《朱子大传》，北京：商务印书馆，2003年，第814页。

以同董仲舒建议汉武帝'独尊儒术、罢黜百家'相提并论,如果说董仲舒的表彰六艺使孔学经学化,使六经取得了统治思想的地位;那么程朱的表彰四书就使经学理学化,使四书夺取了六经的垄断地位。"① 可见,"四书"在经学史、儒学史上都有着重要地位和意义。

二、《四书章句集注》的理学教育思想

《四书章句集注》是朱熹理学思想体系的重要载体,也是解释朱熹教育思想、实践以及成就的一把钥匙。《大学章句序》集中体现了朱熹理想中的教育制度和理念,《大学章句》"格物补传"解释了教育的目标和途径方法,体现了朱熹教育兼重知识和德性的目标。《中庸章句序》提出了儒家道统体系以及人心道心问题,是理学心性论的重要论述。《论孟集注》开头有《读论语孟子法》,也是朱熹对读书、为学的基本理念的贯穿。要之,《四书章句集注》蕴含的理学思想解答了朱熹教育思想中为何要教育,教育的目标是什么,以及如何教育等重要问题。

(一) 教育的必要性

朱熹在解释"天命之谓性,率性之谓道,修道之谓教"(《中庸》)时,说明了教育的原因、必要性以及可能性,他说:

> 命,犹令也。性,即理也。天以阴阳五行化生万物,气以成形,而理亦赋焉,犹命令也。于是人物之生,因各得其所赋之理,以为健顺五常之德,所谓性也。率,循也。道,犹路也。人物各循其性之自然,则其日用事物之间,莫不各有当行之路,是则所谓道也。修,品节之也。性道虽同,而气禀或异,故不能无过不及之差,圣人因人物之所当行者而品节之,以为法于天下,则谓之教,若礼、乐、刑、政之属是也。盖人之所以为人,道之所以为道,圣人之所以为教,原其所自,无一不本于天而备于我。学者知之,则其于学,知所用力而自不能已矣。(《中庸章句》)

---

① 束景南:《朱子大传》,北京:商务印书馆,2003 年,第 405—406 页。

在朱熹看来，一方面，人性源于天理，都是纯然至善的，然而"性道虽同，气禀或异"，导致先天至善的本性不能完全发挥，就难免出现恶的现象，于是圣人设计礼乐刑政来教化百姓。另一方面，从本源上来讲，人人都具有至善的天性，这使得教育成为可能。为什么说"性道虽同，气禀或异"？这就要从朱熹的理学体系讲起。在宇宙本体论上，朱熹认为，宇宙间的万事万物都离不开理与气，其中理是气的本体和依据，从这个意义上说，理先于气。"天以阴阳五行化生万物，气以成形，而理亦赋焉"，就是表达了理气生成万物的思想。《中庸》所谓"天命之谓性"就要从理气讲人性，朱熹所谓："人物之生，因各得其所赋之理，以为健顺五常之德，所谓性也。"这也就是程朱理学"性即理"的核心思想，这是从宇宙本体论上、本然性上来讲，人性来源于至善的理，接下来讲"道"是人所行之道，即"人物各循其性之自然，则其日用事物之间，莫不各有当行之路，是则所谓道也"。这里仍是理想的、本然状态的性、道。如果每个个体的人生都是按照理想、本然状态产生、发展，那就不需要教育了，而"教"的必要则由于"气禀或异"。

朱熹理气论对于"修道之谓教"有着重要的理学本体论意义，在宋代之前，孟子谈性善论，荀子是性恶论，都没有遭遇到佛家、道家的挑战。朱熹为了对抗佛老思想，就用理气论来完善儒家的人性论。在朱熹看来，理和气共同构成宇宙，这种宇宙论正是儒家区别于佛老的重要标志。朱熹认为，天下万物都是有理有气，"天下未有无理之气，亦未有无气之理"（《语类》卷一）。在他看来，理不能离开气，因为理必须在气之中存在，所谓"有是理便有是气"（《语类》卷一），"理未尝离乎气"（《语类》卷一）。朱熹指出，没有气，也就不存在理，"理又非别为一物，即存乎是气之中；无是气，则是理亦无挂搭处"（《语类》卷一）。可见，在万物构成上，朱熹强调理随气聚，没有气，理将无法表现。朱熹将理气这种相即不离的关系贯彻到整个宇宙生成模型中，在他看来，性、道乃至人物之生，都离不开理与气的结合。他在《大学或问》中说："天道流行，发育万物，其所以为造化者，阴阳五行而已。而所谓阴阳五行者，又必有是理而后有是气，及其生物，则又必因是气之聚而后有是形。故人物之生必得是理，然后有以为健顺仁义礼智之性；必得是气，然后有以为魂魄五脏百骸之身。周子所谓'无极之真，二五之精，妙和而凝'者，正谓是也。"在朱熹看来，人和物的产生，无不兼具理气，因理而形成其性，因气而赋予其形，缺少任何一方，都不能生成人物。

朱熹吸取张载的气质之说，发展了程颐的"论性不论气不备；论气不论性不明"（《二程遗书》卷六）的说法，将性区分为天命之性和气质之性，朱熹运用传统的禀受说来解决天理如何转化为人性的问题。他说："伊川言：'天所赋为命，物所受为性。'理一也，自天之所赋与万物言之，故谓之命；以人物之所禀受于天言之，故谓之性。其实，所从言之地头不同耳。"（《语类》卷九十五）朱熹通过禀受说把《中庸》"天命之谓性"和伊川所解"天所赋为命、物所受为性"连接起来了。朱熹认为，天地之间有理有气，人物的产生都是禀受天地之气为形体，禀受天地之理为本性，这样其"性即理"说就有了进一步的发展。朱熹主张性善论，并不意味着无视恶的存在，他从理气宇宙论出发，试图用气质之性来解决性恶的现实问题，这也是众人需要教育的必然原因。《大学章句序》云："天降生民，则既莫不与之以仁义礼智之性矣。然其气质之禀或不能齐，是以不能皆有以知其性之所有而全之也。"因此，圣人就通过礼乐刑政等方法来施教于民，使得众人能够"明善而复其初"。

（二）教育的目标和方法

《大学》开头便是："大学之道在明明德，在亲民，在止于至善。"朱熹注曰：

> 大学者，大人之学也。明，明之也。明德者，人之所得乎天，而虚灵不昧，以具众理而应万事者也。但为气禀所拘，人欲所蔽，则有时而昏；然其本体之明，则有未尝息者。故学者当因其所发而遂明之，以复其初也。新者，革其旧之谓也，言既自明其明德，又当推以及人，使之亦有以去其旧染之污也。止者，必至于是而不迁之意。至善，则事理当然之极也。言明明德、新民，皆当至于至善之地而不迁。盖必其有以尽夫天理之极，而无一毫人欲之私也。此三者，大学之纲领也。（《大学章句》）

朱熹认为，大学是大人之学，这是针对小学是儿童之学而言的。在《大学章句序》中，朱熹描述了三代以来的理想教育体制："人生八岁，则自王公以下，至于庶人之子弟，皆入小学，而教之以洒扫、应对、进退之节，礼乐、射御、书数之文。及其十有五年，则自天子之元子、众子，以至公、卿、大夫、元士之适子，与凡民之俊秀，皆入大学，而教之以穷理、正心、修己、治人之道。此又学校之教、大小之节所以分也。"三代时期，小学和大学在目标和教育内容上都有各自的要求和规划。朱熹认为，《大学》之书就是"古之大学所以教人之法也"（《大学章句序》），《大学》是教法，也是教材。开头一句，朱熹将之解读为"大学之三纲领"，在他看来，"明明德""亲民""止于至善"是教育的终极目标，学者不仅要实现个体光明的德性，还要推广自己的德性，让民众也能革故鼎新，实现他们自身的明德。教育的最终目标是使自身和民众都达到至善的境地。朱熹对"明德"的解释蕴含了他的理学人性观，也是教育的本因，即人性本来都具有明德，能够"具众理应万事"，但是"为气禀所拘，人欲所蔽，则有时而昏"，在这种情况下，就要学者主动通过学习驱除昏昧，最终达到回复初心、本性的目标。

《大学》曰："古之欲明明德于天下者，先治其国；欲治其国者，先齐其家；欲齐其家者，先修其身；欲修其身者，先正其心；欲正其心者，先诚其意；欲诚其意者，先致其知；致知在格物。"朱熹将之总结为："此八者，大学之条目也。"（《大学章句》）朱熹又将八条目与三纲领相对应，说："修身以上，明明德之事也。齐家以下，新民之事也。物格知至，则知所止矣。意诚以下，则皆得所止之序也。"（《大学章句》）目标和途径密不可分，三纲领和八条目都各自蕴含了目标和方法，同时又有主次本末的关系。笼统而言，三纲领是教育目标，八条目是具体方法。对三纲领而言，明明德、亲民是途径，止于至善是最终目标。就八条目来说，修齐治平是目标，格物致知、正心诚意是途径和方法。格物致知和正心诚意是修身的重要方法，也是朱熹理学工夫论的重要内容，亦是教育为学的根本方法。简言之就是："涵养须用敬，进学则在致知。"

主敬涵养的修养方法是朱熹思考未发已发问题时渐渐树立起来的。在丙戌之悟时，朱熹认为心无时无刻不在运行，人心始终处于"已发"状态，所以这时朱熹并没有意识到涵养未发的重要性。到己丑之悟时，朱熹直言："向来讲论思索，直以心为已发，而日用工夫，亦止以察识端倪为最初下手处，以故阙却平日涵养一段工夫。"(《文集》卷六十四《与湖南诸公论中和第一书》)这时他开始意识到程颐"涵养须用敬"之说的重要性。之后他通过己丑之悟，发展了心性理论，同时确立了"主敬""致知"的修养工夫论，这种修养方法既不同于李侗的静中体认，也有别于湖湘学派"先察识后涵养"，而是对程颐的"涵养须用敬，进学则在致知"的继承和发展。在朱熹看来，主敬涵养和格物穷理二者相互促进，不可或缺，都是为学的修养方法。他说："涵养、穷索，二者不可废一，如车两轮，如鸟两翼。"(《语类》卷九)又说："主敬者存心之要，而致知者进学之功。二者交相发焉，则知日益明、守日益固，而旧习之非自将日改月化于冥冥之中矣。"(《文集》卷三十八《答徐元敏》)

朱熹所主张的主敬不仅包括未发时的涵养，还包括知行、动静中的涵养。朱熹的主敬说是对孔子以来儒家"敬"的思想的总结，黄榦概括朱熹的为学方法："其为学也，穷理以致其知，反躬以践其实，居敬者所以成始成终也。谓致知不以敬，则昏惑纷扰，无以察义理之归；躬行不以敬，则怠惰放肆，无以致义理之实。"(《勉斋集》卷三十六《朝奉大夫华文阁待制赠宝谟阁直学士通议大夫谥文朱先生行状》)黄榦用敬贯动静、敬贯始终、敬贯知行概括朱熹的为学方法，正得朱熹主敬说之真意。

朱熹对格物致知的基本思想体现在其《大学》"格物致知补传"中：

> 所谓致知在格物者，言欲致吾之知，在即物而穷其理也。盖人心之灵莫不有知，而天下之物莫不有理，惟于理有未穷，故其知有不尽也。是以大学始教，必使学者即凡天下之物，莫不因其已知之理而益穷之，以求至乎其极。至于用力之久，而一旦豁然贯通焉，则众物之表里精粗无不到，而吾心之全体大用无不明矣。(《大学章句》)

朱熹指出，致知必须"即物而穷其理"，也就是格物，格物必须具备即物、穷理、"求至乎其极"三个要素。朱熹在这段补传中还对格物的方法、目标做了阐述，即格物必须持久用力，直到"豁然贯通"，最终实现"众物之表里精粗无不到"和"吾心之全体大用无不明"的目标。当然格物致知说的理论前提是基于"人心之灵莫不有知,而天下之物莫不有理"。《大学》"格物致知补传"浓缩了朱熹格物致知说的精华。

相对于内省反身的修养方法而言,格物确实有向外探求的倾向。然而,朱熹认为,格物穷理是兼顾内外的为己之学,并非重外求而不重内修。《语类》载:

> 问:"格物则恐有外驰之病?"曰:"若合做,则虽治国平天下之事,亦是己事。'周公思兼三王,以施四事。其有不合者,仰而思之,夜以继日,幸而得之,坐以待旦。'不成也说道外驰。"又问:"若如此,则恐有身在此而心不在此,'视而不见,听而不闻,食而不知其味',有此等患。"曰:"合用他处,也着用。"又问:"如此,则不当论内外,但当论合为与不合为。"先生领之。(《语类》卷十五)
>
> 问:"格物须合内外始得?"曰:"他内外未尝不合。自家知得物之理如此,则因其理之自然而应之,便见合内外之理。目前事事物物,皆有至理。如一草一木,一禽一兽,皆有理。草木春生秋杀,好生恶死。'仲夏斩阳木,仲冬斩阴木',皆是顺阴阳道理。自家知得万物均气同体,'见生不忍见死,闻声不忍食肉',非其时不伐一木,不杀一兽,'不杀胎,不殀夭,不覆巢',此便是合内外之理。"(《语类》卷十五)

朱熹所谓格物不分内外与他对心、理等基本概念的看法有关。在朱熹看来,当穷尽事物之理时,人心中的理和天理合二为一,如此行事既符合天理,又符合人心中的理,自然就是内外合一。他在这里强调心中已有一个天理在。朱熹认为,事情无论大小,都蕴含一样的天理,所以一件一件去理会,必能穷得天理,然而在格物过程中,切不可抱着哗众取宠、标新立异等"为人之学"的态度。格物看似是向外穷物理、事理,但在朱熹看来,由于外在物事之间的理与人心中的理有统一性,所以向外格物与修养自身具有同步性,格物仍是"为己之学",这正是朱熹格物论的特色。

朱熹非常强调格物与穷理、致知的结合,反对离开其中一个而谈另外一个。在他看来,所谓格物,就是即物穷理。所谓致知,就是推及个体自身的知识，以达到无所不知的境地。程颐主张格物必须"今日格一件，明日格一件，积习既多，然后脱然自有贯通处"（《二程遗书》卷十八）。朱熹继承了这一观点，认为格物穷理要事无巨细，必须用心理会，件件用心，层层积累，最终量变引起质变，达到豁然贯通。他说："上而无极、太极，下而至于一草、一木、一昆虫之微，亦各有理。一书不读，则阙了一书道理；一事不穷，则阙了一事道理；一物不格，则阙了一物道理。须着逐一件与他理会过。"（《语类》卷十五）朱熹的格物学说既包括了对外在客观事物的认知，也包括对社会道德实践活动的理解，同时也包括了对人自身心性情等问题的认识。这种认知方式既强调对外在世界的考察，又不忽视认识主体自身的道德修养和心理状态；既具有科学理性的精神，又具有儒家特有的道德实践性。对道德实践性的强调决定了朱熹所言的格物致知绝不是止步于"知至"，而是必须"力行"。

三、《四书章句集注》的学术意义和历史影响

朱熹对《四书》的编纂和注释体现了其理学体系具有传承和创新的特点。首先，《四书章句集注》是朱熹运用"章句""集注"等传统经学模式，借助于孔子、曾子、子思、孟子等的话语，表达了宋代理学的新思想，形成了一种比原始儒学更为精致的新儒学体系，从根本上扭转了儒学式微、佛老盛行的现实局面。与大多数理学家解经不同，朱熹在解经过程中所遵循的基本原则也无不体现出传统经学家的普遍追求。他说："直是要人虚心平气，本文之下打叠，交空荡荡地，不要留一字先儒旧说，莫问他是何人所说，所尊所亲、所憎所恶，一切莫问，而唯本文本意是求，则圣贤之指得矣。"（《文集》卷四十八《答吕子约》）又说："某寻常解经，只要依训诂说字。"（《语类》卷七十二）这种"唯本文本意是求"、重视训诂的解经理念是朱熹有意运用传统经学纠偏当时理学家普遍存在的空衍义理、不顾文本本意的必然要求。这两种体例有所不同。"《大学》古本为 篇，朱子则分别经传，颠倒其旧次，补缀其阙义；《中庸》亦不从郑注分节，故均谓之'章句'。《论语》《孟子》融会诸家之说，故谓之'集注'。犹何晏注《论语》，裒八家之说称'集解'也。惟晏注皆标其姓，朱子则或标或不标，例稍殊焉。"（《钦定四库全书总目》卷三十五）当然，

重视训诂并不是理学家朱熹的唯一解经原则，他还有追求超越文字训诂的诉求，那就是追求经、注所蕴含的"理"。所谓"经之于理，亦犹传之于经。传，所以解经也，既通其经，则传亦可无；经，所以明理也，若晓得理，则经虽无，亦可"（《语类》卷一百三）。"经之有解，所以通经。经既通，自无事于解，借经以通乎理耳。理得，则无俟乎经。"（《语类》卷十一）这体现出朱熹追求义理阐发的理学视野，所以《四书章句集注》虽是传统的"章句""集注"的注经模式，但又具有不同于传统经学的新特点，所以应称之为"新"经学。

其次，《四书章句集注》以理学视野发掘出四部子书之间蕴含的某种内在逻辑和理论关联，具有创新理论和阐发义理的可能性。《论语》《孟子》《大学》《中庸》传统上被看作"子书"，所以朱熹在绍熙元年（1190）所刊印的《四子》就是指《论》《孟》《学》《庸》。一方面，朱熹通过编纂《四书章句集注》，完成了宋儒对儒学道统的建构。继韩愈提出"道统说"后，程颐提出了"孔子—孟子—程颢"的道统谱系，朱熹则将道统传承直接与《四书》联系起来，认为《论语》《大学》《中庸》《孟子》蕴含着儒家的道统传承。因为，《论语》是孔门弟子及再传弟子所记的孔子及其弟子之言，《大学》"经一章，盖孔子之言，而曾子述之，其传十章，则曾子之意而门人记之"（《大学章句》），《中庸》是"孔门传授心法"，由子思"笔之于书，以授孟子"（《中庸章句》），《孟子》则"疑其自作"（《孟子集注》）。在《中庸章句序》中，朱熹对儒家道统做了详细阐述，从尧、舜、禹、成汤、文、武等古代帝王谈起，之后转向孔子，他说："若吾夫子，则虽不得其位，而所以继往圣，开来学，其功反有贤于尧舜者。然当是时，见而知之者，惟颜氏、曾氏之传得其宗。及曾氏之再传，而复得夫子之孙子思"，"自是而又再传以得孟子，为能推明是书，以承先圣之统，及其没而遂失其传焉"。由此可见，《四书》在朱熹心目中承载了孔子—曾子—子思—孟子这样一条儒学传承的谱系，这是其他子书所不能体现的。更为重要的是，朱熹还将二程纳入儒家道统之中，这就意味着理学是孔孟儒学的延续。朱熹说："河南程氏两夫子出，而有以接乎孟氏之传。"（《大学章句序》）又说："然而尚幸此书之不泯，故程夫子兄弟者出，得有所考，以续夫千载不传之绪。"（《中庸章句序》）朱熹还对道统代代相传的内容做了归纳，即"人心惟危，道心惟微，惟精惟一，允执厥中"的"十六字心传"。通过合编《四书》,并为之作"章句""集注",朱熹不仅梳理了原始儒家的"道统",而且将理学纳入了孔孟之道的传承谱系中,将理学与经学紧紧连在一起。

另一方面,就《四书章句集注》的思想内容而言,朱熹在《论》《孟》《学》《庸》这四部子书之中发现了一以贯之的义理。如朱熹认为《论语》和《孟子》义理相通,他说:"圣贤所说只一般,只是一个'择善固执之'。《论语》则说'学而时习之',《孟子》则说'明善诚身',下得字各自精细,真实工夫只一般。"(《语类》卷十九)《论语》与《中庸》:"只是一理,若看得透,方知无异。《论语》是每日零碎问,譬如大海也是水,一勺也是水。所说千言万语,皆是一理。须是透得,则推之其它,道理皆通。"(《语类》卷十九)《孟子》和《大学》的主旨也是相通的:"《孟子》一书,只是要正人心,教人存心养性,收其放心……《大学》之修身、齐家、治国、平天下,其本只是正心、诚意而已。"(《孟子序说》)《中庸》和《大学》亦是如此,朱熹说:"如读《中庸》求义理,只是致知功夫。如谨独修省,亦只是诚意。……如《大学》里也有如'前王不忘',便是'笃恭而天下平'底事。"(《语类》卷六十二)正因为《四书》之间存在着一以贯之的"理",所以朱熹主张读《四书》必须遵循其中的内在逻辑层次,他说:"学问须以《大学》为先,次《论语》,次《孟子》,次《中庸》。"(《语类》卷十四)又说:"某要人先读《大学》,以定其规模;次读《论语》,以立其根本;次读《孟子》,以观其发越;次读《中庸》,以求古人之微妙处。《大学》一篇有等级次第,总作一处,易晓,宜先看。《论语》却实,但言语散见,初看亦难。《孟子》有感激兴发人心处。《中庸》亦难读,看三书后,方宜读之。"(《语类》卷十四)当时刊刻的《四书》便是按照这种次序安排的。可见,《四书》绝不是四部子书的简单组合、随意安排,而是有其内在的逻辑层次。实际上,《四书》之所以能够成为新经学体系,正是取决于《四书章句集注》对《论》《孟》《学》《庸》的文本内容及其义理贯通的精妙阐发。

《四书章句集注》是经学形式和理学思想的融合,体现了朱熹在传承中创新的精神。正如钱穆所说:"朱子《四书》学主要工作,乃在发明孔孟精义,而使理学新说与孔孟精义紧密贯通。其《集注》《章句》中,所包理学新义极丰富。……朱子仅求以理学来扩新儒学，却不喜理学于儒学中有走失。……故朱子之《四书》学，一面极富传统精神，另一面则又极富创造精神。"① 这种"传统"又"创造"的特质使得朱熹在中国文化史上的地位，可与孔子相媲美，熊禾说："微夫子《六经》，则五帝三王之道不传；微文公《四书》，则夫子之道不著，人心无所于主，利欲持世，庸有极乎！"②

在朱熹看来，《四书》承载着圣人之道，体现了永恒之"道"在世间的传承。故朱熹对《四书》进行合编并加以诠释，其根本目的就是要传承孔孟以来的道统。朱熹对《四书》的编纂和注释标志着儒学经典诠释文本重心的改变，即由原来"周孔"为代表的《六经》系统向"孔孟"为代表的《四书》系统转移。《四书》是融经学和理学为一体的新经典，朱汉民认为，"朱熹将四书学的确立与理学体系的完成统一起来，建立了一个以理学为思想内涵的四书学经学形态，或者说建立了一个以《四书》学为学术形态的理学思想体系"③。不仅如此，朱熹《四书章句集注》所代表的理学思想，不仅是一种思想学术形态，在世界范围来看，也是一种独特的文明形态，即所谓儒家的中国文明或东亚文明形态，它"有着超越一般知识体系的意义，它是一种全方位的文明体，既包括了政治制度、宗教信仰、社会生活、学校教育、学术知识、风俗习惯等等"④。

朱熹去世后，其弟子门人及后学继续学习、研究、解释《四书章句集注》，通过书院教育、官学教育推动《四书》及朱熹理学向不同层次的人群普及，也推动了基层社会化民成俗。最终通过朱门弟子及后学在朝廷为官，以经筵讲学、奏札封事、呈进著述等方式推动了朱熹理学成为官学。南宋后期开始，理学家们纷纷获得尊谥并从祀文庙，朱熹的四书学著作被列为官学的教材，以程朱为儒家正统的理学，还成为科举取士的标准答案。至此，程朱理学及其四书学终于成为历代朝廷认可的国家官方哲学与统治全国的社会意识形态。

---

① 钱穆：《朱子新学案》，成都：巴蜀书社，1986年，第134页。
② 〔清〕黄宗羲原著、全祖望补修：《宋元学案》卷四十九《晦翁学案下》，陈金生、梁运华点校，北京：中华书局，1986年，1584页。
③ 朱汉民、肖永明：《宋代〈四书〉学与理学》，北京：中华书局，2009年，第213页。
④ 朱汉民、肖永明：《宋代〈四书〉学与理学》，北京：中华书局，2009年，第214页。

嘉定十三年（1220），周敦颐、二程、张载皆获赐谥。宝庆三年（1227），理宗颁布诏令，推尊朱熹四书学，并特赠朱熹太师、追封信国公："朕观朱熹集注《大学》《论语》《孟子》《中庸》，发挥圣贤蕴奥，有补治道。朕励志讲学，缅怀典刑，可特赠熹太师、追封信国公。"（《宋史》卷四十一）绍定三年（1230）改封徽国公。淳祐元年（1241）正月，理宗视学，对北宋以来的理学诸子大加褒扬并全面肯定理学，手诏以周敦颐、张载、二程及朱熹从祀孔庙："朕惟孔子之道，自孟轲后不得其传，至我朝周敦颐、张载、程颢、程颐，真见实践，深探圣域，千载绝学，始有指归。中兴以来，又得朱熹精思明辨，表里混融，使《大学》《论语》《孟子》《中庸》之书，本末洞彻，孔子之道，益以大明于世。朕每观五臣论著，启沃良多，今视学有日，其令学官列诸从祀，以示崇奖之意。"（《宋史》卷四十二）理宗特别突出了《四书》在理学中的地位。度宗咸淳五年（1269）诏赐婺源朱氏祖居名"文公阙里"，同孔子阙里，朱熹取得了与孔子并列的地位。

南宋之后，理学思想在元明两代不断受到官方尊崇，社会影响进一步扩大，最终成为统治阶级的统治思想。元仁宗延祐二年（1315）元政府正式以四书五经取士，程朱理学被颁为功令，成为科举取士的标准。成书于至正五年（1345）的官修《宋史》亦推崇理学，不仅在评价人物事件之中贯彻理学的观点，而且以朱熹的道统论为纲领，于《儒林传》之外，特辟《道学传》，褒扬宋代理学诸子。明永乐十二年（1414）成祖下诏纂修《五经大全》《四书大全》《性理大全》，次年修成，成祖亲自作序，命礼部刊赐天下。《御制序》曰："使天下之人获睹经书之全，探见圣贤之蕴，由是穷理以明道，立诚以达本，修之于身，行之于家，用之于国，而达之天下。使国不异政，家不殊俗，大回淳古之风，以绍先王之统，以成熙皞之治，必将有赖于斯焉。"（《御制性理大全书序》）此序肯定了程朱理学作为国家官方哲学与治国指导思想的地位，理学至此终于被确定为全国统一的意识形态。

第二节 《朱子读书法》的教育理念及其现代价值

朱熹是最重视读书的理学家，《朱子语类》有《总论为学之方》和《读书

法》,鹅湖之会上朱熹与陆九渊的争论焦点就是为学是否需要读书,陆氏门人朱亨道说:

> 鹅湖之会,论及教人。元晦之意,欲令人泛观博览,而后归之约。二陆之意,欲先发明人之本心,而后使之博览。朱以陆之教人为太简,陆以朱之教人为支离,此颇不合。先生更欲与元晦辩,以为尧舜之前何书可读?复斋止之。(《陆九渊集》卷三十六《年谱》)

朱熹教学强调读书的重要性,认为读书是学以成圣的必要途径,这在陆九渊看来"支离";陆九渊认为,为学的首要工夫是发明本心,朱熹则认为这种教学方法"太简"。陆九渊为了反驳朱熹,准备了一个问题:如果只有读书才是认识天理和成为圣贤的道路,那么圣人尧舜的时代尚无文字,他们是如何成为圣贤的?虽然朱亨道说二陆主张先发明本心,而后使人博览,似乎不反对读书,但这个问题却证实陆九渊并不认为读书是成为圣贤的必要方式。然而,对朱熹来说,读书是做圣贤工夫的必要阶段。在朱熹弟子总结的为学之方和读书法中展现了朱熹对读书方法的重视,朱熹读书法在后世经过门人后学的不断发展和推广,对东亚地区的文化、社会都有深远的影响,对现代社会的读书亦有其现实意义。

一、读书的目标和意义

朱熹强调学者为学要先分清"为己之学"和"为人之学"。他说:

> 今学者要紧且要分别个路头,要紧是为己为人之际。为己者直拔要理会这个物事,欲自家理会得;不是漫恁地理会,且恁地理会做好看,教人说道自家也曾理会来。这假饶理会得十分是当,也都不阔自身己事。要须先理会这个路头。若分别得了,方可理会文字。(《语类》卷八)

为己之学可以说是儒家的一贯宗旨,孔子说:"古之学者为己,今之学者为人。"(《论语·宪问》)孟子说:"古之人,修其天爵而人爵从之;今之人,修其天爵以要人爵。"(《孟子·告子上》)荀子说:"君子之学也,以美其身;小人之学也,以为禽犊。"(《荀子·劝学》)朱熹正是继承了这一传统。南宋时期有的士人为了科举考试而为学,类似现代人为应付各式各样的考试而学习。朱熹认为学者最要紧不是"理会文字",应付考试,而是要分清"为己为人之际"。朱熹用吃饭形象地比喻学者必须为己的原因:

> 学者须是为己。譬如吃饭,宁可逐些吃,令饱为是乎?宁可铺摊放门外,报人道我家有许多饭为是乎?近来学者,多是以自家合做底事报与人知。(《语类》卷八)

朱熹认为学者要区分"为己为人之际",一旦意识到为学为己,就要立志,即学做圣人:

> 学者大要立志。所谓志者,不道将这些意气去盖他人,只是直截要学尧、舜。(《语类》卷八)

朱熹所讲的读书就是在成圣成贤的大目标之下展开的。在朱熹看来,读书是深入理解经典的必由途径。这里所讨论的经典主要是指传统儒家经典,以四书五经为主要内容。儒家经典承载了多重意义,首先,经典是对圣贤言语的记录,比如《论语》《孟子》是对孔子、孟子言语的记载。其次,经过历史的变迁,这些经典历经不同时代学者的解读,经典本身的命运沉浮也呈现出不同的变化,比如《孟子》在宋之前并不受重视,随着进入《四书》之后,《孟子》成为读书人的必读书目。所以,只有反复诵读《论语》《孟子》的相关文本,才能深入了解文本的意义,以及文本背后所承载的历史文化意涵。

由于儒家经典语录体的特点以及历史解读的多样性,使得经典文本的意义呈现出多元性,所以不经过反复诵读不可能了解透彻。朱熹说:"圣人言语,一重又一重,须入深去看。若只要皮肤,便有差错,须深沉方有得。"(《语类》卷十)所谓"一重又一重",就是说经典文本意义的多层次,简言之,经典文本起码包括言、意、理三个层次,"言"是文字表面的意思,"意"是文字背后的圣贤之意，"理"就是文本之外揭示的道理。因此，朱熹主张"读书以观圣贤之意，因圣贤之意，以观自然之理"（《语类》卷十）。

读书首先要解决的是字面意思，所谓"凡看文字，须先晓其文义，然后可以求其意。未有不晓文义而见意者也"（《读论语孟子法》）。较"文义"更深一层的便是"求其意"，这就是作者的意图，对儒家经典而言，就是圣贤的意图，这就要通过反复诵读，反复思考，才能慢慢领会。"读书之法：读一遍了，又思量一遍；思量一遍，又读一遍。读诵者，所以助其思量，常教此心在上面流转。"（《语类》卷十）经过反复诵读和思考之后，不仅能体会到圣贤之意，而且能体会到天地万物的道理。朱熹说："读书，须是穷究道理彻底。如人之食，嚼得烂，方可咽下，然后有补。"（《语类》卷十）在朱熹看来，圣贤之意体现在经典之中，读经方能观圣贤之意，因为圣贤之意说的都是天地万物之常理、常道，所以读书观其意，就能体会到天地万物的真理，体会到了"理"就能学以致用，将文本意义贯彻到生活之中去。因此，程子说："学者先读《论语》《孟子》，如尺度权衡相似，以此去量度事物，自然见得长短轻重。"（《读论语孟子法》）要之，掌握经典文本的意义是第一步，圣贤之意和自然之理的理解程度依赖读者对经典文本意义的掌握，换言之，诵读经典是理解经典意义的起点，朱熹说：

> 书只贵读，读多自然晓。今只思量得，写在纸上底，也不济事，终非我有，只贵乎读。这个不知如何，自然心与气合，舒畅发越，自是记得牢。纵饶熟看过，心里思量过，也不如读。读来读去，少间晓不得底，自然晓得；已晓得者，越有滋味。若是读不熟，都没这般滋味。而今未说读得注，且只熟读正经，行住坐卧，心常在此，自然晓得。尝思之，读便是学。夫子说"学而不思则罔，思而不学则殆"，学便是读。读了又思，思了又读，自然有意。若读而不思，又不知其意味；思而不读，纵使晓得，终是卼臲不安。一似倩得人来守屋相似，不是自家人，终不属自家使唤。若读得熟，而又思得精，自然心与理一，永远不忘。某旧苦记文字不得，后来只是读。今之记得者，皆读之功也。老苏只取《孟子》《论语》、韩子与诸圣人之书，安坐而读之者七八年，后来做出许多文字

如此好。他资质固不可及，然亦须着如此读。只是他读时，便只要模写他言语，做文章。若移此心与这样资质去讲究义理，那里得来。是知书只贵读，别无方法。(《语类》卷十)

朱熹所说的"读"区别于"看"，区别于"写在纸上"，其实就是诵读。朱熹主张反复诵读，主张"读"与"思"的结合，唯其如此，方能"知其意味"。"意味"超越于文义之上，兼具圣贤之意在内。朱熹以自己的体会说明诵读的益处，同时也以苏轼为例表明诵读分为文学和理学两种途径，在他看来，只执着于文字、语言的诵读还是不够的，仍要追求义理。要之，文学、理学都离不开对经典的反复诵读。

就经典的意义而言，追求文本意思，探索圣贤的意图，进而去追求天地万物之理是反复诵读的目标，但是对儒家来说，这仍不是最高目标，朱熹说："读书乃学者第二事。"(《语类》卷十)诵读经典并非纯粹为了获取某种客观知识，而近现代很多批判或反对读经的学者往往以"经典"中不具备现代科学知识为由展开批判，终究有些文不对题。儒家所言诵读经典的真正目标还在于修己，所谓"学问，就自家身己上切要处理会方是，那读书底已是第二义"(《语类》卷十)。这样看来，诵读经典还与儒家工夫论息息相关。

其次，读书是儒家工夫论的重要环节。读书是所有儒家重视的为学方法，朱熹在其《读书法》中记载了荀子、司马光、杜预、苏轼等人的读书方法，他们的思想学说虽然有很多区别，但他们对诵读的看重却是惊人的一致。比如朱熹与司马光一样，都很赞同荀子所说的读书法，即"诵数以贯之，思索以通之，为其人以处之，除其害以持养之"。朱熹进一步解释道："荀子此说亦好。'诵数'云者，想是古人诵书亦记遍数。'贯'字训熟，如'习贯如自然'；又训'通'，诵得熟，方能通晓。若诵不熟，亦无可得思索。"(《语类》卷十)要之，荀子在诵读、思索之后，要"为其人以处之，除其害以持养之"，显然超出书本的内容，而是关系到为人处世、持养心性的修养工夫。如果把知识和德性看作儒家两大内容的话，显然荀子、朱熹都是偏重知识的儒家代表，而他们不约而同地把诵读经典与修身养性的工夫联系起来，这说明儒家始终在追求知识与德性的融合，在注重诵读经典的同时，时刻不忘切己体验。

朱熹说：

> 或问读书工夫。曰："这事如今似难说。如世上一等人说道不须就书册上理会，此固是不得。然一向只就书册上理会，不曾体认着自家身己，也不济事。如说仁义礼智，曾认得自家如何是仁，自家如何是义，如何是礼，如何是智，须是着身己体认得。如读'学而时习之'，自家曾如何学，自家曾如何习。'不亦说乎'，曾见得如何是说。须恁地认，始得。若只逐段解过去，解得了便休，也不济事。如世上一等说话，谓不消得读书，不消理会，别自有个觉处，有个悟处，这个是不得。若只恁地读书，只恁地理会，又何益。"（《语类》卷十一）

对于否认读书的修己作用，朱熹是不同意的，这体现了他看重格物、读书的一面。朱熹虽然重视文本理解、知识探索，但他绝不同意止步于此，在他看来，读经是起点，但不是终点，读经是"第二义"，如果将读书看作为学的最终目标，那么不算有用之学。朱熹说："今人读书，多不就切己上体察，但于纸上看，文义上说得去便了。如此，济得甚事。……古人亦须读书始得。但古人读书，将以求道。不然，读作何用？"（《语类》卷十一）读书要学以致用，能够做事。所谓"读书便是做事。凡做事，有是有非，有得有失。善处事者，不过称量其轻重耳。读书而追究其义理，判别其是非，临事即此理"（《语类》卷十一）。基于此，朱熹将读书为学分为若干层次，对今日读书也很有启发，所谓"学须做自家底看，便见切己。今人读书，只要科举用；已及第，则为杂文用；其高者，则为古文用，皆做外面看"（《语类》卷十一）。"切己"就是为己之学，"皆做外面看"便是为人之学。

因为重视诵读之后的切己工夫，所以程朱都提出要熟读、要玩味、要涵养。程朱都重视熟读与玩味的结合，而反复诵读是玩味、涵养的基础。程子说："凡看《语》《孟》，且须熟读玩味，须将圣人言语切己，不可只作一场话说。人只看得二书切己，终身尽多也。"（《读论语孟子法》）又说："学者须将《论语》中诸弟子问处便作自己问，圣人答处便作今日耳闻，自然有得。虽孔、孟复生，不过以此教人。若能于《语》《孟》中深求玩味，将来涵养成甚生气质!"(《读论语孟子法》)玩味、涵养与格物相较,偏重主观体验,但这种主观体验达到一定程度后,会呈现出来不一样的精神面貌,这就是气质的改变。程子对于读《论语》《孟子》后的气质变化有非常形象的描述,程子说:"读《论语》:有读了全然无事者,有读了后其中得一两句喜者,有读了后知好之者,有读了后直有不知手之舞之足之蹈之者。"(《论语序说》)再者:"今人不会读书。如读《论语》,未读时是此等人,读了后又只是此等人,便是不曾读。"(《论语序说》)在程朱看来,读经如果能够切己体验,读者获得的不仅是自然之理,更有个人气质的提升。

诵读经典之所以能够与儒家工夫论相结合,这与儒家经典的内容和形式密切相关。首先,像《论语》《孟子》这样的经典是对孔子、孟子言行的记录,记录的内容涉及为学之道、入仕之道、孝悌忠信等人伦日用之理等。这些都对儒家修己治人目标有现实指导意义。其次,《论语》《孟子》等经典中也不乏有对心性修养工夫与圣贤气象的描述,这些内容就是儒家工夫的范本。比如孟子讲"养气",不仅要在文字上解读浩然正气,而且在个人身心修养过程中也是实践的理论指导。再如孟子说:"君子所性,仁义礼智根于心。其生色也,睟然见于面,盎于背,施于四体,四体不言而喻。"(《孟子·尽心上》)不仅要明白"睟然""盎于背"的字面意思,还要通过反复诵读,反复玩味,反复涵养,最终不仅从主观体验上体会到孟子所言的精神状态,而且通过诵读、玩味、涵养的工夫,逐渐达到孟子所言的君子气象。

第三,在儒家看来,读书也是一种有效的社会教化方式。修己治人一向是儒家的基本理念,修己是核心,治人是儒家区别于佛道两家的重要标志。诵读经典作为一种有效的社会教化方式,体现了儒家修己治人理念的实际运用。儒家经典是圣贤言语的记载,所以诵读经典好比与圣贤进行对话,朱熹说:"做好将圣人书读,见得他意思如当面说话相似。"(《语类》卷十)对于读者而言,圣人便是自己的引领者、对话者,由于儒家经典的内容不出乎人伦日用、为官入仕、为学方法等方面,所以诵读儒家经典对读者的实践有现实的指导意义。不仅如此,儒家经典既有四书五经等官方指定的科举书目,也有各种蒙学读物,其中都蕴含了儒家的基本价值观。儒家通过经典诵读把社会教化的理念渗透到社会各阶层,渐渐地将儒家传统价值观传播到乡间,深植到每个人心中。相较于佛教等宗教的诵经，儒家经典中蕴含的大量家庭伦理观念、道德行为规范等更具有现实性和实践操作性。因此诵读经典仍被很多现代学者用作在高校及乡村推广和普及儒家传统理念的主要方式。

诵读经典之所以能够成为社会教化的有效方式，也在于儒家对诵读经典历来有着明确的规划。针对儿童有各种蒙学读本，如《三字经》《百家姓》《千字文》。对于青年学者，则有先《四书》后《五经》的规划，朱熹说："先看《语》《孟》《中庸》，更看一经，却看史，方易看。先读《史记》，《史记》与《左传》相包。次看《左传》，次看《通鉴》，有余力则看全史。只是看史，不如今之看史有许多峣崎。"（《语类》卷十一）为何先读《四书》，再读史，朱熹解释说："凡读书，先读《语》《孟》，然后观史，则如明鉴在此，则妍丑不可逃。若未读彻《语》《孟》《中庸》《大学》便去看史，胸中无一个权衡，多为所惑。又有一般人都不曾读书，便言我已悟得道理，如此便是恻隐之心，如此便是羞恶之心，如此便是是非之心，浑是一个私意，如近时桃庙可见。"（《语类》卷十一）具体到读史书，也有重点，所谓"读史当观大伦理、大机会、大治乱得失"（《语类》卷十一）。读书本身就是工夫，就是穷理的过程，是成圣成贤的必经途径。

最后，由于儒学本身既是为学方式，又是教化方式，所以具有一定的宗教性。首先对于读者个体来说，诵读经典能够培养敬畏之心，孔子说："君子有三畏，畏天命，畏大人，畏圣人之言。小人不知天命而不畏也，狎大人，侮圣人之言。"（《论语·季氏》）敬畏之心首先体现在读书的仪态上，朱熹说："学者读书，须要敛身正坐，缓视微吟，虚心涵泳，切己省察。"（《语类》卷十一）这反映出儒家诵读经典的活动在某种意义上也有宗教仪式的意味。值得注意的是，培养敬畏心并不意味着盲目迷信，朱熹本人也很看重立论，他说："今世上有一般议论，成就后生懒惰。如云不敢轻议前辈，不敢妄立论之类，皆中怠惰者之意。前辈固不敢妄议，然论其行事之是非何害？固不可凿空立论，然读书有疑，有所见，自不容不立论。其不立论者，只是读书不到疑处耳。"（《语类》卷十一）只是这种立论必须以反复诵读和思考为前提，不是人云亦云，以今反古，脱离原来的文本，带着成见胡乱立论。所谓要"到理会不得处，便当'濯去旧见，以来新意'，仍且只就本文看之"（《语类》卷十一）。

虽然要有怀疑精神，但朱熹认为在读书之前不能心存偏见，他反复强调读书要不立私意。他说："观书，须静着心，宽着意思，沉潜反复，将久自会晓得去。"（《语类》卷十一）又说："以书观书，以物观物，不可先立己说。"（《语类》卷十一）又说："今学者有二种病，一是主私意，一是旧有先入之说，虽欲摆脱，亦被他自来相寻。"（《语类》卷十一）这两种毛病也是现代人在批判读经时常犯的错误，很多批判者压根没有认真读过经典，而是带着现代的、流行的或者"科学"的眼光去看待经典，于是他们看到的是过时、落伍、不适应时代的"垃圾"。因为有了批判继承的先入之见，故缺乏对经典的敬畏之心，缺乏对圣贤的敬畏之心，认为任何旧的经典都可以用现代科学的知识的眼光解构一番、批判一番。有人批判《三字经》对"三光""三才""五行"等内容的解释，认为现代科学常识都比这个高明多了，但现代科学也不可能代替哲学、宗教、艺术的价值。

二、读书主体的态度和方法

关于读书方法，朱熹有精炼的总结：

> 大凡看文字：少看熟读，一也；不要钻研立说，但要反覆体验，二也；埋头理会，不要求效，三也。三者，学者当守此。（《语类》卷十）
>
> 少看熟读，反覆体验，不必想象计获。只此三事，守之有常。（《语类》卷十）

钱穆称这三条是朱熹读书的三纲领。这三个方面看似简单，实则内涵丰富。

（一）少看熟读

朱熹反复强调读书不能泛观博览，悠悠度日，而是要对经典著作下一番熟读精思的工夫。他说：

> 泛观博取，不若熟读而精思。（《语类》卷十）
> 学者只是要熟，工夫纯一而已。读时熟，看时熟，玩味时熟。（《语

类》卷十一）

  读书之法，先要熟读。须是正看背看，左看右看。看得是了，未可便说道是，更须反覆玩味。（《语类》卷十）

熟读不是最终目的，而是读书为学的首要阶段，与熟读相配套的还有精思、玩味。无论是熟读，还是玩味，目的都是为了达到知识融通，穷至文本的义理，进而体认天理：

  读得通贯后，义理自出。（《语类》卷十）
  贯通，是无所不通。（《语类》卷八）

如何做到熟读？朱熹要求首先在心上下功夫，所谓要做到专心、虚心、静心、定心。

  书宜少看，要极熟。小儿读书记得，大人多记不得者，只为小儿心专。一日授一百字，则只是一百字；二百字，则只是二百字。大人一日或看百板，不恁精专。人多看一分之十，今宜看十分之一。（《语类》卷十）

朱熹认为，读书要专一，但是也不要过于执着如一地冥思苦想：

  读书须是专一。读这一句，且理会这一句；读这一章，且理会这一章。须是见得此一章彻了，方可看别章，未要思量别章别句。只是平心定气在这边看，亦不可用心思索太过，少间却损了精神。前辈云："读书不可不敬。"敬便是精专，不走了这心。（《语类》卷十）

朱熹对专心读书和思考之间的关系定位，对于我们读书有很多启发意义。有的读者读书用心过于浮躁，不肯专心读原著，而是根据二手、三手资料获取知识，创作成果；有的学者呕心沥血地思索不止，一刻不肯放松，以致未老先衰，甚至身心失常。这都是不符合朱熹读书法的行为。这里所谓"平心定气"，一方面是说不要用力过猛，另一方面也是要求读者要虚心，不可存有自己的偏见，影响了新的认知，这就是虚心。朱熹说：

"虚心顺理"，学者当守此四字。（《语类》卷八）
问读诸经之法。曰："亦无法，只是虚心平读去。"（《语类》卷十一）

虚心要符合天理、道理，同时要求读者要尊重古人，不轻易立论，要在认真、深入、反复地思考、体验后下结论：

以书观书，以物观物，不可先立己见。（《语类》卷十一）
圣人言语，一重又一重，须入深去看。若只要皮肤，便有差错，须深沉方有得。（《语类》卷十）

读书不仅要专心、虚心，还要平心静气，保持平静、安定的心态：

观书，须静着心，宽着意思，沈潜反覆，将久自会晓得去。（《语类》卷十一）
心不定，故见理不得。今且要读书，须先定其心，使之如止水，如明镜。明镜如何照物。（《语类》卷十一）

其次，读书过程之中要仔细。熟读，不是心不在焉、走马观花、粗枝大叶，而是认真下细密功夫。朱熹说：

看文字须子细。虽是旧曾看过，重温亦须子细。每日可看三两段。不是于那疑处看，正须于那无疑处看，盖工夫都在那上也。（《语类》卷十）
圣人言语如千花，远望都见好。须端的真见好处，始得。须着力子细看。功夫在了细看上，别无术。（《语类》卷十）

再次，读书过程中要有怀疑精神，读者要遵循由浅入深、循序渐进的规律。

> 读书无疑者，须教有疑；有疑者，却要无疑；到这里方是长进。(《语类》卷十一)
>
> 学者不可只管守从前所见，须除了，方见新意。如去了浊水，然后清者出焉。(《语类》卷十一)

朱熹成为儒学的集大成者，绝不是偶然，而是他在长期认真阅读，并消化前人的成果后，融会贯通方才完成的。如果他没有怀疑的精神，那么创建新儒学理论体系将是不可想象的。

读书要博览，同时也要讲次序，不能不分主次先后：

> 读书之法，有大本大原处，有大纲大目处，又有逐事上理会处，又其次则解释文义。(《语类》卷十一)
>
> 学不可躐等，不可草率，徒费心力。须依次序，如法理会。一经通熟，他书亦易看。(《语类》卷十一)

朱熹要求对经典著述要熟读精思，又要循序渐进，要由下学到上达：

> 读书，须是遍布周满。某尝以为宁详毋略，宁下毋高，宁拙毋巧，宁近毋远。(《语类》卷十)

(二) 反覆体验

在朱熹看来，仅仅熟读经书，仍是不够的。最主要的是要把读到的内容结合自身的体验，把所学的东西真正变成自己的创见。

> 学者当以圣贤之言反求诸身，一一体察。须是晓然无疑，积日既久，当自有见。但恐用意不精，或贪多务广，或得少为足。则无由明耳。(《语类》卷十一)

朱熹认为当时士人读书往往忽视切己工夫，沦为"为人之学"：

> 学须做自家底看，便见切己。今人读书，只要科举用；已及第，则为杂文用；其高者，则为古文用，皆做外面看。（《语类》卷十一）

朱熹在八百多年前所批判的学风在今天同样存在，现代很多人读书只是为了考试和就业，一旦考出理想的成绩或找到合适的工作，所学的东西立刻弃诸脑后，有的人读书则是为了卖弄博学、引人注目、获取名利，真正能坚持"为己之学"的恐怕寥寥无几。

在朱熹看来，切己与虚心、涵养与穷理是为学的一体两面：

> 读书须是虚心切己。虚心，方能得圣贤意；切己，则圣贤之言不为虚说。（《语类》卷十一）
>
> 看前人文字，未得其意，便容易立说，殊害事。盖既不得正理，又枉费心力。不若虚心静看，即涵养、穷索之功，一举而两得之也。（《语类》卷十一）
>
> 玩索、穷究，不可一废。（《语类》卷十一）

切己既不是机械诵读，也不是整日冥思苦想，而是要用个人的生命经历去体悟：

> 学问，就自家身己上切要处理会方是，那读书底已是第二义。自家身上道理都具，不曾外面添得来。然圣人教人，需要读这书时，盖为自家虽有这道理，须是经历过方得。圣人说底，是他曾经历过来。（《语类》卷十）

切己体验也应该有度，不能沉湎于从容玩味，像守株待兔那样消极等待，而应积极去探求，使学习的过程做到松弛有度：

> 人言读书当从容玩味，此乃自怠之一说。若是读此书未晓道理，虽不可急迫，亦不放下，犹可也。若徜徉终日，谓之从容，却无做工夫处。譬之煎药，须是以大火煮滚，然后以慢火养之，却不妨。（《语类》卷十）

玩味不仅要静坐涵养，而且要力行，要结合日用伦常切己体会：

> 学者有所闻，须便行，始得。若得一书，须便读便思便行，岂可又安排停待而后下手。且如得一片纸，便来一片纸上道理行之，可也。（《语类》卷十一）

（三）持之以恒，不要求效

朱熹提出的第三个原则是不责效。当代学界的现状是，各种学术评估体制决定了学者研究和学习不得不求效。但不容忽视的事实则是：古往今来，货真价实的学术理论、学术创见属"无心插柳"者居多，那些"有心栽花"者也许能名噪一时，但历久弥新者实则少之又少。朱熹强调读书不责效，值得我们深思。他说：

> 读书看义理，须是胸次放开，磊落明快，恁地去。第一不可先责效。才责效，便有忧愁底意。只管如此，胸中便结聚一饼子不散。今且放置闲事，不要闲思量。只专心去玩味义理，便会心精；心精，便会熟。（《语类》卷十）

> 且理会去，未须计其得。（《语类》卷八）

> 才计于得，则心便二，头便低了。（《语类》卷八）

不计较学习的效果并不意味着放松、散漫、无所事事。朱熹认为：

> 小立课程，大作工夫。（《语类》卷八）
> 工夫要趱，期限要宽。（《语类》卷八）

这两条应该成为我们每个人学习必须遵守的法则。所谓"工夫要趱"，就是"咬定青山不放松"，时刻不放弃学习；而"期限要宽"，则是"活到老，学到老"，用一生的时间进行张弛有度的学习，朱熹本人为学就是至死方休。朱熹认为，为学是一辈子的事，不能限定某年某月完成学习任务，为学要持之以恒，不计得失地坚持，在时间分配上既紧不得，也慢不得：

若不见得入头处，紧也不可，慢也不得。若识得些路头，须是莫断了。若断了，便不成。待得再新整顿起来，费多少力。如鸡抱卵，看来抱得有甚暖气，只被他常常恁地抱得成。若把汤去烫，便死了；若抱才住，便冷了。然而实是见得入头处，也自不解住了，自要做去，他自得些滋味了。如吃果子相似：未识滋味时，吃也得，不消吃也得；到识滋味了，要住，自住不得。（《语类》卷八）

朱熹勉励学者要耐心、执着地做"迟钝工夫"，要像孵小鸡那样不紧不慢，持之以恒。他还用很多精彩形象的比喻描述为学过程：

学者为学，譬如炼丹，须是将百十斤炭火煅一饷，方好用微微火养教成就。今人未曾将百十斤炭火去煅，便要将微火养将去，如何得会成。（《语类》卷八）

今语学问，正如煮物相似，须热猛火先煮，方用微火慢煮。若一向只用微火，何由得熟？欲复自家元来之性，乃恁地悠悠，几时会做得？（《语类》卷八）

譬如煎药：先猛火煎，教百沸大滚，直至涌坌出来，然后却可以慢火养之。（《语类》卷八）

朱熹通过炼丹、煮物、煎药等比喻说明读书务必先猛下工夫，熟读精思，再慢慢玩味，切己体会，而为学在时间上一刻不能松懈，必须耐得住寂寞和枯燥。坚持做"迟钝工夫"，最后才能把知识融会贯通，通过自己玩味体验，把外在的知识内化为自己生命人格的一部分。

三、《朱子读书法》的现代意义

讨论《朱子读书法》的现代意义必须清楚一个前提，即朱熹所论读书与今天所说的阅读存在明显的区别。古代读书主要是指对四书五经等传统儒家经典的阅读，而非一般泛泛的阅读活动。对朱熹而言，四书五经是记录圣人言行的经典文本，读书不仅是获取圣贤留下知识的过程，也是提升自我道德境界的过程。《读书法》所讨论的是通过阅读儒家经典，促使自身本来具有的善良本性彰显出来。读书可以借助于理解文字来探求圣人本意，领悟圣人特征和成圣工夫，然后再结合自我认识与反思，以指导与规范心性修养和道德实践，最终使自己修炼到具有圣人之心的境界。为了实现这样的目的，我们对经典的理解既依靠对文字的解释，又要超越文字表面的所指，探求文字背后的义理；既要实现对圣人本心的体认，又要将之反观自我，实现对自我本性的体认，通过借鉴前人的成圣工夫，切实进行自我的心性修养实践。

然而，随着人类知识领域的极大拓展与现代信息技术的发展，现代人所读之书与读书目标都已经与朱熹时代有了极大不同。一方面，所读之书越来越多，知识信息的门类与总量快速增长，除了纸质化的书本之外，其他数字化信息载体也越来越多，儒家经典仅仅只是其中极小的部分，这一点就造成今人阅读儒家经典时的知识结构和观念基础与理学家存在巨大差异。另一方面，今天的读书所追求的目标也越来越多样化，或者是闲暇打发时间，或者是为了应付考试，或者是学习掌握某种科学技术，等等。随着现代信息技术的发展，以电脑、手机等为载体的快餐式、碎片化为特征的数字阅读已成为一种潮流趋势。总之，现今人们的精神生活形式日益多样化，读书仅是其中一种而已。

现代知识分子阅读儒家经典的目的一般是知识性的学术研究，而非出于修养德性的需要。即便如此，朱熹提出阅读儒家经典要区分先后缓急的次序，仍值得我们学习和实践。要想了解儒学思想体系和朱熹之后中国文化传统的发展，必须对朱熹所设定的体系和方法抱有"同情的敬意"，尽量了解他的话语体系，切实体会他的读书方式和生活方式，然后才有可能最大限度地体会他所言说的"理"。尽管对于现代人来说，可以挑选的书籍大大增多，但是如何在有限的时间里最大限度地获取真正有价值的知识，仍需要坚持少看熟读、反覆体验、持之以恒的基本读书原则。朱熹提出的少看熟思的原则未必是因为可供选择的书籍太少，而是更多出于"吾生也有涯，而知也无涯"的人生难题。朱熹所提出的要"虚心顺理"原则、保持怀疑精神的原则，启发现代读者要批判地对待所读之书，在读书过程中应该时刻保持自我意识的主体性。

在朱熹那里，对待记录圣贤言行的经典基本上是不容置疑的，故在读书过程中他总是强调去除己意以达圣心。要之，读书对于朱熹来说绝不是一个休闲的方式，而强调熟读精思以成就德性的《朱子读书法》，对现代以打发闲暇时间和自我娱乐为目标的读书活动自然不适用。但是《朱子读书法》揭示了如何通过阅读以体会圣贤本意进而提升道德境界，对我们今天提升道德修养仍有价值。而且《朱子读书法》所主张的循序渐进、虚心涵养、熟读精思等，对我们今天诵读经典依然具有指导意义。

朱熹读书观的现代意义不仅是一个可以言说的问题，更重要的还应该是一个在阅读实践中"切己体察"不断生成的问题。阅读应该是一个切己反省的过程，也即朱熹一向推重、倡导"须要将圣贤言语，体之于身"的过程。就现代西方解释学来说，读书的意义必须在现实生活中得到实现。任何传统观念的现代意义最重要的体现不是在口头文字与书面语言上，而是在现代读书活动当中。因此，关于《朱子读书法》的现代意义，若只是停留于语言文字层面的理解，那并未发挥《读书法》的真正价值，必须在现代读书人的阅读实践当中逐渐落实与运用，才可能真正生成《朱子读书法》的现代意义。

第三节　《白鹿洞书院揭示》的教育理念及其影响

朱熹非常重视书院教育，一方面为了弥补当时官学之不足、矫正地方学术风气，另一方面也是为了更好地实践"为己之学"的教育理念。南宋时期的书院不同于官学的地方在于它是提升学者个人修养，同时也是学者相互研修参学的场所，基本相当于现代的研究院所。朱熹重建白鹿洞书院及其制定的《白鹿洞书院揭示》对后世的影响更为深远。

一、《白鹿洞书院揭示》的提出及其特色

宋儒普遍重视礼治对家庭、学校、社会的规范作用，热衷于建立家规、学规、乡约等。在朱熹之前，吕祖谦已经为丽泽书院订立了学规。吕祖谦常年在外任职，丽泽书院的执教由潘叔度、潘叔昌和吕祖俭、吕祖泰等一批金华学者担任。丽泽书院为当地培养了很多理学名家，是金华学派的主要聚集

地。宋元之际的主要理学家，如何基、王柏、金履祥先后担任山长、主讲，元代理学人物许谦、柳贯等人皆出于此。丽泽书院在宋元理学发展史上也占有重要地位，一度与岳麓、白鹿洞、象山并列而称南宋四大书院。

吕祖谦在乾道四年（1168）和五年两次为丽泽书院制定学规。乾道四年九月规约曰：

> 凡预此集者，以孝弟、忠信为本。其不顺于父母，不友于兄弟，不睦于宗族，不诚于朋友，言行相反，文过遂非者，不在此位，既预集而或犯，同志者规之；规之不可，责之；责之不可，告于众而共勉之；终不悛者，除其籍。
>
> 凡预此集者，闻善相告，闻过相警，患难相恤，游居必以齿，相呼不以丈，不以爵，不以尔汝。
>
> 会讲之容，端而肃。群居之容，和而庄。箕踞、跛倚、喧哗、拥并谓之不肃。狎侮、戏谑谓之不庄。
>
> 旧所从师，岁时往来，道路相遇，无废旧礼。
>
> 毋得品藻长上优劣，訾毁外人文字。
>
> 郡邑政事、乡间人物，称善不称恶。
>
> 毋得干谒、投献、请托。
>
> 毋得互相品题，高自标置，妄分清浊。
>
> 语毋亵，毋谀，毋妄，毋杂。妄语，非特以虚为实，如期约不信、出言不情、增加张大之类，皆是。杂语，凡无益之谈皆是。
>
> 毋狎非类。亲戚故旧，或非士类，情礼自不可废，但不当狎昵。
>
> 毋亲鄙事。如赌博、斗殴、蹴鞠、笼养扑鹑、酣饮酒肆、赴试代笔及自投两副卷、阅非僻文字之类，其余自可类推。①

此学规是以道德品行为首要的原则，侧重于语言文字等具体细节的规定，以禁止语辞为主，这与朱熹的《白鹿洞书院揭示》提倡的正面引导理念迥然

---

① 黄灵庚、吴战垒主编：《吕祖谦全集》第一册，杭州：浙江古籍出版社，2008年，第359—360页。

相异。这一学规与乡约、乡仪一样都强调人与人之间的互相帮助和互相影响，都很重视人与人之间的关联，似乎并未突出学生的自我教育、自我约束。

乾道五年（1169）规约摆脱了"毋"字开头的禁止语辞的使用，也突出了书院教育"讲求经旨、明理躬行"的主旨，曰：

> 凡与此学者，以讲求经旨、明理躬行为本。
> 肄业当有常，日纪所习于簿，多寡随意。如遇有干辍业，亦书于簿。一岁无过百日，过百日者，同志共摈之。
> 凡有所疑，专置册记录。同志异时相会，各出所习及所疑，互相商榷，仍手书名于册后。
> 怠惰苟且，虽漫应课程，而全疏略无叙者，同志共摈之。
> 不修士检，乡论不齿者，同志共摈之。
> 同志迁居，移书相报。[①]

对照两次学规可见，吕祖谦由强调细节的日常礼仪转向了对经学和理学的注重，因此由对学生日常言语举止的规定转向了对课程、课业方面的重视，只是仍强调周围师友的监督互助，主张对一些不良行为进行"同志共摈之"，依然没有突出学生个体的自立、自强。不过吕祖谦的学规对朱熹很有启发。

淳熙六年（1179），朱熹出知南康军，当年秋天到庐山时，朱熹发现了白鹿洞故址，本着兴学施教的目的，他向朝廷申请修复。淳熙七年三月，白鹿洞书院完成修复，供奉古圣先贤，并聘请陆九渊等著名学者讲学。此后求学者日益增多，书院规模也随之扩大。在此期间，朱熹为白鹿洞书院所订立的《白鹿洞书院揭示》，即白鹿洞书院学规，对其后书院的教育教学活动产生了深远的影响。尤其是元代以后，程朱理学得到了官方认可，以后六七百年的书院教育遂沿着理学的路子走了下来。

《白鹿洞书院揭示》曰：

[①] 黄灵庚、吴战垒主编：《吕祖谦全集》第一册，杭州：浙江古籍出版社，2008年，第360—361页。

父子有亲，君臣有义，夫妇有别，长幼有序，朋友有信。

右五教之目。尧舜使契为司徒，敬敷五教，即此是也。学者学此而已，而其所以学之之序，亦有五焉，其别如左：

博学之，审问之，谨思之，明辨之，笃行之。

右为学之序。学、问、思、辨，四者所以穷理也。若夫笃行之事，则自修身以至于处事接物，亦各有要，其别如左：

言忠信，行笃敬，惩忿窒欲，迁善改过。

右修身之要。

正其义不谋其利，明其道不计其功。

右处事之要。

己所不欲，勿施于人。行有不得，反求诸己。

右接物之要。

熹窃观古昔圣贤所以教人为学之意，莫非使之讲明义理，以修其身，然后推以及人，非徒欲其务记览、为词章，以钓声名、取利禄而已也。今人之为学者，则既反是矣。然圣贤所以教人之法，具存于经，有志之士，固当熟读深思而问辨之。苟知其理之当然，而责其身以必然，则夫规矩禁防之具，岂待他人设之而后有所持循哉！近世于学有规，其待学者为已浅矣，而其为法又未必古人之意也。故今不复以施于此堂，而特取凡圣贤所以教人为学之大端，条例如右而揭之楣间。诸君其相与讲明遵守而责之于身焉，则夫思虑云为之际，其所以戒谨恐惧者，必有严于彼者矣。其有不然，而或出于此言之所弃，则彼所谓规者必将取之，固不得而略也。诸君念之哉！

《白鹿洞书院揭示》（以下或简称"《揭示》"）的提出本身就背负着复兴儒学的宏愿。因此《揭示》没有只关注行为规范，而是重视为学之目、为学之序、修身之要、处事之要、接物之要等原则性规定，并且这些规定都来自儒家传统经典。

首先，《揭示》的内容是从儒家经典中提取或引申的。这些儒家经典涉及《中庸》《论语》《孟子》，还有《汉书·董仲舒传》。其中，"五教之目"出自

《中庸》:"天下之达道五,所以行之者三。曰君臣也,父子也,夫妇也,昆弟也,朋友之交也,五者天下之达道也。""为学之序"出自《中庸》:"博学之,审问之,慎①思之,明辨之,笃行之。有弗学,学之弗能弗措也;有弗问,问之弗知弗措也;有弗思,思之弗得弗措也;有弗辨,辨之弗明弗措也;有弗行,行之弗笃弗措也。人一能之,己百之;人十能之,己千之。果能此道矣,虽愚必明,虽柔必强。""修身之要"中"言忠信,行笃敬"一语出自《论语·卫灵公》:"子张问行。子曰:'言忠信,行笃敬,虽蛮貊之邦行矣;言不忠信,行不笃敬,虽州里行乎哉?立,则见其参于前也;在舆,则见其倚于衡也。夫然后行。'子张书诸绅。""处事之要"源于《汉书·董仲舒传》:"正其谊不谋其利,明其道不计其功。""接物之要"的"己所不欲,勿施于人"出自《论语·颜渊》:"仲弓问仁。子曰:'出门如见大宾,使民如承大祭。己所不欲,勿施于人。在邦无怨,在家无怨。""行有不得,反求诸己"出自《孟子·离娄上》:"孟子曰:'爱人不亲,反其仁;治人不治,反其智;礼人不答,反其敬。行有不得者,皆反求诸己,其身正而天下归之。'"这些思想都是儒家传统为学观念,是先秦儒家以及汉儒的核心要义,朱熹将之提取出来作为白鹿洞书院的学规,可以看出朱熹对学子继承发扬儒家传统价值观的殷切期望,也可见朱熹本人时刻不忘复兴儒家的使命。

其次,《揭示》中为学、修身、处事、接物等方面的规定体现了儒家教育以修身为主的本质。《大学》指出:"自天子以至于庶人,壹是皆以修身为本。"修身是儒家教育的关键,是为学的落脚点,也是实现个人政治理想的出发点。《揭示》自然贯彻了修身为本的教育思路,修身的主要内容是明伦,即《揭示》所说的五教:"父子有亲,君臣有义,夫妇有别,长幼有序,朋友有信。"值得注意的是,这里强调五伦关系,而不是三纲,更体现了朱熹教育具有超出封建纲常伦理的现代价值,三纲是封建制度下的产物,而以家庭伦理为核心的五伦则更突出人的社会本质,尽管君臣关系也是封建时代的产物,但在现代民主社会仍有管理者和被管理者、领导者和被领导者的关系与之类似。在先秦儒家以及宋儒那里,君臣有义是一种君仁臣忠的相对关系,而不是绝对关系。父子之间的关系在于彼此的亲情。因为有亲情存在,父母自然

---

① 朱熹时代因需避宋孝宗赵昚(shèn)讳,故此处《揭示》作"谨"。

会慈，子女自然会孝。慈孝非但是相互性的行为，也应该是自发性的。朱熹对"五伦"的解释都是在关系者主动的行为模式下来展开的。由此可以看出朱熹的书院教育和他对人伦关系、社会理想的观点都有相贯通之处。修身之要的具体原则就是"言忠信，行笃敬；惩忿窒欲，迁善改过"。

再次，《揭示》体现了朱熹重视"行"的知行观。"博学之，审问之，谨思之，明辨之，笃行之"是朱熹所倡导的为学之序，这是一个由浅入深的过程。学、问、思、辨属于认识，目的在于通过这四个环节，达到穷理，而后在日常生活中扎实推行，属于实践，在一定程度上，表明了朱熹提倡认识和实践统一。"修身之要""处事之要""接物之要"，也是属于"笃行"的方面，即如何达到修身的目的。用朱熹的话说就是"知之愈明，则行之愈笃，则知之益明"，而这也就是《大学》中提到的"格物、致知、诚意、正心、修身、齐家、治国、平天下"的"八目"。《揭示》的制定不但反映了朱熹的教育思想，而且这种教育思想也体现着儒家"治国平天下"的政治理想。因《揭示》体现了朱熹对书院教育的基本理念，随着朱子学的发展和传播，逐渐受到国内外儒者的普遍关注，亦成为影响后世书院教育的重要学规。

二、《白鹿洞书院揭示》的教育理念及其不足

首先，在教育的目标上，《揭示》严肃批判了当时科举考试追求声名利禄的"为人之学"，提出白鹿洞书院教育的目标是"为己之学"。朱熹在撰写的跋文中，重申了教育的目标和为学的方法，阐述了订立《揭示》的缘由，提出了对学生的要求，即"为学之意，莫非使之讲明义理，以修其身，然后推以及人，非徒欲其务记览、为词章，以钓声名、取利禄而已也"。朱熹在这里明确批判了教育的功利目的，他所批评的现象在元明清三代科举考试指导下的教育中体现得更加明显，直至现代教育仍难免沦为"钓声名、取利禄"的工具。朱熹在很多地方批评当时的学校教育已经偏离了教育的"本意"，在他为学校所题写的祠记及与友人的通信中，这种批评比比皆是，如他说：

> 国家建立学校之官，遍于郡国，盖所以幸教天下之士，使之知所以修身、齐家、治国、平天下之道，而待朝廷之用也。此其德意，可谓厚

矣。然学不素明，法不素备，选用乎上者，以科目词艺为足以得人；受任乎下者，以规绳课试为足以尽职。盖在上者不知所以为人师之德，而在下者不知所以为人师之道，是以学校之官虽遍天下，而游其间者，不过以追时好、取世资为事，至于所谓修身、齐家、治国、平天下之道，则寂乎其未有闻也。是岂国家所为立学教人之本意哉！（《文集》卷七十五《送李伯谏序》）

对于朱熹来说，国家设立学校的目的不应忘记"修齐治平"的大学之道，为此，朱熹始终认为国家应将德育放在首位，教育的本意在于"立德"：

必立德行之科者，德行之于人大矣，然其实则皆人性所固有，人道所当为，以其得之于心，故谓之德，以其行之于身，故谓之行，非固有所作为增益而欲为观听之美也。士诚知用力于此，则不唯可以修身，而推之可以治人，又可以及夫天下国家。故古之教者，莫不以是为先。（《文集》卷六十九《学校贡举私议》）

另外，以德育为中心还因为当时的士风、民风极为衰败，所谓："福州之学，在东南为最盛，弟子员常数百人。比年以来，教养无法，师生相视，漠然如路人。以故风俗日衰，士气不作，长老忧之而不能有以救也。"（《文集》卷八十《福州州学经史阁记》）朱熹要求教育首先要让士人明确"学之有本"，他说：

予惟古之学者无他，明德新民，求各止于至善而已。夫其所明之德、所止之善，岂有待于外求哉！识其在我而敬以存之，其亦可矣。其所以必曰读书云者，则以天地阴阳、事物之理、修身事亲、齐家及国，以至于平治天下之道，与凡圣贤之言行，古今之得失，礼乐之名数，下而至于食货之源流，兵刑之法制，是亦莫非吾之度内，有不可得而精粗者。若非考诸载籍之文，沉潜参伍，以求其故，则亦无以明夫明德体用之全，而止其至善精微之极也。然自圣学不传，世之为士者，不知学之有本，而唯书之读，则其所以求于书，不越乎记诵训诂文词之间，以钓声名、

> 干禄利而已。是以天下之书，越多而理愈昧；学者之事，愈勤而心愈放；词章愈丽，议论愈高，而其德业事功之实，愈无以逮乎古人。然非书之罪也，读者不知学之有本，而无以为之地也。(《文集》卷八十《福州州学经史阁记》）

作为最重视读书的理学家，朱熹并不主张以"记诵训诂文词"为学习、教育的目标，而是主张为学之本在于修身，最终目标在于治国平天下。可见教育要以修身为主，这贯穿了朱熹的整个思想体系。《揭示》中五教之目、修身之要、处事之要、接物之要无不体现了以修身为中心的教育目标。朱熹在跋文中直言订立《揭示》是出于此前的学规"待学者为已浅"，而且"未必古人之意"，所以"特取凡圣贤所以教人为学之大端，条例如右，而揭之楣间"，由此可见，朱熹订立《揭示》是建立在对教育史及当时教育状况深刻思考基础之上的。

其次，在教育的方法上，朱熹提出要对于儒家经典"熟读深思而问辨之"，非如此不能达到儒家所提倡的"慎独"与"修身"的目的。因此朱熹提倡自发性的教育方式，而反对采取强制性的做法来限制学者的行为。对于不肯主动去奉行《揭示》规定的学生，朱熹警告"则彼所谓规者，必将取之，固不得而略也。诸君其亦念之哉"。可见朱熹试图兼顾启发性和制约性的需要，这与其在《增损吕氏乡约》秉持的自治理念一致，对吕大钧在《乡约》中主张罚钱的惩罚措施，朱熹弃之不用，而是主张"同约之人，各自进修，互相劝勉"，"同约之人，各自省察，互相规戒。小则密规之，大则众戒之"，对于屡教不改者，"出约"算是最严厉的惩罚，就是源自朱熹对"为己之学"的教育理念。在朱熹看来，教育是自我管理、自我约束的过程，不能仅靠外在强制性的惩罚措施来控制。

相较于吕祖谦订立的丽泽书院学规，朱熹的《白鹿洞书院揭示》根本没有使用"毋"这种禁止语，这是明显的区别。朱熹认为，真正的学者应该"苟知理之当然而责其身以必然"，应该严格律己，而不是靠他律来督促自己的言行，所谓"夫规矩禁防之具，岂待他人设之而后有所持循哉"，正是由于朱熹这种教育理念和方式，才使得《揭示》从众多学规中脱颖而出，成为影响深远的学规。与那些以"规章""守则""约禁"等名目出现的学规不同，《揭示》不仅在命题上凸显了儒家一贯的"劝谕式"的教化特点，而且它的着眼点不在日常行为的规范，而是这些行为背后的指导思想。这也正是《揭示》被看作整个儒家教育的纲领，而不是一时一地学生守则的主要原因。

综观朱熹对《近思录》《四书》等儒家经典的编纂过程和理念来看，《揭示》与朱熹在整理儒家经典过程中体现出的为学理念一脉相承，可以说，朱熹一生的为学理念均浓缩在《揭示》之中也不为过。朱熹制定《揭示》的出发点，是要立足"圣贤所以教人为学之大端"，也就是要从根本上解决"成为什么样的人"和"培养什么样的人"的原则问题。而他之所以选用孔孟等儒家先贤的格言警句作为学规，以及采用这种博采众家又寓意明确、角度各异却又主题鲜明的"集句"方式，是探索在当时条件下，如何推动儒学思想的社会化和普及化。

淳熙二年（1175），朱熹与吕祖谦二人合编了《近思录》，比朱熹编定《揭示》早四年。实际上，《近思录》和《揭示》的编辑体例和运思方式是一贯的，这套教育体系的建构都是借用先贤的话语来完成。《揭示》尽管只有短短七十九个字，但它的核心价值不只是罗列了儒家教育思想的基本纲目，而是在朱熹所设置的"五教之目""为学之序""修身之要""处事之要""接物之要"的体例、结构和纲目化的解读中，这些儒家原有的语句得到"创造性诠释"，表达了朱熹对书院教育的基本理念。正如朱熹在《近思录》中将北宋新儒学代表人物周敦颐、程颢、程颐、张载的语录，编为十四个纲目，并在序文中提到"盖凡学者所以求端用力、处己治人之要，与夫所以辨异端、观圣贤之大略，皆粗见其梗概"（《近思录·朱序》）。故他将《近思录》的十四个纲目分成"求端用方""处己治人"和"辨异端、观圣贤"三个层面的内容。

《揭示》的内在逻辑结构也非常清晰。首先，朱熹将"父子有亲，君臣有义，夫妇有别，长幼有序，朋友有信"列为五教之目，随即他注明"尧舜使契为司徒，敬敷五教，即此是也。学者学此而已"。朱熹明确指出"五教之目"既是为学的目的，也是育人的目的。接着明确了实践途径，即"为学之序"。在儒家看来，"为学"一方面是"成己与成物"的根本途径；另一方面是一个循序渐进、不断积累，最终达成融会贯通的境界。所以朱熹非常强调读书的次序，比如强调读《四书》的次序是"先读《大学》，以定其规模；次读《论语》，以立其根本；次读《孟子》，以观其发越；次读《中庸》，以求古人之微妙处"（《语类》卷十四）。因为读书的次序是一个由浅入深、循序渐进的阶梯，需要一步一个脚印，扎扎实实推进，这便是"为学"的工夫。因为"为学"目的不是利禄功名而是"修身"，所以"修身之要"便是"为学"工夫的一个切近的目标。而"修身"的实质是"修德"，所以必须确立做人的行为原则："正其义不谋其利，明其道不计其功"。"义利之辨"是儒家德性伦理学的核心命题，也是学者德性修养的基础。朱熹把它作为"处事之要"提出，表明从一个人的内在修养境界（内圣）到实现社会价值目标的事功（外王）之间，需要明确由内而外的价值原则，也就是一个人的社会行为应该坚守的道德原则。在儒家看来，为己与为人不是简单对立，也不是绝对割裂的。但在这对矛盾中，必须坚持的根本原则是：每个人追求私利的欲望，必须以服从社会道德和社会整体利益为前提。要之，《揭示》中简短的语辞就是朱熹对为学和教育理念进行体系化和逻辑化的产物。

最后，《揭示》在对学子个人的为学指导上，充分体现了为己之学的目标和理念。《揭示》中提出来的"五教之目"是为学的根本，因为"学者，学此而已"。而"五教之目"说得更明白些，不外乎就是一个"德"字，也就是德育的问题。后面的"处事之要""修身之要""接物之要"都是紧紧围绕德育这个中心。但是对国家教育制度的制定而言，《揭示》所体现出的为学指导思想并不完善，这与朱熹晚年的《学校贡举私议》对比明显。换言之，作为学者，应该奉行《揭示》指导自己的学习，而对于书院、学校、国家、社会而言，更应有整体、系统、科学、合理的规划。这就体现出朱熹对社会实践的关注和重视，朱熹不是纯粹的理论家，他同样关注社会的问题和需要。

在制定《白鹿洞书院揭示》之后十七年，即庆元元年（1195）朱熹又作《学校贡举私议》，此文长达五千多字，完整地表达了朱熹的教育思想，其实就是朱熹教育思想的晚年定论。《学校贡举私议》与《揭示》所不同者，是以"德行道艺"为教学之目，而不仅教以五伦。其云："古者学校选举之法，始于乡党，而达于国都。教之以德行道艺，而兴其贤者、能者。……若夫三代之教，艺为最下，然皆实用而不可阙。其为法制之密，又足以为治心养气之助,而进于道德之归。此古之为法,所以能成人材而厚风俗,济世务而兴太平也。"(《文集》卷六十九《学校贡举私议》) 在这里,虽然"道德"为首要和终归,"艺为最下",但其"犹有实用而不可阙",成人材不仅是"厚风俗",而且要"济世务",如此才能"兴太平",这里所表达的思想即是"明体达用之学"。[1] 由此朱熹主张分设"诸经、子、史、时务"等科。这与他在《揭示》中以德育为中心的思想并不冲突,应该说补充了《揭示》没有提及实用性学习的不足。

三、《白鹿洞书院揭示》对后世的影响

朱熹教育思想及其对中国书院教育的深刻影响,可以通过朱熹复兴白鹿洞书院的实践以及制定的《白鹿洞书院揭示》发现其精神的实质和意义。作为宋代新儒学的领袖和集大成者,朱熹无疑是继孔子之后最有影响的哲学家、思想家和教育家。如果说孔子以"有教无类"打破了"学在官府"的藩篱,开启了影响深远的私学教育传统,那么朱熹则将书院教育的形制与文化精神提升为儒家教育新的实践途径与培育模式。朱汉民、肖永明认为,"朱熹通过重新注释《论语》《孟子》《大学》《中庸》,以继承、确证先秦儒学中奠定的信仰,并进一步以理性主义的思想方法与哲学化的逻辑体系,来解决人文准则与终极实体的内在联系,建立一条以道德理性、日用实践来实现终极关切的程式化途径,以真正完成儒家人文信仰的建构"[2]。如果说《四书章句集注》成为朱熹构建"儒家人文信仰"的理论阐发的话,那他复兴白鹿洞书院及制定《白鹿洞书院揭示》,就是一个践行"儒家人文信仰"的经典范例。

修建白鹿洞书院时期的朱熹已是一个有着深厚学养和相当名望的学者,并有着开办多所书院的经验。因此,朱熹在白鹿洞书院开展的系列教学和著书活动,应该可以看成是书院教学实践的典范。朱熹本人在制定《揭示》之后开办的书院、精舍中都使用《白鹿洞书院揭示》作为学规。在绍熙五年(1194)修复岳麓书院时,朱熹主张用《揭示》作为岳麓书院的学规,以《四

---

[1] 李存山:《朱子〈学校贡举私议〉述评》,《中国社会科学院研究生院学报》2011年第2期,第21页。

[2] 朱汉民、肖永明:《宋代〈四书〉学与理学》,北京:中华书局,2009年,第298页。

书章句集注》作为教材。"观朱熹所持政论,于乾道隆兴年间,已臻于成熟,至淳熙六年,其所望于天下人心之条目,荟萃于鹿洞学规,一举昭揭世间。天下四大书院,朱熹曾讲学其中者二——白鹿、岳麓,而皆以《揭示》为准绳,其在朱熹心目中之地位,可以窥知一二。"① 晚年在建阳考亭修建竹林精舍(后改为沧洲精舍),《四书》是教材,《揭示》是基本学规。

朱熹的弟子将《揭示》传播得更为广泛。朱熹有很多弟子和私淑弟子,他们或者入仕,或者在各类书院中任教,在任教过程中,将朱熹的《四书章句集注》和《白鹿洞书院揭示》带入书院。同时他们促使最高统治者解除了"伪学"禁令,促使太学也使用朱熹《四书》和《揭示》。特别是淳祐元年(1241),宋理宗赵昀视察太学,手书《白鹿洞书院学规》赐示诸生。其后,或摹写,或刻石,或模仿,《揭示》遍及全国书院及地方官学。于是《白鹿洞书院揭示》渐渐成为天下共遵之学规。

《白鹿洞书院揭示》的影响与传播,既因为朱熹的地位和声望,得到后人的崇仰和追捧,也因为《揭示》简明、扼要和纲领性地表达了儒家教育理念,使得朱熹的教育思想能够广泛传播。特别是朱熹作为儒家思想的集大成者与《揭示》作为儒家书院教育总纲之间的相互映射、相互诠释和相互佐证的文化特性,使得《揭示》成为儒家教育思想的标志,《揭示》因此具有了超越时空的文化影响力。在儒家文化圈中,随着明清时期书院制度的普及和推广,《揭示》对朝鲜半岛、日本和越南也产生了不同程度的影响。

《揭示》在海外儒家文化圈的影响起码要从两个角度来看:一是朱子学者个人将《揭示》作为理学经典以及修己方法进行研习。朝鲜李退溪《圣学十图》第五图就是《白鹿洞规图》,又著有《白鹿洞书院学规集注》。由此还直接影响了日本儒者对《揭示》的注释和研究。日本庆安三年(1650)初,山崎闇斋读了李退溪的《自省录》后,开始研究《白鹿洞书院揭示》和李退溪的《白鹿洞书院学规集注》《白鹿洞规图》,并于同年十一月写了《白鹿洞学规集注》,这是日本学者最早诠释《白鹿洞书院揭示》的记载。他在序中说:"晦庵朱夫子挺命世之才,承伊洛之统,继往圣《小学》之教,明《大学》之

---

① 陈戍国、孙思旺:《略论朱熹与白鹿洞书院之关系》,《湖南大学学报(社会科学版)》2003年第4期,第11页。

道,又设此规以开来学,……近看李退溪《自省录》巍论之详矣。得是论汉复之,有以知此规之所以为规者。然后集先儒之说,注逐条之下,与同志讲习之。"(山崎闇斋《白鹿洞学规集注·序》)闇斋的门人浅见䌹斋(1652—1711)受其师影响,亦深入研究《揭示》,大力弘扬《揭示》的精神。他著有《白鹿洞书院揭示考证》和《白鹿洞书院揭示师说》。闇斋的另一高弟三宅尚斋(1662—1741)亦极力弘扬朱熹书院教育精神,他说:"朱子于精舍书院,苦心力讲百方万机,其尽精神,亦可谓至焉。其意盖谓,教化隆乎上,则天下可平治,道学明乎下,则千岁道可传。"(三宅尚斋《亨保壬子岁六月设培根达支之两舍告于先师文公朱先生文》)七十一岁的三宅尚斋还力图恢复三代的大学小学之法,以朱熹振兴白鹿洞书院为根据,重新认识"创办书院以教人"的意义。他以"朱子之书院,非宋主所兴"为例,说明"学堂开于匹夫之手岂有害",从而论证建立民间书院的合法性以及学校设置多样化的可能性。三宅尚斋还在书院设有祭祀朱熹和山崎闇斋的祠堂。阪谷朗庐(1822—1886)读了李退溪《白鹿洞书院学规集注》后,恪守《揭示》教条,认为"盖宇宙间事物,千绪万端而《揭示》外无道、《揭示》外无教,苟不合乎此者,皆邪说暴行矣",他还建议"在上者,善用吾说,朝廷会集,演武练兵,诵《揭示》,然后就事。至巫祝僧尼辈,使之每朝先诵鹿洞《揭示》,然后唱其祝辞经文,最可谓盛事也"。(阪谷朗庐《备中江原一桥藩阪谷希八朗意见书》)[①] 这种将《揭示》作为理学经典的做法在中国理学史上比较少见,这无疑是建立在学者对朱熹及其学说十分推崇的基础之上。

二是作为国家或者地方书院的学规使用,有的书院直接使用《白鹿洞书院揭示》,有的书院则以《白鹿洞书院揭示》为依据修订自己的学规。韩国成均馆至今仍然悬挂着《白鹿洞书院揭示》的牌匾,见证着太学以此为学规的历史,至今韩国的乡校也仍旧以此为学规。在日本,德川和江户时期的书院大量引入《白鹿洞书院揭示》作为自己的学规。阳明学者中江藤树(1608—1648)在正保三年(1646)创办藤树书院后不久,就制定了《藤树规》《学舍坐右戒》等书院规条。这些书院规条全盘照录《白鹿洞书院揭示》。朱子学者

---

① 详见张品端:《〈白鹿洞书院揭示〉在日本的流传及其影响》,《集美大学学报(哲学社会科学版)》2007年第3期,第11—12页。

三宅石庵（1665－1730），于享保九年（1724）创立怀德堂，后称怀德书院，于宝历八年（1758）、十四年分别模仿《白鹿洞书院揭示》，制定了《学寮揭示》。德川幕府时期，所有讲授朱子学的藩校和乡学都奉《白鹿洞书院揭示》为圭臬，并在讲堂悬挂《揭示》。备中江原乡学兴让馆悬挂《白鹿洞书院揭示》，经过一百四十多年，至今还保持着齐诵《白鹿洞书院揭示》的传统，曾任该校校长的山下五树先生说："白鹿洞学规是我们办学的宗旨。"[①] 由此可见《白鹿洞书院揭示》对日本书院的深远影响。

---

① （日）平坂谦二著，熊庆年译：《〈白鹿洞规〉在日本还"活"着》，《徽州师专学报（哲学社会科学版）》1997 年第 1 期，第 50 页。

教化篇：朱熹的社会教化思想

第五章　朱熹《家礼》的特质及其历史影响

朱熹一生重视礼，在十七八岁时就编著《诸家礼考编》，与张栻、吕祖谦等好友常常讨论祭礼、家礼、乡礼、乡仪等，临终之前仍念念不忘编纂《仪礼经传通解》，最后由黄榦、杨复完成对"三礼"的注解。朱熹之所以如此重视礼的编纂，缘于宋代社会形势的变化，经过唐末五代的混乱，原有的社会秩序几近崩溃，新的社会秩序尚未确立，所以政府、士人夫都自觉地致力于考证和编纂礼典或礼书。宋儒普遍关注以家祭礼为代表的家礼、家范的考订，《家礼》也是朱熹在编纂《祭礼》之后，推至冠昏（婚）而成。不幸的是，《家礼》在编纂之后不久即遭窃，直到朱熹去世后才重现于世，《家礼》从某种意义上说是朱熹的未定稿，所以难免存在与朱熹晚年言论不一致的地方。另外，朱熹在与朋友的通信中、与弟子的讨论中都没有明确提过《家礼》这部书，于是后世出现了《家礼》是伪作的说法。先是元代武林应氏作《家礼辨》，提出《家礼》是伪作，再有清代王懋竑在《朱子年谱》《年谱考异》《家礼考》中力辨《家礼》非朱熹所作，最后《四库全书》的编纂者采纳了王懋竑的说法，从此《家礼》伪作说流传至今。

然而，随着朱子学研究的深入，大量学者的研究反驳了王懋竑的质疑，证实了《家礼》确实是朱熹所作。[①] 尽管在《家礼》编纂的细节问题上，仍有不能解决的难题，但伪作一部《家礼》在当时历史背景之下是否必要，这却是值得思考的问题，正如钱穆所说："朱子卒及其葬……值党禁方严，谓有人

---

① 详见（日）吾妻重二：《朱熹〈家礼〉实证研究》，吴震、郭海良等译，上海：华东师范大学出版社，2012年，第14页；陈来：《朱子〈家礼〉真伪考异》，《北京大学学报（哲学社会科学版）》1989年第3期，第115—122页。

焉，据其跋文，伪造专礼，又伪作序文，及朱子之卒而献之其家，有是人，有是理乎！"① 有鉴于此，本书完全认同日本学者吾妻重二所说："《家礼》乃是朱熹的一部尚未定稿作品，作为稿本而在世上流传，久而久之它就被认定为定稿。"②

从历史事实来看，《家礼》伪作说在考证学上自有其产生的学术必然性以及学术价值，但就《家礼》在民间的实践而言，却没有带来很大的负面影响。《家礼》从《大明集礼》规定为民间通用礼之后，对明清时期宗族的兴盛以及民风民俗的维持都起到重要作用，即便在四库馆臣确定《家礼》是伪作之后，此后的地方志资料显示，中国各地的冠婚丧祭之礼普遍的依据仍是"文公家礼"。这也说明《家礼》并非完全依靠朱子学的统治地位或者国家礼制的倡导而发挥社会教化的作用，相反，《家礼》在社会民间的适用性上自有其不可取代的特质。本章将从朱熹《家礼》的编纂和内容讲起，然后分析《家礼》的社会教化特质，最后对《家礼》的历史影响作一梳理。

第一节　朱熹《家礼》的编纂及其内容

唐末五代社会动荡，旧有的家庭组织分崩离析，宗法关系松弛，士族制度解体，门阀士族败落，科举考试促使很多寒门子弟进入政府，社会阶层流动频繁，旧有的社会秩序很难发挥作用，新的社会秩序有待建立，重建家族组织和家族秩序成为新的时代课题。在这种背景下，宋儒在创立新思想体系的同时，也试图通过研究、考订古礼为庶民阶层建立一套合适的礼制体系。于是大量礼学著述出现，司马光、二程、张载、吕大临都有礼学的专论、专著，这些著述、言论都成为朱熹《家礼》产生的资料来源。

李方子说："乾道五年九月，先生丁母祝孺人忧，居丧尽礼，参酌古今，因成丧葬祭礼。又推之于冠昏，共为一编，命曰《家礼》。"③ 关于《家礼》编

---

① 钱穆：《朱子新学案》，成都：巴蜀书社，1986年，第1349页。
② （日）吾妻重二：《朱熹〈家礼〉实证研究》，吴震、郭海良等译，上海：华东师范大学出版社，2012年，第75页。
③ 〔清〕王懋竑：《朱熹年谱》，何忠礼点校，北京：中华书局，1998年，第314页。

纂的具体时间暂且存疑，但关于《家礼》产生的顺序和基本内容应无疑问，即朱熹在编纂《丧葬祭礼》之后，又加入冠婚之礼，最终称之为《家礼》。现存《家礼》在冠婚丧祭之礼之外又加入通礼。朱熹在《跋三家礼范》中言："熹尝欲因司马氏之书，参考诸家之说，裁订增损，举纲张目，以附其后，使览之者得提其要，以及其详，而不惮其难行之者。虽贫且贱，亦得以具其大节，略其繁文，而不失其本意也。"（《文集》卷八十三《跋三家礼范》）现存《家礼》正是在司马氏《书仪》的基础上，参考司马氏、程氏、高氏等诸家礼而成，历史证明，这部《家礼》确实起到了"虽贫且贱，亦得以具其大节，略其繁文，而不失其本意"的实际效果。由这些论断可知，《家礼》在编纂理念上基本符合朱熹的构想和规划。下面就从《家礼》产生的背景、编纂过程以及主要内容逐一阐述。

一、《家礼》产生的背景

唐末五代经过长期战乱之后，原有的门阀士族已经败落，加上科举考试成为入仕的主要通道，于是庶民阶层有了入仕的机会。相较之下，可以说汉唐是代表士族贵族的政府，宋朝是平民阶层的政府，那么原有的礼仪制度就不能完全地适应宋代社会，宋代政府和社会就面临制定新的礼仪制度的课题。与唐相比，宋朝政府在制度或政策导向上却存在不利于礼实行的因素：一、不设专门礼官；二、科举不考《仪礼》，由此带来的直接后果就是宋代士人对古代礼仪多半语焉不详，不明所以。据《语类》载：

> 因言："孙为人君，为祖承重。"顷在朝，检此条不见。后归家检《仪礼疏》，说得甚详，正与今日之事一般。乃知书多看不办。旧来有明经科，便有人去读这般书，《注》《疏》都读过。自王介甫新经出，废明经学究科，人更不读书。卒有礼文之变，更无人晓得，为害不细。（《语类》卷八十五）

> 祖宗时有《三礼》科学究，是也。虽不晓义理，却尚自记得。自荆公废了学究科，后来人都不知有《仪礼》。（《语类》卷八十七）

政府的政策导向影响的不仅仅是士人不读礼书，而是影响到这些士人入仕以后对社会民众的教化效果。朱熹说：

> 欧阳公言："古礼今皆废失，州县幸有社稷、释奠、风、雨、雷师之祭，民犹得以识先王之礼。而吏多不习，至其临事，举多不中，而色不庄，使民无所瞻仰，见者怠焉。"熹始读之，每疑其言之过，及仕州县，身亲见之，而后知公之不妄也。（《文集》卷八十三《书释奠申明指挥后》）

与政府、士人不重视礼一样，民间对传统礼仪更陌生，就拿儒家最为看重的丧礼来说，宋代民间丧礼采用佛道仪式已较为普遍，很多理学家都表达过反对的态度。程颢曾以地方官的身份禁止火葬，程颐说："某家治丧，不用浮图。在洛，亦有一二人家化之，自不用释氏。"（《河南程氏遗书》卷十）张载在按照《仪礼》举行丧祭仪式时，一度遭到众人的怀疑，吕大临说："先生继遭期功之丧，始治丧服，轻重如礼；家祭始行四时之荐，曲尽诚洁。闻者始或疑笑，终乃信而从之，一变从古者甚众，皆先生倡之。"（吕大临《横渠先生行状》）由此可见，北宋时期用佛教仪式举行葬礼应是比较盛行的做法。

南宋时，佛道礼仪在丧葬仪式中仍普遍运用，以至于朱熹常常要应付弟子们相关的实际问题。"或问：'设如母卒，父在，父要循俗制丧服，用僧道火化，则如何？'曰：'公如何？'曰：'只得不从。'曰：'其他都是皮毛外事，若决如此做，从之也无妨，若火化则不可。'泳曰：'火化，则是残父母之遗骸。'曰：'此话若将与丧服浮屠一道说，便是未识轻重在。'（《语类》卷八十九）又，"或问：'亲死，遗嘱教用僧道，则如何？'曰：'便是难处。'或曰：'也可以不用否？'曰：'人子之心有所不忍。这事，须子细商量。'"（《语类》卷八十九）

面对弟子的提问，朱熹认为要"子细商量"，原因之一是断然否定父母亲人的遗言不是孝子所为；原因之二是火化等佛教仪式流行，从俗是一种合理的选择。即便崇尚儒家礼仪的家庭里，完全抵制佛教丧礼仪式也不是容易的事。比如南宋俞文豹谈到一个例子。"江西尚理学，临川黄少卿莘卒[①]，其子

[①] 黄莘为陆学人物。

垱欲不用僧道，亲族内外群起而排之，遂从事今半古说。"（俞文豹《吹剑录外集》）众所周知，"事死如事生，事亡如事存"是儒家对孝道最基本的要求，对于父子均为儒士的丧礼竟也有如此争议，还要受到亲族内外的干涉，最终不能自主选择儒家丧礼仪式，由此可见佛教丧礼仪式在民间的普遍，以及儒家传统丧礼的败落。

为了制订适合当时世俗人情的新礼制，宋朝政府也编订了一系列礼书。宋太祖命人仿照唐朝的《开元礼》而加以"损益"，编纂成《开宝通礼》二百卷。真宗时，设置礼仪院，负责每年增修礼仪制度。仁宗时，多次编修礼书，最有代表性的是嘉祐间欧阳修所编的《太常因革礼》一百卷，内容基本因袭《通礼》，但"异于旧者盖十三四焉"。值得一提的是，徽宗时，编成《政和五礼新仪》二百二十卷，正式规定了皇帝和品官、士人、庶人婚丧嫁娶方面的礼制，其中针对庶民层面的礼仪规定比以往任何时代都明确而详备，是中国历史上第一份民间通用礼。徽宗御制序文中更言明"循古之意而勿泥于古，适今之宜而勿牵于今"（《政和五礼新仪原序》）。淳熙七年（1180）三月，朱熹在南康任职期间，他向礼部上了《乞颁降礼书状》，奏请降下《政和五礼新仪》，将之作为"化民善俗之本"印造颁发，引导民众实行其中的冠婚丧祭礼。后来朱熹认为《政和五礼》出自众手，多有前后矛盾和疏略不备的地方，于是专门写了一篇《民臣礼议》指出州县行礼有"五不合"，建议取州县官民所用礼，参照近制，另编定《绍兴纂次政和民臣礼略》颁行全国。

政府除了编纂礼书作为各阶层民众的通用礼之外，也试图通过调整科举考试来缓解这种状况，绍兴二十二年（1152）科考规定，即"以上习《周礼》《礼记》较他经十无一二，恐其学寖废，遂命州郡招延明于二礼者俾立讲说，以表学校及令考官优加诱进"（《宋史》卷一百五十六）。政府试图通过科举考试引导士子能关注礼经的学习，正因为现实中知礼的士人太少的缘故。

北宋儒者以前所未有的自觉姿态对礼书进行修订、编撰，这当然既有恢复儒家礼仪的目的，也有排斥佛老的意图。欧阳修、王安石、司马光、张载、二程、吕人临等都对礼学进行过整理和阐发，试图恢复、重建儒家的传统礼仪。据宋元之际的马端临《文献通考》记载，北宋儒者对《家礼》，特别是祭礼方面的著述有以下：

171

《孙氏祭享礼》一卷,陈氏曰:检校左散骑常侍孙日用撰。

《杜氏四时祭享礼》一卷,陈氏曰:丞相山阴杜衍世昌撰。

《韩氏古今家祭式》一卷,陈氏曰:司徒兼侍中相台韩琦稚圭撰。

《横渠张氏祭礼》一卷,陈氏曰:张载子厚撰。末有吕大钧和叔说数条附焉。《朱子语录》曰:横渠所制多不本诸《仪礼》,有自杜撰处。

《伊川程氏祭礼》一卷,陈氏曰:程颐正叔撰。首载作主式。

《伊洛礼书补亡》《伊洛遗礼》,龙川陈氏序曰:……集其遗言中凡参考《礼仪》而是正其可行与不可行者,以为《伊洛礼书补亡》,……又曰:《伊洛遗礼》,其可见者,惟婚与丧礼仅存其一二,今以附诸《补亡》之后。

《吕氏家祭礼》一卷,陈氏曰:丞相京兆吕大防微仲、正字大临与叔撰。《朱子语录》曰:与叔集诸家礼补《仪》,以《仪礼》为骨。

《范氏家祭礼》一卷,陈氏曰:范祖禹淳甫撰。

《温公书仪》一卷,陈氏曰:司马光撰。前一卷为表章、书启式,余则冠婚、丧祭之礼详焉。《朱子语录》:……温公本诸《仪礼》,最为适古今之宜。

《居家杂礼》一卷,陈氏曰:司马光撰。

《吕氏乡约》一卷、《乡仪》一卷,陈氏曰:吕大钧和叔撰。

《高氏送终礼》一卷,陈氏曰:礼部侍郎高闶抑崇撰。(《文献通考》卷一百八十八《经籍考十五》)

从书目可以看出,宋代士大夫所编著的礼书主要以家祭礼为主,朱熹编纂《家礼》也是先著祭礼、祭仪,再推广至冠昏(婚)礼,然后成为《家礼》,诸儒重视祭礼的立场是一致的。要之,这些礼书朱熹大都认真研究过,有的礼书还是他任职期间教化民众的重要礼仪用书,有的则直接成为《家礼》的参考文献。据《徽州婺源县学藏书阁记》载,朱熹在婺源展墓时曾把《司马氏书仪》《高氏送终礼》《吕氏乡仪乡约》等礼书与二程理学著作一起赠给县学。从朱熹与弟子关于这些礼书的讨论中,也可见朱熹对这些礼书的用心。据《语类》载:

叔器问四先生礼。曰："二程与横渠多是古礼，温公则大概本《仪礼》，而参以今之可行者。要之，温公较稳，其中与古不甚远，是七八分好。若伊川礼，则祭祀可用。婚礼，惟温公者好。大抵古礼不可全用，如古服古器，今皆难用。"（《语类》卷八十四）

因司马光关照古礼和今俗，所以朱熹主张"大抵今士大夫家，只当且以温公之法为定也"（《文集》卷六十三《答郭子从》）。朱熹《家礼》就是在《书仪》的基础上进行删减、修改而成。韩琦的《古今家祭式》特点是"采前说之可行，酌今俗之难废者，以人情断之"（《安阳集》卷二十二《韩氏参用古今家祭式序》）。这一理念也被朱熹《家礼》所继承，而《家礼》中关于节日祭祀则完全采纳了韩说，《语类》载：

叔器问，"行正礼，则俗节之祭如何？"曰："韩魏公处得好，谓之节祠，杀于正祭。某家依而行之。但七月十五素馔用浮屠，某不用耳。"（《语类》卷九十）

南宋初高闶所著《送终礼》也深得朱熹的赞赏，他说："高氏《送终礼》胜得温公《礼》。"（《语类》卷八十五）总体来看，朱熹高度评价的礼书都有借鉴古礼的前提下适应时俗的特色，都极具实践意义。

二、《家礼》的编纂过程

朱熹无论在外任职还是居丧在家，都不忘礼学的整理和编纂。如果从他十七八岁开始作《诸家礼考编》算起，到晚年编纂《仪礼经传通解》，可以说编纂礼书贯穿了他的一生。整体而言，朱熹礼学思想的发展经历由主二程说到融会贯通、集合多家之说的过程。从现存《家礼》的内容，可以看出《家礼》是在司马氏《书仪》的基础上，融合了二程、张载等人的礼学观点，加上朱熹自己的创新而形成。但由于《家礼》在编纂后不久即遭窃，而《语类》《文集》中也没有明确提及《家礼》的编纂时间以及更多细节，所以《家礼》的编纂过程只能依据现有材料推测其大概。

朱熹最初关注礼是从父亲去世开始的。他说："某自十四岁而孤，十六而免丧。是时祭祀，只依家中旧礼，礼文虽未备，却甚齐整。先妣执祭事甚虔。及某十七八，方考订得诸家礼，礼文稍备。"（《语类》卷九十）束景南认为，"这本《诸家礼考编》，就主要是在胡宪指导下写成的生平第一部礼学著作，是他后来作《祭仪》《家礼》和《古今家祭礼》的最原始的稿本，成为他生平《礼》经学思想的滥觞"①。由于《诸家礼考编》《祭仪》等都没有流传下来，所以我们也无法一睹真容，只能通过一些讨论推测其大体状况。在朱熹与林择之的信中，有云："敬夫又有书理会祭仪，以墓祭节祠为不可。然二先生皆言墓祭不害义理……但旧仪亦甚草草，近再修削，颇可观。"（《文集》卷四十三《答林择之》）据陈来考证，这里所言"旧仪"应是《诸家礼考编》，《祭仪》应是在此基础上刊削之后的成果，然张栻对修改后的《祭仪》仍不满意。朱熹进行了修改，他在与张栻的信中说道："《祭说》辨订精审……其他如此修定处甚多，大抵多本程氏而参以诸家，故特取二先生说今所承用者，为《祭说》一篇，而《祭仪》《祝文》又各为一篇，比之昨本稍复精密。"（《文集》卷三十《答张钦夫》）可见，《祭仪》（或称《祭礼》）由《祭说》《祭仪》《祝文》三部分组成。又陈淳在《代陈宪跋家礼》中谈到《祭仪》的主要内容："始得王郎中子正传本三卷。上卷编程子《祭说》及主式；中卷自《家庙》《时祭》以至《墓祭》凡九篇，而《时祭》篇中又分卜日、斋戒、陈设、行事凡四条，为文盖统一而无分纲目；下卷则列诸祝词而已。"②两处所说的《祭仪》的基本内容一致。并且，据陈来推断，"祭仪中祭说多取二程之说，而祭礼之节文则以《书仪》为基础加以增删"③。

朱熹在讨论并修改《祭仪》过程中，计划把《祭仪》增益推广到冠、婚礼，使之成为一本完整的礼书，这就是关于《家礼》的最初构想。但是至于《家礼》从构想到变成现实到底过了多少年，这恐怕需要存疑。淳熙二年（1175）十二月三十日朱熹在信中说："熹……又欲修《吕氏乡约》《乡仪》，

---

① 束景南：《朱子大传》，北京：商务印书馆，2003年，第75页。
② 〔宋〕陈淳：《北溪先生全集》，北京：国家图书馆出版社，2021年，第268页。
③ 陈来：《朱子〈家礼〉真伪考议》，《北京大学学报（哲学社会科学版）》1989年第3期，第119页。

及约冠昏丧祭之仪,削去书过行罚之类,为贫富可通行者。苦多出入,不能就。又恨地远,无由质正。然旦夕草定,亦当寄呈,俟可否然后敢行也。"(《文集》卷三十三《答吕伯恭》)在淳熙三年二月他又告诉吕祖谦说:"礼书亦苦多事,未能就绪。书成,当不俟脱稿,首以寄呈求是正也。"(《文集》卷三十三《答吕伯恭》)束景南由这两处认定,这本约冠昏(婚)丧祭之仪的礼书可能是《家礼》,就在朱熹携《家礼》前往三衢见吕祖谦的途中,书稿不幸在寺院被僧童窃逃,导致无法同吕祖谦展开讨论。① 然而,陈来认为此处所说"及约冠昏丧祭之仪"是指约简《吕氏乡约乡仪》中的冠昏丧祭之仪,下接所说"削去书过行罚"也是针对《乡约》而发,故修、约、削,都是指《吕氏乡约》及《乡仪》,是说要修改《吕氏乡约》《乡仪》,减去《乡仪》中冠昏丧祭的仪节,去掉《乡约》中书过行罚的条文,以使之成为贫富皆可以行的地方规约。同年他还把改后的乡约乡仪寄给张栻。② 至于第二封信中说"礼书亦苦多事,未能就绪,书成"云云,陈来认为,"考前后诸书,皆不明'礼书'何指,故难以为据"③。这样看来,束景南说《家礼》是淳熙三年完成的结论过于武断。

张栻和吕祖谦都编写过家礼的著作,朱熹相与讨论过。淳熙三年(1176)六月,张栻在桂林印刻了《三家昏丧祭礼》。这本书采辑司马光、程颐、张载三家之说,但却有昏丧祭礼而无冠礼,遭到朱熹批评。朱熹以这本书为底本,增益了冠礼,又加上吕氏一家之说,取名《四家礼范》,淳熙四年在金陵印刻。绍熙四年(1193),朱熹守长沙时,邵囦再刻此书,朱熹跋之曰:"熹尝欲因司马氏之书,参考诸家之说,裁订增损,举纲张目,以附其后,使览之者得提其要,以及其详,而不惮其难行之者。虽贫且贱,亦得以具其大节,略其繁文,而不失其本意也。顾以病衰,不能及已。"(《文集》卷八十三《跋三家礼范》)张栻编《三家昏丧祭礼》时,朱熹应没有编成《家礼》,不然不会不提。同理,吕祖谦在编纂《家范》时,朱熹《家礼》应该也没有成书。陈来

---

① 束景南:《朱子大传》,北京:商务印书馆,2003年,第379页。
② 陈来:《朱子〈家礼〉真伪考议》,《北京大学学报(哲学社会科学版)》1989年第3期,第121页。
③ 陈来:《朱子〈家礼〉真伪考议》,《北京大学学报(哲学社会科学版)》1989年第3期,第122页。

总结说:

> 吕祖谦晚年作成《家范》一书,亦是订定家礼,其中多次引用"朱氏祭仪",可见朱子确有《祭仪》一书。吕祖谦卒于淳熙八年,时朱子52岁,于此推断,至少在朱子52岁时,还没有著成一部名为《家礼》的书,否则吕祖谦的《家范》一定会援用。根据朱熹、张栻、吕祖谦乾淳之间的往来情况,如果在这一时期朱子确曾写成《家礼》,不论是否后来为人窃去,一定会寄张、吕共同研讨,何况吕祖谦订定《家范》,张栻在广西结集《三家礼范》,三人皆对家礼如此重视呢。①

陈来这种推理符合当时的情况,无论如何,如果在淳熙三年(1176)朱熹编成《家礼》的话,他在与张、吕的书信中不可能只字不提。因此,陈来认为,"《家礼》的完成当在二人死后,此时朱子已无可以讨论的亲密朋友,故此后未曾与人论起"②。这也大致可以解释王白田提出的何以朱熹平生从未提及《家礼》的质疑。总之,《家礼》是朱熹所作是无疑的,但到底在何时完成、何时被窃恐怕还需要更多的辅助材料才能解释。

值得注意的是,朱熹的《家礼》思想与其经学、四书学思想一样,都是经历主二程说向融合诸家礼学的转变过程。《家礼》思想最先主二程说,后来又融合张载、吕大临、韩琦、司马光等诸多儒者的礼说。现存《家礼》一半以上援引司马光《书仪》,"冠礼则多取司马氏,婚礼则参诸司马氏、程氏。丧礼本之司马氏,后又以高氏之书为最善。及论祔迁,则取横渠《遗命》,治丧则以《书仪》疏略而用《仪礼》。祭礼兼用司马氏、程氏,而先后所见又有不同。节祠则以韩魏公所行者为法"(《文献通考》卷一百八十八《经籍考十五》)。可以说,朱熹《家礼》也是集宋代礼学之大成之作。

---

① 陈来:《朱子〈家礼〉真伪考议》,《北京大学学报(哲学社会科学版)》1989年第3期,第120页。
② 陈来:《朱子〈家礼〉真伪考议》,《北京大学学报(哲学社会科学版)》1989年第3期,第122页。

三、《家礼》的主要内容

《家礼》是在司马光《书仪》的基础上损益而成，主要分为五卷，通礼、冠礼、婚礼、丧礼、祭礼。书仪原是书函写法手册，后成为私家仪注，亦即日常生活中的规则及各种礼仪的实用书之通称。① 《书仪》在唐代很流行，但作为全本传世的只有北宋司马光的《书仪》。对照《家礼》和《书仪》可以发现，《家礼》删去了《书仪》第一卷关于文书的写法，其余部分的主要内容基本一致，二者最大的不同在于《家礼》以祠堂取代影堂。对比详见下表。

《书仪》和《家礼》内容对照表

《书仪》		《家礼》	
卷一	表奏、公文、私书、家书	卷一 通礼	祠堂、深衣制度、司马氏居家杂仪
卷二 冠仪	冠仪、笄、堂室房户图、深衣制度	卷二 冠礼	冠、笄
卷三 昏仪上	纳采、问名、纳吉、纳币、请期、亲迎	卷三 昏礼	议昏、纳采、纳币、亲迎、妇见舅姑、庙见、婿见妇之父母
卷四 昏仪下	妇见舅姑、婿见妇之父母、居家杂仪		

---

① （日）吾妻重二：《朱熹〈家礼〉实证研究》，吴震、郭海良等译，上海：华东师范大学出版社，2012年，第15页。

续表

		《书仪》		《家礼》
卷五	丧仪一	初终、复、易服、讣告、沐浴饭含袭、铭旌、魂帛、吊酹赗禭、小敛、棺椁、大敛殡		初终、沐浴袭奠为位饭含、灵座魂帛铭旌、小敛、大敛
卷六	丧仪二	闻丧奔丧、饮食、丧次、五服制度、成服、朝夕奠		成服、朝夕哭奠上食、吊奠赗、闻丧奔丧
卷七	丧仪三	卜宅兆葬日、穿圹、碑志、明器下帐苞筲祠版、启殡、朝祖、亲宾奠赗赠	卷四 丧礼	治葬、迁柩朝祖奠赗
卷八	丧仪四	陈器、祖奠、遣奠、在涂、及墓、下棺、祭后土、题虞主、反哭、虞祭、卒哭、祔		陈器祖奠、遣奠、发引、及墓下棺祠后土题木主成坟、反哭、虞祭、卒哭、祔
卷九	丧仪五	小祥、大祥、禫祭、居丧杂仪、讣告书、致赗禭状、谢赗禭书、慰大官门状、慰平交、慰人名纸、慰人父母亡疏状、父母亡答人状、与居忧人启状、居忧中与人疏状、慰人父母在祖父母亡启状、祖父母亡答人启状、慰人伯叔父母姑亡、伯叔父母姑亡答人慰、慰人兄弟姊妹亡、兄弟姊妹亡答人慰、慰人妻亡、妻亡答人、慰人子侄孙亡、子孙亡答人状		小祥、大祥、禫、居丧杂仪、致赗奠状、谢状、慰人父母亡疏、父母亡答人疏、慰人祖父母亡启状、祖父母亡答人启状
卷十	丧仪六	祭、影堂杂仪、归胙于所尊书、复书、平交书、复书、降等书、复书	卷五 祭礼	四时祭、初祖、先祖、祢、忌日、墓祭

178

从对照表可以看出，《家礼》基本照搬《书仪》的框架，并将冠婚丧葬仪改作冠婚丧祭礼，在冠婚丧祭次序保持不变的情况下，《家礼》将"冠仪"中的"深衣制度"和"昏仪"中的"居家杂仪"前置到"通礼"中，又将"丧仪六"中"影堂杂仪"融汇到"通礼"中的"祠堂"。而且《家礼》将冠昏（婚）丧祭礼仪进一步条理化、简化，使之更加实用。

（一）通礼

《家礼》删除了《书仪》中关于各种文书的写法，取而代之以《通礼》，更突出了"家礼"的特色。《通礼》分为祠堂、深衣制度和司马氏居家杂仪三方面内容。祠堂是朱熹《家礼》的独创，代替《书仪》中"影堂"发挥家庙的作用。深衣制度和司马氏居家杂仪是《书仪》的内容。深衣是古代儒者日常家居服装，但在宋代已不常见，司马光重新考证并制作使用，朱熹在《家礼》中保留深衣制度，一方面与祭祀活动有关，即深衣可作为庶民的祭祀服装；另一方面保留不常用的深衣制度有"爱礼存羊"之意，表达对古礼的态度。居家杂仪乃是"不可一日不修"的日用常礼，体现了"守名分、谨爱敬"的礼之本，所以特意放在通礼中。

1. 祠堂。

朱熹把祠堂放在篇首，因为"今以报本反始之心，尊祖敬宗之意，实有家名分之守，所以开业传世之本也，故特著此冠于篇端"（《家礼》卷一）。除此之外，祠堂及其制度是朱熹设想出来的取代传统家庙功能的设置，需要在开头加以说明，所谓"古之庙制不见于经，且今士庶人之贱亦有所不得为者，故特以祠堂名之，而其制度亦多用俗礼云"（《家礼》卷一）。

《家礼》规定祠堂的位置在正寝之东，一般设为三间，但他也考虑了庶民的实际情况，认为"若家贫地狭，则止为一间……亦可"（《家礼》卷一）。正因为《家礼》能够考虑贫穷人家的实际情况，所以《家礼》得以在民间普及和实践。祠堂"为四龛，以奉先世之神主"（《家礼》卷一），意味着同堂异龛，最多祭祀四世，顺序为"高祖居西，曾祖次之，祖次之，父次之"（《家礼》卷一）。原则上遵从"非嫡长子，则不敢祭其父"（《家礼》卷一）。

朱熹通过"置祭田"从根本上解决了家族祭祀活动的资金来源问题，具体做法是："初立祠堂，则计见田，每龛取其二十之一以为祭田……宗子主之，以给祭用……皆立约闻官，不得典卖。"（《家礼》卷一）祭田一方面保证了大型祭祀或者其他聚会活动的财务开支，另一方面也通过契约，保证了家族祠堂的长久发展，同时也巩固宗子在家族中的地位。

祠堂归宗子守护，《家礼》规定："凡祠堂所在之宅，宗子世守之，不得分析"（《家礼》卷一）。与之对应，宗子要"晨谒于大门之内""出入必告""正至、朔望则参""俗节则献以时食""有事则告"（《家礼》卷一）。如果遇到意外灾害，要先救祠堂。《家礼》曰："或有水火盗贼，则先救祠堂，迁神主、遗书，次及祭器，然后及家财。"（《家礼》卷一）这种观念与《书仪》"影堂杂仪"中的相关规定完全一致，《书仪》曰："遇水火盗贼，则先救先公遗文，次祠版，次影，然后救家财。"（《书仪》卷十）可见，《家礼》的祠堂制度一定程度上借鉴了《书仪》影堂制度的内容。

2. 深衣制度。

在司马氏《书仪》中，深衣制度在《冠仪》之后，《家礼》将之提前至《通礼》，朱熹说："今以前章已有其文，又平日之常服，故次前章。"（《家礼》卷一）这是因为，在祠堂章已经提到主人"晨谒"祠堂时要着"深衣"，所以接下来应该解释何谓深衣，如何制作深衣。简言之，深衣分衣、裳，"衣全四幅，其长过胁，下属于裳"，"裳交解十二幅，上属于衣，其长及踝"，"圆袂。方领。曲裾。黑缘。大带。缁冠。幅巾。黑履。"（《家礼》卷一）与《书仪》相比，《家礼》省略了文献考证，简洁扼要地叙述了深衣的款式、做法。另外，朱熹在《文集》卷六十八也论述了《深衣制度》，可见其对深衣制度的重视。

深衣在宋之前只存在于礼书的记载中，东汉经学家郑玄为《深衣》篇作注时已很难说清楚，到宋代却突然受到关注，宋末元初马端临有曰：

> 按三代时衣服之制，其可考见者虽不一，然除冕服外，惟玄端、深衣二者其用最广。……至于深衣，则裁制缝衽，动合礼法，故贱者可服，贵者亦可服；朝廷可服，燕私亦可服。天子服之以养老，诸侯服之以祭膳，卿、大夫、士服之以夕视私朝，庶人服之以宾祭，盖亦未尝有等级也。古人衣服之制不复存，独深衣则《戴记》言之甚备。然其制虽具存，而后世苟有服之者，非以诡异贻讥，则以儒缓取哂，虽康节大贤，亦有

今人不敢服古衣之说。司马温公必居独乐园而后服之,吕荣阳、朱文公必休致而后服之,然则三君子当居官莅职见用于世之时,亦不敢服此,以取骇于俗观也。盖例以物外高人之野服视之矣,可胜唧哉!(《文献通考》卷一百十一《王礼考六》)

深衣在《家礼》中有特殊的意义,据《家礼》,早晨拜谒祠堂,在四时祭、初祖、先祖、祢、忌日、墓祭时,要身着深衣,在行冠礼时,最初也是身着深衣,在丧礼上穿袭衣是深衣、幅巾、大带。在元旦、冬至、每月朔望参拜祠堂之际,主人以下都要身着"盛服"。"凡言盛服者,有官则幞头、公服、带、靴、笏;进士则幞头、襴衫、带;处士则幞头、皂衫、带;无官者通用帽子、衫、带,又不能具,则或深衣或凉衫。"(《家礼》卷一)要之,公服及襴衫乃是正装的"盛服",相对而言,深衣则是简略的礼服。朱熹之后,深衣只是一部分儒者在使用,明清时期也未得到普及。总之,"在中国,自宋代以降,深衣只是那些自负为儒者,欲向他人强烈表示自我的人物才例外地使用"①。

3. 居家杂仪。

在司马氏《书仪》中,居家杂仪本在《昏礼》之后。朱熹认为"此乃家居平日之事,所以正伦理笃恩爱者,其本皆在于此,必能行此,然后其仪章度数有可观焉,不然则节文虽具,而本实无取,君子所不贵也,故亦列于首篇,使览者知所先焉"(《家礼》卷一)。从《家礼序》可知,朱熹认为,礼有本有文,礼之本集中体现在居家杂仪,而冠婚丧祭之礼则属礼之文。然而在《家礼》流传过程中,显然属于礼之"文"的冠婚丧祭之礼更受学者的关注,特别是韩日的学者多有冠婚丧祭"四礼"或者"丧祭"二礼的注解。

居家杂仪首先规定家长的职责和行为规范,即"凡为家长,必谨守礼法,以御群子弟及家众"(《家礼》卷一),家长对待财物应该遵循的原则是"制财用之节,量入以为出","裁省冗费,禁止奢华,常须稍存赢余,以备不虞"(《家礼》卷一)。与之相应的,"凡诸卑幼,事无大小,毋得专行,必咨禀于家长"

---

① (日)吾妻重二:《朱熹〈家礼〉实证研究》,吴震、郭海良等译,上海:华东师范大学出版社,2012年,第215页。

（《家礼》卷一）。《家礼》和《书仪》一样，奉行家长负责制，主张"号令出于一人，家政始可得而治矣"（《家礼》卷一）。家庭经济实行同居共财，所谓"为子为妇者，毋得蓄私财，俸禄及田宅所入，尽归之父母、舅姑，当用，则请而用之"（《家礼》卷一）。收入归父母舅姑是"号令出于一人"的经济基础。

其次规定了子何以事父母，妇何以事舅姑，夫妻如何相处，为人父母如何教育婴幼儿等具体仪节。比如，《杂仪》规定日常侍候父母舅姑要"容貌毕恭，执事必谨。言语应对，必下气怡声"（《家礼》卷一）。对于父母交代的事情要谨记在心，快速完成。父母有过错时要"柔声以谏""起敬起孝"。父母生病时，"无故不离侧，亲调尝药饵而供之"（《家礼》卷一）。对应不孝的子妇，也有惩罚措施。先是耐心教育，教育未果，"然后怒之；若不可怒，然后笞之"，如果仍不悔改，"子放妇出"（《家礼》卷一），恩断义绝应是最严厉的惩罚。

另外，除了对于家长、子妇、孩子等嫡系血亲有规定之外，对于内外仆妾也有要求。对于女仆的称呼显示了森严等级下温情的一面："同辈谓长者为姊，后辈谓前辈为姨"（《家礼》卷一），朱熹赞同郑康成所谓"人，贵贱不可以无礼"（《家礼》卷一）。在选择、评判仆人时要以德性为首要因素，所以居家杂仪规定男仆"有忠信可任者，重其禄；能干家事，次之"（《家礼》卷一）。

总起来说，居家杂仪体现的是儒家重人伦、重德性的特点，各种规定措施目的是要在家族当中建立一种父子有亲、男女有别、长幼有序的家庭秩序。居家杂仪通过朱熹《家礼》的普及，此后的很多家规、家法、家训、族规无不受其影响，可以说司马光整理的《居家杂仪》是后世家训、家规、族规、家法的模板。

（二）冠礼

宋代时，冠礼已经不被士大夫所重视，以至于张栻在编定礼书时不谈冠礼。对此朱熹说："钦夫尝定诸礼可行者，乃除冠礼不载。问之，云：'难行。'某答之云：'古礼惟冠礼最易行。如昏礼须两家皆好礼，方得行。丧礼临时哀痛中，少有心力及之。祭礼则终献之仪，烦多长久，皆是难行。看冠礼比他礼却最易行。'"（《语类》卷八十九）又说："昏礼事属两家，恐未必信礼，恐或难行。若冠礼，是自家屋里事，却易行。向见南轩说冠礼难行。某云，是自家屋里事，关了门，将巾冠与子弟戴，有甚难！"（《语类》卷八十九）当然，这里所谓"关了门，将巾冠与子弟戴"只是与婚丧祭礼比较而言，其实冠礼的形式仍需要家人、朋友甚至祖宗的见证或参与，而且衣冠鞋履要先后更换三次。

《家礼》基本采用司马氏《书仪》中的冠礼，"男子年十五至二十，皆可冠"，司马光反对过早举行冠礼，认为"自十五以上俟其能通《孝经》《论语》，粗知礼仪然后冠之，其亦可也"（《家礼》卷二）。"女子许嫁，笄"，朱熹注曰："年十五，虽未许嫁，亦笄。"（《家礼》卷二）古代礼制，冠礼要筮日、筮宾，《书仪》亦有筮日、筮宾，《家礼》则删除此两项，所谓："古礼筮日，今不能然，但正月内择一日可也"，"古礼筮宾，今不能然，但择朋友贤而有礼者一人可也"（《家礼》卷二）。

在正式加冠前三天，"主人告于祠堂"即可。主人是"冠者之祖父……若非宗子，则必继高祖之宗子主之，有故则命其次宗子"（《家礼》卷二），宗子的主持者是祖父，非宗子则由继高祖的宗子主持。《仪礼》中所要求的三次加冠仪式分别是缁布冠、皮弁、爵弁，《家礼》则将三次加冠更改为当时流行的服饰。第一次是"为加冠巾……服深衣，纳履"，然后是"再加帽子，服皂衫，革带，系鞋"，最后是"三加幞头，公服，革带，纳靴执笏。若襕衫，纳靴"（《家礼》卷二）。这里朱熹用当时流行的冠巾、帽子、幞头取代了缁布冠、皮弁、爵弁。加冠之后，"宾字冠者"，即取名字。最后"主人以冠者见于祠堂"。女子的笄礼则是"母为主"，即"宗子主妇，则其中堂。非宗子，而与宗子同居，则于私室；与宗子不同居，则如上仪"（《家礼》卷二）。冠仪所需衣服饰物为"背子、冠笄"，"乃字"时"改祝辞'髦士'为'女士'"（《家礼》卷二），其余与冠礼基本相同。

（三）昏（婚）礼

卷三是昏礼，分议昏、纳采、纳币、亲迎、妇见舅姑、庙见、婿见妇之父母等七个环节。适婚年龄是"男子年十六至三十，女子年十四至二十"（《家礼》卷三），这是折中了古代礼制和当时法令的结果，古礼是"男三十而娶，女二十而嫁"，朱熹时法令是男年十五，女年十三以上可以婚嫁，《书仪》折中为一个年龄区间，认为是"参古今之道，酌礼令之中，顺天地之理，合人情之宜"(《家礼》卷三)。《家礼》中的婚礼简便易行,"古礼有问名、纳吉,今不能尽用,止用纳采、纳币,以从简便"(《家礼》卷三)。传统婚礼"六礼"(纳采、问名、纳吉、纳征、请期、亲迎)被删并为三礼即纳采、纳币、亲迎。

婚姻是结两家之好,关系两个家族的未来:"夫昏姻者,所以合二姓之好,上以事宗庙,下以继后世也。"(《礼记·昏义》)所以《家礼》主张议昏(婚)时首先要考虑性情和家法,而不是财富多寡、权势高低。从女方角度来看,"凡议昏姻,当先察其婿与妇之性行,及家法何如,勿苟慕其富贵。婿苟贤矣,今虽贫贱,安知异时不富贵乎?苟为不肖,今虽富盛,安知异时不贫贱乎?"(《家礼》卷三)从男方角度看,"妇者,家之所由盛衰也,苟慕其一时之富贵而娶之,彼挟其富贵,鲜有不轻其夫而傲其舅姑;养成骄妒之性,异日为患,庸有极乎?借使因妇财以致富,依妇势以取贵,苟有丈夫之志气者,能无愧乎?"(《家礼》卷三)司马光严厉批判以财论婚的社会现实,所谓"昏娶而论财,夷虏之道也","今世俗之贪鄙者,将娶妇,先问资装之厚薄;将嫁女,先问聘财之多少"(《家礼》卷三)。考虑到以财议昏的危害,司马光直言"议昏姻有及于财者,皆勿与为昏姻可也"(《家礼》卷三)。议昏不问对方的财产,但具体到每个环节,不能不考虑自己的经济实力,量力而为。如纳采环节"币用色缯,贫富随宜,少不过两,多不逾十"(《家礼》卷三)。

祠堂中的列祖列宗要见证两家结亲的全过程,纳采时,男方"主人具书,夙兴,奉以告于祠堂","女氏主人出见使者,遂奉书以告于祠堂",中间人再回到男方家中复命,"使者复命婿氏,主人复以告于祠堂"(《家礼》卷三)。纳币不必告庙。亲迎时"主人告于祠堂","女家主人告于祠堂"(《家礼》卷三)。之后便是三日庙见,"三日,主人以妇见于祠堂"(《家礼》卷三),这次是男女双方共同告于男方的祠堂。

《家礼》之婚礼多采取《书仪》,议昏、纳采、纳币、亲迎及最后婿见妇之父母五节皆依温公《书仪》,但简化不少。弟子杨复曾多次表示要"从《仪礼》及温公《书仪》之详",朱熹坚持:"略浮文,务本实,以自附于孔子从先进之意矣"。其中妇见舅姑一节兼用温公、伊川之意。庙见,《书仪》本无此节,《家礼》立此一节,盖有取于伊川昏(婚)礼,但又不完全相同。总起来说,《家礼》婚礼兼采司马光和程颐。朱熹言:"迎妇以前,温公底是;妇入门以后，程《仪》是。温公《仪》，亲迎只拜妻之父两拜，便受妇以行，却是；程《仪》遍见妻之党，则不是。温公《仪》入门便庙见，不是；程《仪》未庙见，却是。"(《语类》卷八十九)"某定昏礼，亲迎用温公，入门后则从伊川。"(杨复《家礼附录》)今《家礼》之昏（婚）礼与朱熹此说合，亲迎部分与朱熹晚年所订《赵婿亲迎礼大略》亦相合。

(四)丧礼

从整体上看，《丧礼》是《家礼》中篇幅最大的部分，也是后世儒者研究最多的部分，尤其是日本儒者对《家礼》的研究集中在丧祭礼部分，对冠昏（婚）礼几乎没有关注。相较而言，丧礼最为复杂，涉及人员非常多，包括主要流程、丧具、丧服、丧期、主丧家礼仪、吊丧者的礼仪、物品等，最后有居丧杂仪、致赙奠状和谢状。

(1)初终。第一天，丧礼的准备工作开始，明确丧主、主妇，家人要"易服不食"，同时安排负责办事的护丧、司书、司货，安排工匠负责治棺，安排护丧、司书负责"讣告于亲戚僚友"。又有执事者负责对亡者进行简单处理，所谓"沐浴、袭、奠、为位、饭含"，通俗地讲，就是清洗、换寿衣、设好祭奠场所。与之相应的，还要制作丧事必用品，即"置灵座，设魂帛，立铭旌"。一切准备就绪以后，亲人"入哭可也"(《家礼》卷四)。

(2)小敛。第二天，包括袒、括发、免、髽、奠、代哭。司马光说："凡敛葬者，孝子爱亲之肌体，不欲使为物所毁伤，故裹之衣衾，盛于棺椁，深藏之于地下。"(《书仪》卷五)简言之，小敛就是入殓后棺木盖严，暂不入卯扣、不钉铁钉。

(3)大敛。第三天，入殓后棺木要用钉死。司马光说："礼曰：三日而敛者，俟其复生也，三日而不生，则亦不生矣，故以三日为之礼也。"(《家礼》卷四)具体包括设奠具、设奠，设奠如小敛仪。

(4)成服。第四天成服，"五服之人，各服其服，入就位，然后朝哭，相吊如仪"(《家礼》卷四)。五服依照《仪礼》，曰斩衰二年，包括了为父，父卒后嫡孙为祖，父为嫡子等；二曰齐衰三年，包括子为母，嫡孙父卒为祖母，若曾高祖母承重者等，又分杖期、不杖期、五月、三月；三曰大功九月，包括为从父兄弟姊妹，谓伯叔父之子也，为众孙男女等；四曰小功五月，包括

185

为从祖祖父、从祖祖姑等；五曰缌麻三月，包括为族曾祖父，为兄弟之曾孙等。

初终时"不食"，到成服之日，"主人与兄弟可以食粥"，"妻妾及期九月，疏食水饮，不食菜果"，"五月、三月者，饮酒食肉，不与宴乐"（《家礼》卷四）。自此到下葬之前，家人要朝夕哭奠，上食。

在下葬之前，陆续有前来吊丧的人，所以《家礼》有"吊奠赙"和"闻丧奔丧"两小节。吊丧礼仪规定："凡吊皆素服，奠用香茶烛酒果"，"赙用钱帛，具刺通名"，"入哭奠讫，乃吊而退"（《家礼》卷四）。对于闻丧、奔丧规定："哭，易服，遂行"。路上望乡而哭，到家后"再变服，就位哭"。如果来不及到家已经下葬，则要"先之墓哭拜"（《家礼》卷四）。

（5）治葬。《家礼》主张"三月而葬"。朱熹与司马光一样都反对占卜下葬的做法，认为将子孙贫富贵贱寄托于下葬的日子和地点，导致"使其亲臭腐暴露，而自求其利"的行为实在是"悖礼伤义"。司马光和朱熹也反对火化，对于"游宦没于远方，子孙火焚其柩，收烬归葬"的行为，他们抗议道："夫孝子爱亲之肌体，故敛而藏之，残毁它人之尸，在律犹严，况子孙乃悖谬如此。其始盖出于羌胡之俗，浸染中华，行之既久，习以为常，见者恬然，曾莫之怪，岂不哀哉！"（《家礼》卷四）反对火化的根本理由应是传统儒家的孝道，即"爱亲"之心不忍损害亲人的遗体。

治葬仪式又是丧礼中的重点，程序繁多，需要准备的物品很多，涉及人员也多。先是选择合适的地方，然后"开茔域，祠后土，遂穿圹，作灰隔，刻志石，造明器，下帐，苞，筲，罂，大舆，翣，作主"（《家礼》卷四）。《家礼》葬仪中灰隔法是朱熹的创造，影响巨大，后世多用此法防潮防水。以上为墓地的准备工作，丧主家中也有一系列的准备工作，具体包括：迁柩、朝祖、奠赙、陈器、祖奠。一切准备就绪，第二天就可以遣奠、发引，从家到墓地的途中，有"驻柩而奠""遇哀则哭"的仪式。到达墓地之后，主要有下棺、祠后土、题木主、成坟。至此，死者入土为安，生者进入守丧阶段。

（6）葬后礼仪。主要有反哭，虞祭，卒哭，祔，小祥，大祥，禫，都是在丧期中的致哀、祭奠等活动。随着时间流逝，理性慢慢取代哀伤的情感，逐步恢复正常生活。

反哭。治葬之后回家的途中"哀至而哭"。回家后，要"祝奉神主入，置于灵座"。其中"期九月之丧者，饮酒食肉，不与宴乐，小功以下，大功异居者可以归"（《家礼》卷四）。

虞祭。"葬之日，日中而虞"。这是一段特殊时期，所谓"骨肉归于土，魂气则无所不之，孝子为其彷徨，三祭以安之"（《家礼》卷四）。虞祭的对象是神主，仪式是三献礼，共举行三次，"遇柔日再虞"，"遇刚日三虞"（《家礼》卷四）。乙丁己辛癸为柔日，甲丙戊庚壬为刚日。

"三虞后遇刚日卒哭"，《檀弓》曰："卒哭曰'成事'。"从此祭祀改用吉礼。举行三献礼，基本同虞祭，初献之后，"亚献，终献，侑食，阖门，启门，辞神"，"自是朝夕之间，哀至不哭"（《家礼》卷四）。

卒哭第二天是祔，即送神主入祖庙，与祖先共享祭祀。"厥明夙兴，设蔬果酒馔"，"主人以下哭于灵前"，"诣祠堂，奉神主出，置于座，还，奉新主入祠堂，置于座"，参神、降神、祝进馔，行三献礼，辞神，"祝奉主各还故处"（《家礼》卷四）。

小祥、大祥、禫。"期而小祥"，自丧至此，不计闰月凡十三月。主体仍是降神，三献，辞神，皆如卒哭之仪。从此以后"止朝夕哭"。"再期而大祥"，"不计闰凡二十五月"，仪式基本同小祥，从此"断杖弃之屏处，奉迁主埋于墓侧。始饮酒食肉而复寝"，"大祥之后，中月而禫"（《家礼》卷四），从此可以除丧服，自丧至此，不计闰凡二十七月。

（7）居丧杂仪。《家礼》与《书仪》卷九居丧杂仪完全一致，引《檀弓》《曲礼》《杂记》《丧服》等有关居丧期间的举止言行的规定，对于这些古礼，《家礼》主张："今之贤孝君子，必有能尽之者，自余相时量力而行之，可也。"（《家礼》卷四）

（8）与丧礼相关的文书写法规则。《家礼》较《书仪》卷九简化不少，主要包括致赙奠状、谢状、慰人父母亡疏、父母亡答人疏、慰人祖父母亡启状、祖父母亡答人启状的写法。

总起来看，《书仪》丧仪共计37项内容，《家礼》丧礼简化为21个仪节。《家礼》中丧礼对后世影响非常大，中国历经多少战乱、自然灾难，但在今天的民间丧礼上仍能清晰地看到《家礼》的影响。

187

(五) 祭礼

主要包括四时祭，祭祀初祖、先祖、祢，忌日祭，墓祭等。祭祀的基本原则是"凡祭，主于尽爱敬之诚而已，贫则称家之有无，疾则量筋力而行之，财力可及者，自当如仪"（《家礼》卷五）。先是四时祭，"时祭用仲月"，"前旬卜日"，具体仪式如下："以珓掷于盘，以一俯一仰为吉。不吉更卜中旬之日。又不吉，则不复卜，而直用下旬之日。"（《家礼》卷五）祭祀前三天，斋戒，前一日设陈器、省牲、涤器，具馔。当日清早设蔬果酒馔。质明，奉主就位。之后就是祭祀的主要仪式，包括：参神，降神，进馔，初献，亚献，终献，侑食，阖门，启门，受胙，辞神，纳主，彻，馂。

《家礼》依照伊川祭礼，主张"冬至祭始祖，立春祭先祖，季秋祭祢"（《家礼》卷五）。祭祀严格遵循宗法制度，初祖，"惟继始祖之宗得祭"，先祖，"继始祖、高祖之宗得祭"，祢，"继祢之宗以上皆得祭，惟支子不祭"（《家礼》卷五）。准备就绪，降神，参神，进馔，初献，亚献，终献，侑食，阖门，启门，受胙，辞神，彻，馂。仪式基本同于四时祭，只是初祖和先祖祭祀少了"纳主"一条，因为初祖和始祖的神主是埋在墓侧的。祢祭则在辞神之后有"纳主"一环，同于四时祭。忌日祭基本同于祭祢，只是"诣祠堂，奉神主出就正寝"时告辞不同，参神、降神、进馔、初献时祝词不同，亚献、终献、侑食、阖门、启门后不必受胙，辞神、纳主、彻后不需馂。墓祭基本同于家祭之仪，只是三献时祝词不同。

除此而外，在祠堂章又有"俗节则献以时食"，即"清明、寒食、重午、中元、重阳之类"（《家礼》卷一）。考察朱熹与南轩辨祭仪时，南轩反对节祠、墓祭二条。考今《家礼》，《祭礼》中有墓祭，节祠则在《通礼》之中，与朱熹坚持墓祭、节祠相合。关于节祠，朱熹在与林择之书、张南轩书时提及祭仪本有"元日履端之祭"，而为今之《家礼》所无，此是否因后来订定时删去，亦不得而知。[①]

[①] 陈来：《朱子〈家礼〉真伪考议》，《北京大学学报（哲学社会科学版）》1989年第3期，第121页。

第二节　朱熹《家礼》在民间社会的普及和影响

朱熹《家礼》对中国以及周边国家影响很大，就其传播和普及的模式来说，主要有两种：一是理学家群体自觉地实践和传播。有官职的理学家通过刊刻、发行、宣讲《家礼》，实现化民成俗、稳定地方秩序的治理目标；无官职的理学家则自觉在家中实践《家礼》，用《家礼》指导自己及家人的日常生活以及冠婚丧祭等人生礼仪。重要的是，无论朱子学是不是国家统治意志，朱子学是否受到其他学说比如阳明学的挑战，这种传播模式一直在延续，而且这种模式也是周边国家引进《家礼》的普遍模式，无论朝鲜半岛还是日本，儒者都是最先接受、实践、传播《家礼》的群体，也是最主要的传播力量。儒者对《家礼》的持续关注集中体现了"儒者在本朝则美政，在下位则美俗"（《荀子·儒效》）的社会功能。

另一种传播模式则是通过国家礼制的倡导，以自上而下的方式推进《家礼》的实行。这种模式以朱子学成为国家主导的意识形态为背景，自从朱熹《家礼》成为《大明集礼》所提倡的民间通用礼，无论品官，还是庶民，关于家庙、祠堂、冠婚丧祭等均以《家礼》为基准，《家礼》在民间社会渐渐得到普及。到清朝时，由于统治者是满族，本来与汉族有着不同习俗，社会形势有了新的变化，《家礼》亦不能满足此时的社会需要，于是清政府颁布了《清通礼》，要求"家诵而户习"，似有替代《家礼》的之意。① 相比之下，《家礼》传入朝鲜半岛之后，李朝在 1403 年便将《家礼》纳入科举考试的内容，又在 1415 年刊行《大明律分类解》，将《家礼》的内容融入其中，在科举考试的有效引导和法律的强制保障下，《家礼》在朝鲜半岛自然实行得更加普遍。②

无论是儒者群体对《家礼》的刊刻、注解、实践，还是国家制度的倡导，目的都是为了"崇化导民"，最终实现社会安定、民风淳朴的理想，这一点正

---

① 详见杨志刚：《明清时代〈朱子家礼〉的普及和传播》，《经学研究集刊》2010 年第 9 期，第 38 页。

② 详见喻小红、姜波：《〈朱子家礼〉在韩国的传播与影响》，《西南科技大学学报（哲学社会科学版）》2016 年第 1 期，第 40—41 页。

是朱熹在《家礼序》中所言的初衷，即"诚愿得与同志之士熟讲而勉行之，庶几古人所以修身齐家之道、谨终追远之心犹可以复见，而于国家所以崇化导民之意，亦或有小补云"（《家礼序》）。

一、以理学家为核心的儒者群体对《家礼》的传播和普及

理学家对《家礼》的传播呈现出不同的时代特点。南宋时期主要以朱熹门人后学为代表，他们或者在家实践《家礼》，或者刊刻、校订、注释《家礼》。元代理学家为《家礼》版本的整理作出了巨大贡献，也出现了少量考证、校订研究。明代《家礼》被编入《性理大全》之后，出现了大量注疏类以及简化删节类的著述。清代随着朱熹理学的衰落、考证学的兴起，《家礼》从内容到作者，都引起了质疑，其中王懋竑的"《家礼》伪作说"被四库馆臣所采纳。总体而言，自南宋到清代，儒者群体对《家礼》保持了长久的关注。

（一）朱熹门人后学对《家礼》的实践及推广

据孟淑慧统计，朱子门人及再传弟子在家中实行儒家古礼的不少，但明确提及朱熹《家礼》的却寥寥无几。[①] 在她列举的十四人中，提及"朱先生之礼"的仅有一人，即朱熹私淑弟子李道传："疾革，属其友南康李燔以后事，一本朱先生之礼，释老之说皆不用。"（《勉斋集》卷三十八《知果州李兵部墓志铭》）朱熹关于丧祭礼的著作有《祭礼》《家礼》《古今家祭礼》，不知此处是否专指《家礼》。明确提及"家礼"的有两位，一是蔡渊门人陈光祖，据《道南源委》："陈光祖，字世德，仙游人……尝师事陈北溪，又受《书》《易》于九峰兄弟，丧祭一遵朱子《家礼》。"[②] 另一位是黄榦门人黄振龙，所谓："尝以朱文公《家礼》帅其家人，使守之。故期治丧，奉君之治命惟谨。"（《勉斋集》卷三十七《贡士黄君仲玉行状》）由于《家礼》在朱熹去世时失而复得，不可能立即传播开来，所以其弟子后学行古礼不提《家礼》也合情合理。

与此同时，朱熹弟子后学在各地不断刊刻《家礼》，这对《家礼》在后世的传播和普及起到关键性作用。最早刊刻《家礼》的是朱熹弟子廖德明，时

---

① 详见孟淑慧：《朱熹及其门人的教化理念与实践》，台北：台湾大学出版中心，2003年，第437—439页。

② 〔明〕朱衡：《道南源委》（二），上海：商务印书馆，1936年，第116页。

任广东提刑的廖德明于宋嘉定四年（1211）在广州刊刻《家礼》，还亲自为僚属与诸生讲说，这个版本通称五羊本。其后陈光祖又刊刻廖德明的五羊本，希望能"助成斯世礼俗，而推广圣朝道化之美"，陈淳特别为此版本作跋，说明书中的讹缺脱漏之处。嘉定九年黄榦弟子赵师恕知余杭县，就五羊本加以考订刊刻，是为余杭本，黄榦为之作序。嘉定十年郑之悌在严州重刻余杭本，请陈淳就余杭本再加精校，并作跋文，其中提出几点看法：

> 五羊本先出，最多讹舛，……余杭本再就五羊本为之考订，所谓《时祭》一章，乃取先生家岁时常用之仪入之，唯此为定说，并移其诸参神在降神之前。今按余杭本复精加校，至如冬至、立春二仪，向尝亲闻先生语，以为似禘祫而不举，今本先生意删去。至题主一节，按《礼记·问丧》："送形而往，迎精而反。其往也如慕，其反也如疑。入门而弗见也，上堂又弗见也，入室又弗见也，曰亡矣，丧矣，不可复见已矣。然后祭之宗庙，以鬼飨之。"盖丧礼自既敛、尸柩在堂以后，事死如事生，凡朝夕纯用生前奉养之礼。及既葬入室弗见以后，则事亡如事存，以鬼神之道接之。今方奉柩入圹，未及迎精而反，以伸夫如疑之情，而遽为决辞以神之，恐失之少早，于孝子痛割之情为未安。或曰：此正所以为迎精，而亦主人赠而祝宿虞尸之比。不思迎精固已有魂帛，而虞尸之宿，乃祝者先归，私自备之，非行于墓所，而于主人盖无与焉。窃以为此节当移于反哭入室之后行之，然后虞祭，乃于礼为有合，而迎精为得宜。①

对比现在通行的《家礼》，关于时祭部分已改"参神"在"降神"之前，而"冬至祭始祖""立春祭先祖"并未删除。"题主"一节仍在"反哭"之前。大概是因为时祭部分有朱熹定稿在，而其他两处则没有定稿的缘故。这也证明了朱熹《家礼》是未定稿，细节上有与朱熹晚年言论不同的地方。

《家礼》最早的注本是杨复所作，杨复是朱熹礼学的传承人，朱熹的《仪礼经传通解续编》就是由黄榦和杨复接替完成。杨复将朱熹关于《家礼》的

---

① 〔宋〕陈淳：《北溪先生全集》，北京：国家图书馆出版社，2021年，第270—271页。

语录、书信等分条附到《家礼》文中。后来又出现了周复刊本，周复曾于淳熙十六年（1189）至绍熙元年（1190）担任常熟县令，庆元二年（1196）在高邮军任军学教授。[①] 周复本的特点是把杨复的附注统一放到《家礼》卷末。周复跋曰："右文公门人三山杨复所附注于逐条之下者，可谓有功于《家礼》矣。复别出之，以附于书之后，恐其间断文公本书也。"（《家礼附录跋》）这种模式成为后来刊刻《家礼》的常见模式。周复刻本是现存最古老的版本，应是最接近《家礼》原貌的本子。[②]

周复在收录杨复附注时有所取舍，而原样引用杨复注的是《纂图集注文公家礼》。[③]《纂图集注文公家礼》是"门人秦溪杨复附注/后学复轩刘垓孙增注"。刘垓孙具体事迹不详，但《纂图集注文公家礼》可以断定是南宋末年的建安刊本。[④] 该书卷首刊载了根据朱熹亲笔翻刻的序文，内容分十卷，卷一是通礼，卷二是冠礼，卷三是昏礼，卷四至卷八是丧礼，卷九至卷十是祭礼。所谓"纂图"是指正文附有诸如"祠堂图""深衣图""冠礼图"等各种插图，这些图可能出自刘垓孙之手。[⑤] 后世的《家礼》刊刻和注释就以周复本或者《纂图集注文公家礼》本展开。[⑥]

（二）元代儒者对《家礼》的整理及其实践

元代对朱熹《家礼》版本的确定起到重要的作用。在元代明初的刊本中，现存的有黄瑞节的《朱子成书》本、刘璋补注本和宋版周复本的复刻本。[⑦] 元

[①] （日）吾妻重二：《朱熹〈家礼〉实证研究》，吴震、郭海良等译，上海：华东师范大学出版社，2012年，第82页。

[②] （日）吾妻重二：《朱熹〈家礼〉实证研究》，吴震、郭海良等译，上海：华东师范大学出版社，2012年，第82页。

[③] （日）吾妻重二：《朱熹〈家礼〉实证研究》，吴震、郭海良等译，上海：华东师范大学出版社，2012年，第84页。

[④] （日）吾妻重二：《朱熹〈家礼〉实证研究》，吴震、郭海良等译，上海：华东师范大学出版社，2012年，第85页。

[⑤] （日）吾妻重二：《朱熹〈家礼〉实证研究》，吴震、郭海良等译，上海：华东师范大学出版社，2012年，第86页。

[⑥] 详见（日）吾妻重二：《朱熹〈家礼〉实证研究》，吴震、郭海良等译，上海：华东师范大学出版社，2012年，第97页。

[⑦] （日）吾妻重二：《朱熹〈家礼〉实证研究》，吴震、郭海良等译，上海：华东师范大学出版社，2012年，第88页。

代黄瑞节编纂《朱子成书》，是一部朱子学丛书，以朱熹的著作为主，收录宋代道学家的10种著作，并为之加注，《家礼》被列为第7种，其中搜集了当时流传的28幅《家礼图》。但是该书的正文与附图之间存在不一致的地方，吾妻重二由此推测："黄瑞节在编纂本书之际，选用的正文文本来自于周复本系统的某一刻本，至于图例，则是根据另外的文本而加以编纂并附在卷末的。"① 值得注意的是，28幅《家礼图》是在利用既有的相关图例的基础上，最终由黄瑞节整理定型的。② 要之，明代《性理大全》是在《朱子成书》的基础上加了更详尽的注释，并原封不动地转载了《朱子成书》的家礼图。③

刘璋补注本有三种：《文公先生家礼》七卷，《纂图集证文公家礼》十卷，《纂图集注文公家礼》十卷。这些刻本都有杨复的附注、刘垓孙的增注、刘璋的补注。关于刘璋，因为《朱子成书》本未引用刘璋补注，吾妻重二据此认为，刘璋可能生活在元代后期。④ 元代《朱子成书》本和刘璋补注本《家礼》在元末明初都在流传，特别是《朱子成书》本后成为《性理大全》本的蓝本。

随着《家礼》版本的增多和整理，元代出现了一些考证、注解、阐发《家礼》的著述。元朝初年的吴霞举著有《文公丧礼考异》，是对《家礼》中丧礼部分所做的文字校订。元朝中期的龚端礼著有《五服图解》，作于"至治壬戌"即至治二年（1322），在有关丧服仪礼的部分，将《家礼》与图并列引用。元代最早出现了《家礼》伪作说，在至正年间（1341—1368），"武林应氏"编有附载尺式图的《家礼》，他在另一本著作——《家礼辨》中主张《家礼》非朱熹所作，但在当时没有引起反响。⑤

在考证注释之外，也不乏有实践《家礼》的典范。浙江婺州浦江的郑氏

---

① （日）吾妻重二：《朱熹〈家礼〉实证研究》，吴震、郭海良等译，上海：华东师范大学出版社，2012年，第90—91页。

② （日）吾妻重二：《朱熹〈家礼〉实证研究》，吴震、郭海良等译，上海：华东师范大学出版社，2012年，第90页。

③ （日）吾妻重二：《朱熹〈家礼〉实证研究》，吴震、郭海良等译，上海：华东师范大学出版社，2012年，第17页。

④ （日）吾妻重二：《朱熹〈家礼〉实证研究》，吴震、郭海良等译，上海：华东师范大学出版社，2012年，第91页。

⑤ （日）吾妻重二：《朱熹〈家礼〉实证研究》，吴震、郭海良等译，上海：华东师范大学出版社，2012年，第93页。

一族编撰了《郑氏家仪》，该书是由元末明初的郑泳整理而成的，无论是内容还是附图，大多取材于《家礼》。据《四库提要》："《郑氏家仪》，元郑泳撰。泳字仲潜，浦江人，官温州路总管府经，历义门八世孙涛之弟也。其书依五礼分为五篇，盖本司马氏《书仪》、朱子《家礼》而损益之，并录其家日用常行之式，编次成书，后附泳所作祭田、祠堂记二首。"（《钦定四库全书总目》卷二十五）由此元代《家礼》的实践情况可见一斑。

（三）明代理学家对《家礼》的注释及阐发

明代朱熹《家礼》的研究有一个大背景，就是朱子学已成为国家主流意识形态，《家礼》成为国家指定的通用礼制，《家礼》被收录进《性理大全》。此时的《家礼》研究丰富多彩，有注解，有简化，有实践，也有质疑，大体上反映了朱子学地位的变化。

永乐十三年（1415）胡广奉旨编纂的《性理大全》，将《家礼》收录其中，这意味着《家礼》有了官方版本。《性理大全》所收的《家礼》在第十八卷至第二十一卷。《性理大全》在学术思想史上虽不受重视，但在文化交流史上却有其不可取代的意义。以《家礼》为例，李氏朝鲜出版的大多数关于《家礼》的注释书，基本上都以《性理大全》本《家礼》为底本，李氏朝鲜学者不仅对《性理大全》本《家礼》的正文，而且对正文所附的注也作了详细的解释。日本由浅见絅斋校点并一再重版的和刻本，其蓝本也是《性理大全》本。由此可见，《性理大全》本《家礼》堪称是《家礼》的"普及决定版"[①]。现存的《家礼》版本，不外乎两个系统，一是周复五卷本系统，宋版、明版、四库全书版都是这一系统；又一是继承《纂图集注》本、《朱子成书》本而来的《性理大全》系统，流传日本、朝鲜半岛的版本都属于这一系统。[②]

以《性理大全》的普及为契机，明清时期《家礼》类著述空前繁荣。根据现存明清书目、文集、方志统计，明代《家礼》文献不少于163种。[③] 这些

[①] （日）吾妻重二：《朱熹〈家礼〉实证研究》，吴震、郭海良等译，上海：华东师范大学出版社，2012年，第96页。

[②] （日）吾妻重二：《朱熹〈家礼〉实证研究》，吴震、郭海良等译，上海：华东师范大学出版社，2012年，第97页。

[③] 陈延斌、王伟：《传统家礼文献整理、研究的学术史梳理与评析》，《广西师范大学学报（哲学社会科学版）》2018年第3期，第3页。

文献中很多是关于《朱子家礼》的注释本与删简本,如冯善《家礼集说》、汤铎《家礼会通》、丘濬《家礼仪节》、朱廷立《家礼节要》、王叔杲《家礼要节》、王复礼《家礼辨定》、李廷机《家礼简要》等。其中以丘濬《家礼仪节》最为有名,这部书成书于成化十年(1474),共有八卷,与《性理大全》一同传入朝鲜半岛、日本,对朝鲜半岛、日本儒者影响很大。

此外,还有不少人专门研究冠、婚、丧、祭四礼,如宋纁《四礼初稿》、吕坤《四礼翼》《四礼疑》、吕维祺《四礼约言》,这些著作或者考证四礼沿革,或是约简具体仪节。所有的这类著作,一直到清朝结束,大率都依附于朱熹《家礼》。可以说,朱熹《家礼》在明清"家礼学"中已然拥有"经"的地位,其余都是"传""注""疏"之类。

(四)清代学者对《家礼》的质疑及其影响

明代对《家礼》的传统注释、考证一直延续到清代,比如王心敬《四礼宁俭编》、林伯桐《冠昏丧祭仪考》等,或只论述婚、丧、祭三礼,如清黄本骥的《三礼从今》等,这些都是对《家礼》内容进行详细阐发。在清代崇汉学贬宋学的背景下,出现了质疑《家礼》的看法。首先是从实学角度对《家礼》中的仪节及其义理提出了质疑,以颜元、李塨为代表。颜元经历了由推崇《家礼》到怀疑的过程,最初他进退起居、吉凶宾嘉必奉文公《家礼》为矩矱,后来在按照《家礼》料理家中丧事时,发现很多礼仪有违自己的性情,于是开始对照《仪礼》检讨《家礼》的"错误",他在《存学编》中批评朱熹"家祠丧礼已多行之未当,失周公、孔子之遗意"(《存学编》卷二),又说:"朱子著《家礼》一书,家中亦行礼,至斩丧墨衰出入,则半礼半俗,既废正祭,乃又于俗节墨衰行事,此皆失周公本意"(《存学编》卷三)。李塨与颜元一样,也严守《家礼》,结果在一次居丧过程中,因饥饿哀痛过度,几乎断送了性命,于是他提出《家礼》不合人情,对程朱之学加以批判反思。颜、李对《家礼》的批判只是从义理角度对朱子理学进行全面批判的一个插曲。

清代考证学对朱子经学思想进行了全面的清算,王懋竑质疑《家礼》作者就是这股思潮的支流。王懋竑先后作《家礼考》《家礼后考》《家礼考误》,指出《家礼》一书为后人伪托朱熹之名而作。四库馆臣编纂《家礼》时采纳了王懋竑的观点,明确指出:"自宋以来,遵而用之,其为朱子之书,几无可疑者，乃今反复考之，而知决非朱子之书也。"（《四库提要》）由于四库全书的权威性，这种伪作说几乎成为定论。然而，这种观点仅限于考证学的层面，并未影响到《家礼》在国家制度、礼典乃至民间的影响力，这充分说明《家礼》内容具有强烈的现实性和通俗性。可以说，在"家礼学"的范围内，并未出现一部作品可以替代朱熹《家礼》起到化民成俗的社会作用。晚清郭嵩焘在《校订朱子〈家礼〉》中的看法仍然代表了《家礼》在现实社会中的地位，他说：

> 汉世儒者乃取《礼经》之遗，推明其意，转相传受，其仪文度数，散见于诸传记，亦得汇次之，以稍推行于后世二千余年，天下相为法守，独康成郑氏及朱子之书耳。《家礼》一书，其大端一依《司马氏书仪》，而多本之郑氏，其于宗法所以系其族，行之尤力，言之尤详，诚欲敦本善俗，以蕲复乎古，舍是奚由哉？……自宋以来，代详礼制，而于品官家礼，犹守朱子之遗说，其文或繁或略，民间所尊尚，但知有朱子《家礼》，不知其他，其间为今世所遵行者，盖亦十无二三也。嵩焘读《家礼》之书，反而求之礼意，以推知古今因革之宜而达其变，稍仿秦溪杨氏《家礼》附注之例，发明所以异同，条次于后，以蕲合乎人心治安，而通乎事变之会，使人不敢疑礼之难行，以乐从事于复古。丘氏所订《家礼》为近世通行本，颇删削原文，参以己意，而益其繁，亦疑其增损之或未尽当。今一还朱子之旧，而疏通所疑。参稽讨论，要于可行，俟言礼之君子择焉。[①]

郭嵩焘认为丘濬的《文公家礼仪节》过于烦琐，所以重新校订《家礼》，这说明《家礼》在晚清民间社会的地位仍然无可取代。

二、 以《大明集礼》为代表的国家礼制对朱子《家礼》的倡导和推广

相比于理学家群体对《家礼》的自觉实践、注释、阐发，国家制度对

[①] 〔清〕郭嵩焘著，梁小进编：《郭嵩焘全集》第二册，长沙：岳麓书社，2018年，第624页。

《家礼》的倡导对民间社会的影响更加直接和普遍，特别是在大一统的中央集权体制之下，尤为如此。元朝为蒙古族政权，有着不同于汉族的习俗，所以国家礼仪或者上层统治者的很多礼仪遵从民族习俗，据《元史·礼乐志》载："元之有国，肇兴朔漠，朝会燕飨之礼，多从本俗。……而大飨宗亲、锡宴大臣，犹用本俗之礼为多。"（《元史》卷六十七）又："元之五礼，皆以国俗行之，惟祭祀稍稽诸古。"（《元史》卷七十二）然婚丧礼则采纳《家礼》，据《元典章》记载，朝廷于至元八年（1271）颁布敕令，明确规定婚礼必须以《朱文公家礼》为准，稍后在这部《元典章》中，还刊载了若干有关丧礼的家礼图。[①] 关于婚礼的记载如下：

> 至元八年九月，尚书礼部契勘人伦之道，婚姻为大，即今聘财筵会已有定例，外据拜门一节系女真风俗遍行，合属革去。外据汉儿人旧来体例，照得朱文公《家礼》内婚礼，酌古准今，拟到下项事理，呈奉尚书省札付，再送翰林院兼国史院，披详相应，移准中书省咨议得登车乘马设次之礼，亦贫家不能办外，据其余事，依准所拟，遍下合属依上施行，仍关各部照会。
>
> 一曰议婚。……二曰纳采，系今之下定也。主人具书，夙兴，奉以告祠堂……使子弟为使者如女氏主之，出见使者，遂奉书以告于祠堂。出以复书，授使者遂礼之，使者复命。婚主复以告于祠堂，或婚主人等亲往纳采者听。……三曰纳币，系今之下财也。具书遣使，如女授书而复书礼宾，使者复命，并同纳采之仪。……四曰亲迎。……初，婚姻盛服，主人告于祠堂。遂醮其子而命之迎。婿出乘马，至女家俟于次。女家主人告于祠堂，遂醮其女而命之。主人出迎，婿入奠雁。姆奉女出，登乘马先行。妇车至其家，导妇以入。……五曰妇见舅姑。明日夙兴，妇见舅姑，次见于诸尊长。……六曰庙见。三日，主人以妇见妇祠堂。……七曰婿见妇之父母。（《元典章三十·礼制三》"婚姻礼制"条）

---

① （日）吾妻重二：《朱熹〈家礼〉实证研究》，吴震、郭海良等译，上海：华东师范大学出版社，2012年，第93—94页。

按照《元典章》，普通庶民婚礼基本采纳《家礼》规定。然而由于元朝不足百年而亡，不可能在数十年中完成《家礼》的普及。《家礼》在民间社会的普及主要是明代，首先明朝统治者异常重视《家礼》，其次明朝保持了长期稳定的大一统局面，这为《家礼》的普及奠定了社会基础。

《明会典》和《明集礼》对《家礼》的吸收是全面的，从各阶层的冠婚丧祭到祠堂制度、神主设置无不参照《家礼》。洪武元年（1368），政府颁令"民间婚娶，并依朱子《家礼》"（《明会要·礼九》）。洪武三年敕令编撰的《明集礼》，全面吸收《家礼》，使之由理学家自觉实践的礼仪成为国家倡导的民间统一礼仪规范。《明集礼》所订"士庶冠礼"参照了朱熹《家礼》，总叙云：

> 古者冠礼唯士独存。后世之所谓冠仪，皆推士礼为之也。汉晋以来士礼废而不讲，至于唐宋乃有士庶通礼。虽采士冠仪文，然失之太繁。今以《文公家礼》为准，而定士庶冠礼。有官者，公服、带、靴、笏；无官者，襴衫、带、靴、通用皂衫、深衣、大带、履、栉、须、掠。其筮日、戒宾、醴、祝之仪，一遵《仪礼》，具著于后，以为今日通行之制。（《明集礼》卷二十四）

明朝所订士庶冠礼趋于简明易行，与"亲王冠礼""品官冠礼"的繁缛形成鲜明的区别。其中对有官者和无官者的衣服规定同于《家礼》，然而《家礼》的冠礼并无筮日、筮宾，《明集礼》规定遵《仪礼》，采取在《家礼》的基础上参照古礼的做法。

庶人婚礼也完全采纳《家礼》，《明史》载："朱子《家礼》无问名、纳吉，止纳采、纳币、请期。洪武元年定制用之；下令禁指腹、割衫襟为亲者。"（《明史》卷五十五）庶人婚礼基本采纳了《家礼》的简便版本，禁止指腹为婚也是《家礼》的观点。

由于朱熹《家礼》对祠堂、神主的制度都有详细的考证和规定，所以明朝关于丧祭礼全面采纳《家礼》，无论天子还是品官，如《明史》云："三十一年，太祖崩。……明器如卤簿。神主用栗，制度依《家礼》。"（《明史》卷五十八）《明集礼》关于品官丧仪总叙云："今本之《周经》、稽诸《唐典》，而又参以《朱子家礼》之编,列其名物之概,次其仪文之节,斟酌之以着于篇,俾有所法。"关于庶人丧仪总叙云:"故五服之制,无间乎上下。……而唐宋所定《家礼》之所载,庶人与品官亦不甚悬绝。所不同者,衣衾、棺椁、仪物、器馔之厚薄而已。今酌之于古,准之于今,务为可行,以著于篇。"(《明集礼》卷三十七)《明集礼》规定丧仪杂采唐制、宋制和朱熹《家礼》,《明史》载:"品官丧礼载在《集礼》《会典》者,本之《仪礼·士丧》,稽诸《唐典》,又参以朱子《家礼》之编,通行共晓。"(《明史》卷六十)同卷"士庶人丧礼"条言:"《集礼》及《会典》所载,大略仿品官制,稍有损益。"(《明史》卷六十)

另外,《明集礼》卷三十八论及丧服制,并配图。丧服制基本遵从朱熹《家礼》,其中"丧服图"的文字,直接来源于《家礼》。配图包括"本宗五服之图""三父八母之图""妻为夫党服图""袭含哭位之图""小敛图""大敛图"和另个半页的丧服图式,对照影印文渊阁四库全书本《性理大全书》收入的《家礼》,这些图全部来自《家礼》,有的个别地方做了简化,有些调整了排列组合。① 另外,《明集礼》编竣未几,洪武七年(1374)朱元璋亲自编著《御制孝慈录》,并援用《家礼》来规定子女对父母的服丧期限。在《孝慈录》中,朱元璋虽对传统丧制做了一些调整,主要内容仍沿用了《家礼》。

明代关于群臣家庙的规定也是依照《家礼》:"明初未有定制,权仿朱子祠堂之制,奉高曾祖祢四世神主,以四仲之月祭之,加腊月忌日之祭与岁时俗节之荐。其庶人得奉祖父母、父母之祀,已著为令。"(《明史》卷五十二)又,夏言曰:"至宋儒程颐乃始约之而归于四世,自公卿以及士庶,莫不皆然。谓五服之制,皆至高祖,则祭亦当如之。……若当祀始祖,则如朱熹所云临祭时,作纸牌,祭讫焚之。其三品以上者,至世数穷尽,则以今之得立庙者为世世奉祀之祖,而不迁焉。四品以下,四世递迁而已。"(《明史》卷五十二)祠堂是朱熹的创建,祭祀四世、始祖是朱熹继承程颐说法而来,依据《明史》可见,国家规定的家祭礼基本来自《家礼》,《明集礼》有更详细的记载,关于"品官家庙考"云:

---

① 杨志刚:《明清时代〈朱子家礼〉的普及和传播》,《经学研究集刊》2010年第9期,第34—35页。

先儒朱子约前代之礼，创祠堂之制，为四龛，以奉四世之主，并以四仲月祭之。其冬至、立春、季秋、忌日之祭，则又不与乎，四仲之内，至今士大夫之家遵以为常。凡品官之家，立祠堂于正寝之东，为屋三间。外为中门，中门为两阶，皆三级，东曰阼阶，西曰西阶。阶下随地广狭，以屋覆之，令可容家众叙立。又为遗书、衣物、祭器库及神厨于其东，缭以外垣，别为外门，常加扃闭。祠堂之内，以近北一架为四龛，每龛内置一桌。……国朝品官庙制未定，于是权仿朱子祠堂之制，奉高、曾、祖、祢四世之主，亦以四仲之月祭之，又加腊日、忌日之祭，与夫岁时俗节之荐享。至若庶人，得奉其祖父母、父母之祀，已有着令，而其时享于寝之礼，大概略同于品官焉。（《明集礼》卷六）

这段关于祠堂的文字叙述与《家礼》祠堂章的规定基本相同。总之，通过《明集礼》《明会典》及《明史》的相关记载来看，《家礼》在国家制度层面的重视前所未有，国家对《家礼》的倡导适应了社会庶民阶层对简便礼仪的现实需要，另外，明朝政府对《家礼》的推崇正好实现了朱熹著《家礼》的初衷，即"于国家所以崇化导民"的社会功能。

清是满族政权，统治者有游牧民族特有的习俗，不可能完全采纳朱熹《家礼》的规定。另外，清乾隆皇帝组织编纂《清通礼》，沿袭唐《开元礼》、宋《太常因革礼》、元《通礼》、《明集礼》的五礼体系，"似含有替代《家礼》之意"①。其序曰："前代儒者，虽有《书仪》《家礼》等书，而仪节繁委，时异制殊，士大夫或可遵循，而难施于黎庶。本朝会典所载，卷帙繁重，民间亦未易购藏，应萃集历代礼书，并本朝会典，将冠、婚、丧、祭一切仪制，斟酌损益，汇成一书。务期明白简易，俾士民易守。"（《御制大清通礼序》）《清通礼》的目标是面向"黎庶"制定冠婚丧祭礼的标准，当然，由于《清通礼》传承唐宋元明礼制体系而来，而《明集礼》大量采纳《家礼》的内容，所以对比明志和清志，可见汉族庶民的丧祭礼基本同于《家礼》。《明志》曰：

---

① 杨志刚：《明清时代〈朱子家礼〉的普及和传播》，《经学研究集刊》2010年第9期，第38页。

凡初终之礼，疾病，迁于正寝。属纩，俟绝气乃哭。立丧主、主妇，护丧以子孙贤能者。治棺讣告。设尸床、帷堂，掘坎。设沐具，沐者四人，六品以下三人。乃含。置虚座，结魂帛，立铭旌。丧之明日乃小敛，又明日大敛，盖棺，设灵床于柩东。又明日，五服之人各服其服……百日而卒哭。乃择地，三月而葬。……既发引，至墓所，乃窆。施铭旌志石于圹内，掩圹复土，乃祠后土于墓。题主，奉安。升车，反哭。凡虞祭，葬之日，日中而虞，柔日再虞，刚日三虞。……三虞后，遇刚日卒哭。明日祔家庙。期而小祥。……再期而大祥。……陈禫服，告迁于祠堂。改题神主，递迁而西，奉神主入于祠堂。彻灵座。举迁主埋于墓侧。大祥后，间一月而禫。丧至此计二十有七月。卜日，丧主禫服诣祠堂，祗荐禫事。（《明史》卷六十）

《清志》则曰：

品官丧礼定制，有疾迁正寝。疾革书遗言，……既终乃哭。立丧主、主妇。护丧诸执事人治棺。……讣告。设尸床、帷堂，陈沐具。乃含。三品以上用小珠玉，七品以上用金木屑五。……明日小敛，陈敛床堂东，加敛衣……又明日大敛盖棺。设灵床柩东，柩前设灵座，陈奠几。丧主及诸子居苫次，族人各服其服。……初祭，期服者易素服，百日致奠剃发，三月而葬。……诹日发引……仪从前导，引以丹旐、铭旌，满用丹旐，汉用铭旌。至墓所，乃窆。祀后土，题主，奉安，升车，反哭，乃虞。……祭毕，柔日再虞，刚日三虞。百日卒哭，次日祔家庙。期年小祥，再期大祥，迁主入庙。……乃彻灵座。后一月禫。丧至此计二十有七月，丧主诣庙祗荐禫事。（《清史稿》卷九十三）

对于丧期、丧服、丧具、丧仪等规定同于《家礼》，但清朝照顾到满族的传统习俗，所以在发引时特别提出汉用"铭旌"，这与《家礼》同，满族则用"丹旐"。又《清志》载："庶人家祭，设龛正寝北，奉高、曾、祖、祢位，逢节荐新，案不逾四器，羹饭具。其日夙兴，主妇治馔，主人率子弟安主献祭，

201

一切礼如庶士而稍约。月朔望供茶，燃香、镫行礼。告事亦如之。"(《清史稿》卷八十七)奉高、曾、祖、祢位，这是朱熹继承程子的家祭模式，清代继续沿用。

因为《家礼》是损益《仪礼》和《书仪》的成果，所以元、明、清三代的典章制度关于庶民礼制的规定中无法避开《家礼》，只不过《明集礼》显然更加重视《家礼》，更为全面地采纳《家礼》。而清朝虽然对礼学著作进行了很多总结，对庶民礼仪专门做了《清通礼》，但因时代和社会环境的不同，所以明清对《家礼》的实行有所差别，在东亚各国儒者的心目中，明朝是理想中的礼仪之邦，而清则另当别论，这从李氏朝鲜使者所著的《燕行录》中对清代的相关描写中可以体现出来。[①]

三、朱子《家礼》对民风民俗的深远影响

所谓"上导之为风，下行之为俗"，虽有宋元时期理学家的带动，但《家礼》对民风民俗的影响还是小范围的，无非影响一个家族、一块区域。然而到了明朝，自从国家自上而下倡导之后，全国各地的民风民俗无不受其影响。首先，各地官员有责任引导百姓实行《家礼》。其次，各地乡绅、士人更加积极地推行《家礼》，这当然有助于改善当地的民风民俗。再次，明清时期在经济发达地区，乡绅、富商等人依照《家礼》主持修建大量祠堂，编写家法、族规，形成良好的家风，同时也塑造了当地的淳厚民风。关于《家礼》对民间社会影响的资料大致可从两方面考察：其一，通过文人笔记、日记等相关记载，了解文人群体对《家礼》的应用，特别是冠婚丧祭等方面的记录。其二，中国各地方志关于冠婚丧祭礼俗的记载也呈现了地方民风民俗的概貌。

首先来看明朝迁都之前顾遴园记载的南京礼俗：

> 冠礼之不行久矣。耿恭简公在南台为其犹子行冠礼，亦三加之服，一加用幅巾、深衣、履鞋，二加用头巾、蓝衫、绦靴，三加用进士冠服、角带、靴笏。然冠礼文繁，所用宾赞执事，人数甚众，自非家有大厅事

---

① 何淑宜：《十八世纪朝鲜使节的中国礼俗观察》，韩国国学振兴院主编《国学研究》16卷，2020年，第537—574页。

与力能办治者,未易举行。故留都士大夫家,亦多沿俗行礼,草草而已。(顾起元《客座赘语》卷九)

尽管"草草而已",终究有"三加"的仪式。实际上,冠婚丧祭四礼中,冠礼最易被忽略,张栻编礼书不写冠礼,曾遭到朱熹的批评。《家礼》认为冠婚丧祭是"纪纲人道之始终"的大事,所以《通礼》之后便是《冠礼》。冠礼对好礼之士而言不能省略,在晚清《郭嵩焘日记》中也记载了行冠礼的情景:

(光绪九年十二月)十五日……为炎儿举行冠礼,请胡子威、陈伯严为宾,李华卿、李瀑仙相礼,朱次江、曾重伯、寅伯、顺孙执事。用一加之礼。冠辞、醮辞皆依用《家礼》,惟命字辞曰:"汝弱加冠,循名求实。勉汝夙成,昭告汝字。字汝含章,金贞玉粹。德辉不炀,勤思汝事。"是日斋友观礼者凡数辈,另席款之。[①]

传统冠礼有"三加",此"用一加之礼",简化了不少,这也是当时较为普遍的变通,各地县志的记载也能印证这一点。冠辞、醮辞依用《家礼》,而命字辞则由郭嵩焘自创,更好地表达自己的愿望,其中曰"勉汝夙成",这与冠礼为成人之礼的古意正相符合。

不同于冠礼的衰落,婚礼在民间社会则始终受重视,请看顾遯园记载的婚礼情景:

留都婚姻亦备六礼,差与古异。古礼一曰纳采,二曰问名,三曰纳吉,四曰纳征,五曰请期,六曰亲迎。今留都初缔姻具礼往拜女家,曰谢允;次具仪,曰小定;将娶,先期具纳币,亲迎之日往请,曰通信;纳币,曰行大礼;将娶前数日具仪,曰催妆。至日行亲迎。似以小定兼纳采、问名,通信即请期,第先后不同耳。……而妇之庙见与见舅姑,多在三日。按《家礼》,妇于第三日庙见、见舅姑,第四日婿乃往谒妇之父母。盖谓妇未庙见与见舅姑,而婿无先见女父母之礼也。(《客座赘语》卷九)

[①] 〔清〕郭嵩焘:《郭嵩焘日记》第四卷,长沙:湖南人民出版社,1983年,第443页。

按照《仪礼》《书仪》，婚礼采用六礼，朱熹《家礼》则减为三礼，这里描写的婚礼程序"差与古异"，大致是将《家礼》与当地习俗相结合，《家礼》中所规定的议昏（婚）、纳采、纳币、亲迎、妇见舅姑、庙见的环节清晰可见，特别是朱熹《家礼》改程子"三月庙见"为"三日庙见"，深得人心，沿用至此。

南宋以来士人普遍反对僧道丧仪，明代士人仍然如此，如杨士奇在遗嘱中说："只用幅巾深衣，敛须用绞衾，庶几柩归……吾平生不曾用僧道，死后亦勿用，只依《家礼》祭祀。祭物随时所有，不必丰，但设我平日所用冠带袍服，于中行礼。祭告之文，亦用《家礼》，不必新作。"（《东里续集》卷五十三）幅巾、深衣是《家礼》对初终后"陈袭衣"的规定，"敛须用绞衾"也是按照《家礼》"小殓"仪式中"布绞衾衣"的规定，祭告文也参照《家礼》。这里特别交代不用僧道，说明当时僧道丧仪仍是民间流行的习俗。

士人因对《仪礼》《书仪》等礼书都有相当的了解，所以在实行家礼时可能对《仪礼》《书仪》《家礼》等都有借鉴，不必单纯按照《家礼》实行。相较而言，地方志的记载则突出了《家礼》对民间礼俗的主要指导作用，下面就以《中国地方志民俗资料汇编》为例，进行说明。《中国地方志民俗资料汇编》分为华北、东北、西北、西南、中南、华东六卷，杨志刚已经对《家礼》在各地的采用情况作了统计，比如华北地区中有32个州县直接提到"均遵文公家礼""率如文公家礼"的字句。[①] 其他东北、西北、西南、中南、华东等地亦无不受到《家礼》的影响，这些说明地方礼俗基本以《家礼》为参照。[②]

福建作为朱熹的故乡，《家礼》在福建各地的传播和影响比较突出，也体现了清朝、民国时期的时代特色，所以下面就以福建的县志记载为例来看《家礼》对福建民俗的影响。就冠婚丧祭四礼而言，县志所载的冠礼改变最大，婚丧祭大体不出《家礼》的范围。首先，冠礼难行、不行的现象比较普遍。其次，在少数举行冠礼的例子中，也已将传统"三加"礼改为行"一加"

[①] 杨志刚：《明清时代〈朱子家礼〉的普及和传播》，《经学研究集刊》2010年第9期，第40页。

[②] 详见杨志刚：《明清时代〈朱子家礼〉的普及和传播》，《经学研究集刊》2010年第9期，第40—44页。

礼，这与《郭嵩焘日记》的记载一致。再次，行冠礼的时间普遍改在结婚前一天，而不采用《家礼》所谓"正月内择一日"。当然，冠礼中的"字之"、醮宾、告庙等仪式基本保留下来。有关冠礼在各地的实行情况详见下表。

出处	冠礼实行情况	备注
《南平县志》（1928年福州铅印本）	古者男子二十冠而字，自明以后久废。清朝文武应试，入府县庠者皆择吉冠带谒祖，敦请师友戚族开樽宴贺，有冠礼之遗意。①	入府县庠者皆择吉冠带谒祖，敦请师友戚族开樽宴贺。
《乾隆宁德县志》（1983年宁德县志编纂办公室铅印本）	古者冠而字之，今冠礼不行而邑犹重字之之义。男子生成童以上，戚友筮日绎其名而字之。②	犹重字之。
《古田县志》（1942年古田县志委员会铅印本）	古者男子二十而冠，近世鲜有行者。古田多于嫁娶前一日、延巫设醮，告成人于神，谓之"同圆关"，不知是否冠礼之遗也。③	嫁娶前一日延巫设醮，告成人于神。
《漳州府志》[清光绪三年（1877）芝山书院刻本]	冠为成人之始，于礼最重。今但于将婚之前择吉，前一日主人以冠期告于祠堂，延亲友中有品谊者为宾。……女子将嫁之前，择吉行笄礼，母为主。④	婚嫁之前行冠笄礼，有告于祠堂等仪式。

---

① 丁世良、赵放主编：《中国地方志民俗资料汇编》第 10 册，北京：国家图书馆出版社，2014 年，第 1265 页。
② 丁世良、赵放主编：《中国地方志民俗资料汇编》第 10 册，北京：国家图书馆出版社，2014 年，第 84 页。
③ 丁世良、赵放主编：《中国地方志民俗资料汇编》第 10 册，北京：国家图书馆出版社，2014 年，第 99 页。
④ 丁世良、赵放主编：《中国地方志民俗资料汇编》第 10 册，北京：国家图书馆出版社，2014 年，第 121 页。

续表

出处	冠礼实行情况	备注
《漳浦县志》（1936年朱熙铅印本）	古者，男子十六而冠，女子十四而笄。前乎此者，浦人皆行之。明末吴寀二十成进士，行三加礼，余但一冠而已。近岁冠礼罕有行者，若笄礼犹未废也，其醮宾告庙之仪亦但存大概。①	三加礼极少，多为一加礼，犹存醮宾告庙之仪。
《平和县志》[清康熙五十八年（1719）刻本]	男子二十而冠，女子十四而笄，古礼也。前此固尝行之，近来冠、笄名目未废，其醮宾、告庙之仪但存大概而已，然亦于将嫁娶时行之。②	醮宾、告庙之仪但存，婚前行之。
《龙岩州志》[清光绪十六年（1890）张文治补刻本]	冠礼，久不行。俗于男子十六岁时，父兄具香烛、茶果告于祖庙，责以成人，谓之"出童子"，于古人命冠之意庶几近之。乡民或延道士诵经祈祷，则陋矣。③	告庙，延道士诵经祈祷。
《上杭县志》[清乾隆二十五年（1760）刻本]	冠礼，男子、女子年十五以上及二十者择吉行之。向在习礼世族，亦遵朱文公《家礼》，近罕举行。大率男子将婚始加冠，女子临嫁始笄。④	从前遵《家礼》，近罕举行，婚前举行。

---

① 丁世良、赵放主编：《中国地方志民俗资料汇编》第10册，北京：国家图书馆出版社，2014年，第128页。
② 丁世良、赵放主编：《中国地方志民俗资料汇编》第10册，北京：国家图书馆出版社，2014年，第134页。
③ 丁世良、赵放主编：《中国地方志民俗资料汇编》第10册，北京：国家图书馆出版社，2014年，第139页。
④ 丁世良、赵放主编：《中国地方志民俗资料汇编》第10册，北京：国家图书馆出版社，2014年，第145页。

教化篇：朱熹的社会教化思想

续表

出处	冠礼实行情况	备注
《上杭县志》（1939年上杭启文书局铅印本）	邑俗，冠、笄之礼不行。旧志云，男子、女子年十五以上及二十者择吉行之。向在习礼世族亦遵朱文公《家礼》，近罕举行。大率男子将婚始加冠，女子临嫁始笄。此在清康、乾间已然。今男将婚而冠，女将嫁而笄，尚仍其旧。①	以前遵《家礼》，近罕举行，婚前举行。
《永泰县志》（1922年铅印本）	冠礼久废，乾、嘉诸老有行之者，亦只在婚娶时。②	清乾嘉有，在婚娶时行之者。
《建宁县志》（1919年铅印本）	冠为成人之礼，筮日筮宾，礼所最重。建俗久未举行。朱子曰："冠是自家屋里事，关了门，将巾冠与子弟戴，有甚难。"此言最为分晓循礼，君子盍倡行之！③	久未举行。
《永春县志》（1930年中华书局铅印本）	冠、笄为男女成人之礼，近代无特举之者。永俗每于婚前一夕补行之，男女均用顶簪插于发间。④	婚前举行，用顶簪插于发间。
《政和县志》（1919年铅印本）	冠礼，近世惟通都大邑礼法之家偶一举行，政邑褊小，此礼之废久矣。⑤	废久矣。

① 丁世良、赵放主编：《中国地方志民俗资料汇编》第10册，北京：国家图书馆出版社，2014年，第147页。
② 丁世良、赵放主编：《中国地方志民俗资料汇编》第10册，北京：国家图书馆出版社，2014年，第31页。
③ 丁世良、赵放主编：《中国地方志民俗资料汇编》第10册，北京：国家图书馆出版社，2014年，第157页。
④ 丁世良、赵放主编：《中国地方志民俗资料汇编》第10册，北京：国家图书馆出版社，2014年，第111页。
⑤ 丁世良、赵放主编：《中国地方志民俗资料汇编》第10册，北京：国家图书馆出版社，2014年，第71页。

续表

出处	冠礼实行情况	备注
《安溪县志》[清乾隆二十二年（1757）刻本]	冠、昏、丧、祭，风俗攸关，安溪为朱子过化之区，遵《家礼》者旧矣。然贫富不一，奢俭顿殊，城邑乡村习尚不无各别。今以冠礼言之，惟宦族行三加之礼为近古，若乡村庶人于将婚之前只用一加之礼，择吉延亲友之具庆者为傧相，冠毕拜祖先、父母。……女子将嫁之前，择吉行笄礼，母为主，延诸母之有德者为梳发、戴冠、加簪，着嫁时服，祝词大约以孝顺宜家为勖，乃字。庶人家亦如之。①	宦族行三加之礼，乡村庶人于婚之前只用一加之礼。
《平潭县志》（1923年铅印本）	近世于冠礼鲜能行者，郡中惟一二礼法之家偶一举行，民间则男女年十六延巫设醮，告成人于神，谓之"做出幼"。是失礼逾远也。②	礼法之家偶一举行。

《平潭县志》中摘录《福清县志》的冠礼，记录了当时的冠礼仪式，仪式大致沿用《家礼》的规定，在祝词、衣服等细节上遵照当时当地的习俗。与冠礼难行不同，婚丧祭礼一直受重视。福建民间婚礼普遍采纳《家礼》简化过的三礼。清光绪三年（1877）的《漳州府志》载："婚姻为正家之始，礼之大者。吾闽婚礼，由纳采、纳币、请期而亲迎，皆依《家礼》。"③ 民国十八年（1929）的《同安县志》载："婚嫁之礼，从前未详，今遵朱子《家礼》，坊间

---

① 丁世良、赵放主编：《中国地方志民俗资料汇编》第10册，北京：国家图书馆出版社，2014年，第115页。
② 丁世良、赵放主编：《中国地方志民俗资料汇编》第10册，北京：国家图书馆出版社，2014年，第23页。
③ 丁世良、赵放主编：《中国地方志民俗资料汇编》第10册，北京：国家图书馆出版社，2014年，第121页。

有《文公家礼通用》一书。"① 民国二十二年的《连江县志》载:"婚姻之礼,自行媒互通男女生辰、乡贯,及纳采、定聘、请期,悉依《家礼》。"②《福清县志》载:"吾闽婚礼,由纳采、纳币、请期而亲迎,多依《家礼》,但乡俗闻有不亲迎者,有亲迎而不奠雁者,有略于醮子醮女一节者。"③ 事实上,福清这种"有不亲迎者"在福建民间较为普遍,福安所谓"独不行亲迎"④,建宁所谓"亲迎鲜有行者"⑤,又有政和、闽清、沙县、大田、永春、连江、明溪等县志均载"婚礼不亲迎"。《安溪县志》认为,亲迎与家庭出身有关,所谓:"宦族将婚,则行亲迎礼。……庶人无行亲迎礼。"⑥ 直到现在,民间婚礼都是在《家礼》纳采、纳币、亲迎等三礼的基础上损益而行。

　　福建民间丧礼基本依照《家礼》,但各地均加入了佛道丧仪的元素,编志者也对此表达了批评态度。康熙三十二年(1693)的《建宁府志》载:"丧,大率用文公《家礼》,每越七日必祭,间有用浮屠者。"⑦ 乾隆二十二年(1757)的《安溪县志》载:"丧礼,士大夫尚依朱子《家礼》。……宦家葬礼。……无力者不能舂灰,只开土三面,宽八九寸,以灰土泥填实及盖顶,俟灰土干时将中土取出,存留灰墙,葬之亦坚固可久。此是先择地开圹者用此法。若随择随葬者,棺外裹草下窆,即实以灰土泥,久之草朽,灰土亦不

---

① 丁世良、赵放主编:《中国地方志民俗资料汇编》第 10 册,北京:国家图书馆出版社,2014 年,第 40 页。

② 丁世良、赵放主编:《中国地方志民俗资料汇编》第 10 册,北京:国家图书馆出版社,2014 年,第 17 页。

③ 丁世良、赵放主编:《中国地方志民俗资料汇编》第 10 册,北京:国家图书馆出版社,2014 年,第 25 页。

④ 丁世良、赵放主编:《中国地方志民俗资料汇编》第 10 册,北京:国家图书馆出版社,2014 年,第 93 页。

⑤ 丁世良、赵放主编:《中国地方志民俗资料汇编》第 10 册,北京:国家图书馆出版社,2014 年,第 157—158 页。

⑥ 丁世良、赵放主编:《中国地方志民俗资料汇编》第 10 册,北京:国家图书馆出版社,2014 年,第 115—116 页。

⑦ 丁世良、赵放主编:《中国地方志民俗资料汇编》第 10 册,北京:国家图书馆出版社,2014 年,第 51 页。

粘棺也。"① 这应是对朱熹《家礼》中灰隔法的应用，朱熹根据南方的地理条件，在《家礼》中不盲从传统的"深葬"之说，采用"灰隔"法治葬方式，有效解决了南方墓葬防水的问题，之后被广泛应用于南方墓葬，《安溪县志》的记载证实了灰隔法的普及。

宋代佛道丧仪或火葬已经在民间流行，理学家多半持批判态度，《家礼》在"不作佛事"下引用司马光批判佛道元素丧仪的话，然而，民间在运用《家礼》时却几乎忽略朱熹反佛的基本态度，这也是非常值得探讨的课题。福建各地县志显示出佛教丧仪的普遍运用：民国八年（1919）的《政和县志》载："凡富室遇丧事，接三、做七、出殡，无不延僧道诵经、放焰口，以超度亡魂。"② 民国十年的《闽清县志》载："丧尚浮屠，七日成服，用豕、羊行三献礼。二、三、四七，亲友鸠集致奠，行礼如前。殡殓丰俭不一。葬坟酷信风水，甚有停柩数十年者。"③ 民国十二年的《平潭县志》载："（丧礼）于初属纩之时，延巫置灯轮转之，男女环绕号哭，谓之'药师树'。死每七日则备一祭，谓之'过旬'，至四十九日而止，或有延僧作道场功德者。"④ 民国二十二年的《连江县志》载："丧家于盖棺之夕，延僧道作醮以荐亡者，谓之'拔亡'，俗称'悦尸'。……每七日致祭，祭则设席款戚友。七七四十九日为终七。未终七，每日上食；死者之前三年内，逢朔望则上食。前一夕哭，谓'吊灵'，本夕哭，谓'安灵'。期而小祥，再期大祥。出葬有祖奠，先请有名望者题主，并绕棺，棺三绕，点朱三点。亲朋素服执绋，反则易吉服随主归丧家。……虞祭毕，祔主于寝。"⑤ 编者批评丧礼"悦尸有僧道破地狱之举。他狱本属渺茫，乃执丧者不问父母之善恶，辄以为有罪，必入地狱，……听

---

① 丁世良、赵放主编：《中国地方志民俗资料汇编》第10册，北京：国家图书馆出版社，2014年，第116—117页。
② 丁世良、赵放主编：《中国地方志民俗资料汇编》第10册，北京：国家图书馆出版社，2014年，第72页。
③ 丁世良、赵放主编：《中国地方志民俗资料汇编》第10册，北京：国家图书馆出版社，2014年，第35页。
④ 丁世良、赵放主编：《中国地方志民俗资料汇编》第10册，北京：国家图书馆出版社，2014年，第24页。
⑤ 丁世良、赵放主编：《中国地方志民俗资料汇编》第10册，北京：国家图书馆出版社，2014年，第17—18页。

僧道指挥而不知妄。"① 编志者批判的角度与《家礼》一致，在清道光十九年（1839）的《厦门志》中，编志者从气论自然观的角度、从孝道的角度来批判佛道丧仪的运用：

> 丧葬尤多非礼。罔极之丧，其合于古者固多，……至于延僧道礼忏，有所谓开冥路、荐血盆、打地狱、弄铙钹、普度诸名目，云为死者减罪资福。夫人死则气散，其精魂无所不之也，何待僧道为之开路乎？且人非凶恶，岂必人人入地狱，不以善良待其亲，而以凶恶待其亲，何其悖也！纵贤人君子，亦必文致以刀山剑树之狱，自以为孝，而不知蔑亲以罪恶之名，不孝孰甚焉。况彼浮屠者，灭绝伦纪，地狱无则已，有则彼将身入焉，岂能救人哉！②

祭礼多采纳《家礼》，即便没有明确提到《家礼》，也是如此。清光绪二十三年（1897）增刻的道光本《重纂光泽县志》载："祭礼多遵古制，祀始祖于中堂，左右依世次为昭穆，亦有专祀四亲者（祀始祖遵程子，祀四亲遵朱子）。"③ 其实，祭祀四世也是程子的看法，朱熹《家礼》只是采纳了程子的观点。民间祀始祖、祀四亲的做法都是源自《家礼》的规定。民国八年（1919）的《政和县志》载："祭礼，惟世族之家有宗祠，四时荐献，悉照朱子《家礼》。此外，则清明、中元，民间普遍致祭。"④ 祭礼仪式普遍采用三献礼，在这一过程中，特别突出宗子的地位，显示了《家礼》的宗法观念对民间社会的普遍影响。如《福清县志》载：

---

① 丁世良、赵放主编：《中国地方志民俗资料汇编》第10册，北京：国家图书馆出版社，2014年，第18页。
② 丁世良、赵放主编：《中国地方志民俗资料汇编》第10册，北京：国家图书馆出版社，2014年，第38页。
③ 丁世良、赵放主编：《中国地方志民俗资料汇编》第10册，北京：国家图书馆出版社，2014年，第82页。
④ 丁世良、赵放主编：《中国地方志民俗资料汇编》第10册，北京：国家图书馆出版社，2014年，第72页。

三献之礼，按《家礼》初献以宗子，次献以主妇，终献以兄弟之长，或长男，或亲宾为之。吾闽之礼，有初献以宗子者，存古宗法之意也；次献以族中爵最尊者，谓有禄得祭也；终献以值祭者，谓轮值蒸尝祭物皆其所备，使致诚也。无失礼意，可行。（有初献以有爵者，因宗子愚朴不能行礼也。亚献以族长，终献以值祭者，可备参考。）①

要之，福建县志对朱熹的观点多有阐述，不仅仅引用朱熹《家礼》，还引用朱熹关于冠礼、祭礼等方面的语录，也有修改朱熹观点的。现代民间社会结婚时包括议婚、订婚、忙喜期、迎娶、上喜坟、三天回娘家等环节，依然是在传统"六礼"上损益而来，与"昏姻者，所以合二姓之好，上以事宗庙，下以继后世也"的基本理念完全一致。现代民间丧礼主要有临终初丧礼俗、入殓成服礼俗、出殡安葬等环节也大致沿用《家礼》的规定。当然，原封不动地照搬是不可能的，因为时代日新月异，宫庐器服之制、出入起居之节都与南宋大不一样了，如果照搬《家礼》，身着"深衣、大带"，肯定是不合时宜的。要之，《家礼》所蕴含的基本理念，比如名分之守、爱敬之实的内涵，对祖先的慎终追远之心，以及祭祀务必"主于尽爱敬之诚"的理念却不会过时。

---

① 丁世良、赵放主编：《中国地方志民俗资料汇编》第10册，北京：国家图书馆出版社，2014年，第28页。

第六章 《增损吕氏乡约》的社会教化理念及其实践

《家礼》主要针对家族内部成员的规范和约束，对于家族外的地方社会如何实现礼俗教化，也是理学家思考的问题。以张载为代表的关学最看重礼治，他的弟子蓝田吕氏是礼治思想的践行者，《吕氏乡约》《乡仪》是重要的代表著作，最初在关中地区实行，效果显著。朱熹在编纂《家礼》的同时，已经关注到《吕氏乡约》《乡仪》。他不仅考证了《吕氏乡约》的作者是吕人钧，还通过增损《吕氏乡约》，将《吕氏乡约》推广至民间。后来随着朱子学成为官学，朱子学的著作以及理学思想、礼俗教化理念都得到广泛而深远的传播。《增损吕氏乡约》以及《吕氏乡约》得到明朝理学家的青睐，与《家礼》《小学》一起成为理学家治理、教化民间社会的重要根据。本章分为两节，第一节概述《增损吕氏乡约》的产生以及礼俗教化理念；第二节论述《增损吕氏乡约》在后世的实践及其启发。

第一节 《增损吕氏乡约》的编纂及其社会教化思想

"蓝田四吕"，即生活于北宋中后期的蓝田籍学者吕大忠、吕大防、吕大钧、吕大临兄弟四人，是关学的重要代表人物，《吕氏乡约》《乡仪》是关学的礼学代表作，自《吕氏乡约》颁布，并在关中地区施行，起到很好的效果。朱熹对《吕氏乡约》进行增损，正是看中其化民成俗的作用。朱熹之增损，在保持原有框架的基础上，内容更加丰富、有条理，更具有可行性，代表了理学家对家族之外的地方社会的礼俗教化思想。

一、《吕氏乡约》的制订及其内容

《吕氏乡约》在朱熹考证之前，作者的身份尚不确定。因为《吕氏乡约》后有"熙宁九年十二月初五日汲郡吕大忠白"，当时很多人判断《吕氏乡约》是吕大忠所作，然而据朱熹考证，《吕氏乡约》是由吕大钧所作，不过吕大忠、吕大防等都有参与意见。朱熹在增损《吕氏乡约》时，将诸吕的通信整理后，把《乡约》《乡仪》的署名权还给吕大钧。朱熹在《乡约》后说："此篇旧传吕公进伯所作，今乃载于其弟和叔《文集》，又有问答诸书如此，知其为和叔所定不疑。篇末著进伯名，意以其族党之长而推之使主斯约故尔。淳熙乙未四月甲子，朱熹识。"[①] 在《乡仪》后朱熹说："此篇旧题《苏氏乡仪》，意其为苏昞季明博士兄弟所作。今按《吕和叔文集》乃季明所序，而此篇在焉，然则乃吕氏书也。因去篇题二字，而记其实如此。淳熙乙未四月甲子，朱熹识。"[②] 这两段文字在后世刊刻《吕氏乡约》《乡仪》时都被保留下来，正是朱熹明确了吕氏《乡约》《乡仪》的作者身份。

吕大钧，字和叔，生于宋仁宗天圣九年（1031），卒于宋神宗元丰五年（1082），是蓝田四吕中离世最早的一个，官职也最低。朱熹曾高度评价吕大临和吕大钧，说："与叔甚高，可惜死早。使其得六十左右，直可观，可惜善人无福。兄弟都有立。一兄和叔，做乡约乡仪者，更直截，死早。"（《语类》卷百九）朱熹对吕氏兄弟的英才早逝非常惋惜。吕大钧的生平事迹主要见于《宋史·吕大钧传》《伊洛渊源录》。熙宁十年（1077）十二月初五，是《乡约》开始公布实行的日期。而其具体制订当在此日期之前。熙宁七年六月，父亲吕蕡卒，此后两年多，吕氏兄弟均在家守丧，《乡约》的草创时间应该就在这段守丧期间。熙宁九年七月以后，大防、大忠相继回朝廷复职，大钧仍然致力于《乡约》的制订和推行。关于《乡约》之事，兄弟之间在书信中屡有讨论。现存《吕氏乡约》后附有吕大钧写给兄长大忠、大防和友人刘平叔的信，

[①] 〔宋〕吕大临等：《蓝田吕氏集》，曹树明点校整理，西安：西北大学出版社，2015年，第799—800页。

[②] 〔宋〕吕大临等：《蓝田吕氏集》，曹树明点校整理，西安：西北大学出版社，2015年，第812页。

从这些信中，可以看出《乡约》的制订和推行在当时经历了一番波折。

吕大钧写给其长兄吕大忠（字进伯）的《答伯兄》，非常简短，只有几句话："《乡约》中有绳之稍急者，诚为当已逐，旋改更从宽。其来者亦不拒，去者亦不追，固如来教。"[①] 由此看来，吕大钧在制订《乡约》时曾征求长兄吕大忠的意见，大忠认为有些地方"绳之稍急"，大钧采纳了大忠意见，对惩罚措施和出入约的规定放宽，使乡民出入乡约自由。从这也可以看出，吕大忠是支持吕大钧制订《乡约》的，并参与了意见。

与大忠相比，吕大防对《乡约》的制订表示了怀疑，他的担心主要是舆论方面。一是认为行事要"取在上者之言为然"，在朝廷没有号召的情况下做这样的事是有风险的，恐怕很难为众人接受，徒致纷纭，因此建议改为《家仪》，只在家庭内部实行，或改为《乡学规》只作教授弟子之用。其二也是更重要的原因，是当时朝廷新旧党派已径然分别，大钧这样公然实行《乡约》，大防生怕有人别有用心，以党事相攻，故以"汉之党事"相戒。吕大防长期为官，亲身经历过朝廷中新旧党的斗争，自身虽"独立无党"，但仍被作为旧党受到打击，所以他对《乡约》可能引起的政治风险表示担心也是理所当然的。对仲兄的这些担心，吕大钧一一进行了反驳：

> 《乡约》事近排祭人回，已具白。人心不同，故好恶未尝一，而俱未可以为然。惟以道观之，则真是真非乃见。若止取在上者之言为然，则君子何必博学？所欲改为《家仪》，虽意在逊避，而于义不安。盖其间专是与乡人相约之事，除是废而不行，其间礼俗相成，患难相恤，在家人岂须言及之乎？若改为《乡学规》，却似不甚害义，此可行也。所云置约正、直月，亦如学中学正、直日之类。今小民有所聚集，犹自推神头、行老之目。其急难，自于逐项内细说事目，止是遭水火、盗贼、死丧、疾病、诬枉之类，亦皆是自来人情所共恤、法令之所许。敕条水火、盗贼，同村社自合救捕。鳏寡孤遗，亦许近亲收恤。至于问疾吊丧，并流俗常行。约中止是量议损益，劝率其不修者耳。今流俗凡有率敛济人，皆行疏聚集，并是常事。

---

① 〔宋〕吕大临等：《蓝田吕氏集》，曹树明点校整理，西安：西北大学出版社，2015年，第797页。

> 汉之党事，去年李纯之有书已尝言及，寻有书辨其不相似。今录本上呈。党事之祸，皆当时诸人自取之，非独宦者之罪。不务实行，一罪也；妄相称党，傲公卿，二罪也；与宦者相疾如仇，三罪也；其得用者，遂欲诛灭宦者，四罪也。不知《乡约》有何事近之？①

由这封信看来，吕大钧对仲兄的意见不以为然，坚持认为《乡约》是合乎道义、合乎法律的。《乡约》内容是针对乡人之间关系所订，改为《家仪》则失去了意义，改为《乡学规》还可以接受。但将《乡约》与党事相联想，并不仅仅是吕大防的担心，友人李纯之也曾提醒过。吕大钧对此进行了一一辩解，认为《乡约》与党事并无任何相似之处。

但吕大钧的解释并不能使吕大防释然，吕大防仍然一遍遍地劝导，甚至以兄长的身份命令弟弟听从劝告，出来做官。吕大钧深知兄长的用心，但仍然不为所动，他在信中写道：

> 《乡约》事累蒙教督甚切，备喻尊意，欲令保全，不陷刑祸。父兄之于子弟，莫不皆然。而在上者若不体悉子弟之志，必须从己之令，则亦难为下矣。盖人性之善则同，而为善之迹不一：或出或处，或行或止。苟不失于仁，皆不相害，又何必须以出仕为善乎？又自来往复之言辞多抑扬，势当如此。惟可以意逆之，则情义可得。若寻文致疑，则不同之论无有已时。如谓"杀身成仁"者，盖孔子谓时多求生害仁者。既难得中庸之人，且得杀身成仁者，犹胜求生害仁之人，岂谓孔子务为杀身以成仁乎？前书行老、神头之说亦类此。向蒙开喻，志诸侯之说亦类此。处事有失，已随事改更，殊无所惮。即今所行《乡约》，与元初定甚有不同，乡人莫不知之，亦难为更一一告喻流传之人耳。②

---

① 〔宋〕吕大临等：《蓝田吕氏集》，曹树明点校整理，西安：西北大学出版社，2015年，第798页。

② 〔宋〕吕大临等：《蓝田吕氏集》，曹树明点校整理，西安：西北大学出版社，2015年，第798—799页。

在信中，吕大钧拒绝了兄长入仕的建议，认为只要不害于仁，与人为善，无论做不做官都是一样。至于《乡约》中处世失当的地方，已经及时进行了变更，因此没有什么可害怕的。只不过这些更改，乡人都已知道，不必再一一向外人解释。

不仅是兄长担心，一些好友听闻传言，也来信相问。吕大钧在《答刘平叔》中解释说：

> 乡人相约，勉为小善，一作细行。顾惟鄙陋，安足置议。而传闻者以为异事，过一作竞加论说。以谓强人之所不能，似乎不顺；非上所令而辄行之，似乎不恭。退而自反，固亦有罪。盖为善无大小，必待有德有位者倡之，则上下厌服而不疑。今不幸出于愚且贱者，宜乎訾謷之纷纷也。虽然，遂以为不顺与不恭，则似未之察耳。凡所谓强人所不能者，谓其材性所安，难强以矫，犹畏惧者责以宽泰，舒迟者责以敏疾之类。至于孝弟忠信，动作由礼，皆人所愿，虽力有不勉，莫不爱慕。今就其好恶，使之相劝相规而已，安有强所不能乎？凡所谓非上所令而辄行者，谓上之所禁，俗之所恶，犹聚萃群小，任侠奸利，害于州里，挠于官府之类。至于礼俗患难，人情素相问遗赒恤，间有惰而不修，或厚薄失度者，参酌贫富所宜，欲使不废。且所约之书，亦非异事。今庠序则有学规，市井则有行条，村野则有社案，皆其比也，何独至于《乡约》而疑之乎？况诸州犹有文学、助教之官，其职事亦是此类，但久废不举耳。或有举之者，安得为非上所令乎？以愚贱言之，则不敢逃责，或大人君子不以人废言，则似亦可恕。或谓其间条目宽猛失中、繁简失当，则有之矣，明识忠告，安敢不从？近闻流言过实，及于左右，虽素以相亮，亦恐不能无疑，聊致一作布此意，幸冀详照。①

从这封信来看，吕大防对弟弟的劝诫确实事出有因。《乡约》作为原来没有出现过的新生事物，不可避免地引起了很多人的议论。《吕氏乡约》之所以

---

① 〔宋〕吕大临等：《蓝田吕氏集》，曹树明点校整理，西安：西北大学出版社，2015年，第799页。

在制订之初就被质疑也说明它具有此前未有的开创性。《吕氏乡约》联结起来的民间组织，并非基于血缘关系或宗族纽带，而是来自乡里交往这样的地缘关系。但它制订的目的却是试图通过一系列的赏罚措施来对乡村社会进行教化，而这一目的原本应该通过国家权力来实施的。吕大钧在制订《乡约》时并非政府委派管理乡村的官吏，而仅是一个有过仕宦经历的士人。这种自发地教化管理基层社会的行为是否会引起非议，这是吕大防考虑的关键问题，也是吕大防建议将《乡约》改为《家仪》的根本原因。

吕大钧坚定地认为《乡约》本身并非"异事"，如学有学规，行有行规一样，《乡约》不过是一个民间自发的组织。吕大钧在制订和推行《乡约》的过程中，显然遭受了很大阻力。然而，《吕氏乡约》因其符合理学家对民间社会以礼教化的理念，所以引起了朱熹、吕祖谦、张栻等的兴趣，这首先要归功于《乡约》内容的合理性、务实性。

《吕氏乡约》共两千余字，分为"德业相劝""过失相规""礼俗相交""患难相恤"四部分。每部分又分若干条目，对行为举止、仪态服饰、长幼秩序均作了规定。"德业相劝"是总纲，提出为人处世的一系列道德原则，可以说是《大学》"修身、齐家、治国、平天下"的具体化、道德规范化。"过失相规"总结了不符合礼俗的行为，制定了相应的处罚方式。"礼俗相交"是对日常生活中人际交往的礼节加以规范，主要是关于婚丧祭礼以及邻里乡党之间的相接往还的方式和基本礼仪。除此之外，又有乡人应酬书问的礼节，这是司马光《书仪》中的重要内容，可见当时儒者都很关注书仪的问题。同乡约中的人关于庆吊之事的具体安排则由乡约临时聚议，基本原则是根据各自财力高下和关系亲疏量度而行。"患难相恤"指同约中一人有难，他人有义务进行援助，其中明确规定了需要援助的七种急难之事：一曰水火，二曰盗贼，三曰疾病，四曰死丧，五曰孤弱，六曰诬枉，七曰贫乏。《乡约》同时也规定了凡乡人有患难之事，即使其人非入约者，约中人也应当对之进行救恤。这一部分尤其体现了《乡约》的民间自治互助组织的特点。它提供了极大的社会福利及安全保障，使同约之人在遇到困境时，得到援助，同时又通过《乡约》把他们所认可的儒家道德观念传播出去，这样《乡约》就实现了教化功能。

《吕氏乡约》只有好的理想和规章还不够,还要用管理和约束机制来保障其运行,于是《乡约》规定了处罚方式以及聚会、负责人的选定等问题。"患难相恤"之后就是"罚式",具体规定:

> 犯义之过,其罚五百。轻者或损至四百、二百。不修之过及犯约之过,其罚一百。重者或增至二百、三百。凡轻过,规之而听及能自举者,止书于籍,皆免罚。若再犯者,不免。其规之不听,听而复为,及过之大者,皆即罚之。其不义已甚,非士论所容者,及累犯重罚而不悛者,特聚众议,若决不可容,则皆绝之。①

罚钱是一种方式,"书于籍"也是一种方式,开除乡约算是最大的处罚。作为民间自治组织的章程条文,《吕氏乡约》规定了组织形式和活动内容。乡约设"主事"负责管理事务,分"约正"和"直月"。乡约采取定期聚会的活动方式,每月一小聚,每季一大聚。聚会的有关准备事宜由直月负责。乡约中人有了德业条列举的善行就在聚会时记录在案,以示鼓励;犯了错误同样被记录在案,并会受到惩罚。这样一来,《吕氏乡约》作为一个民间组织章程,既规定了其活动主旨,也有合理的组织形式和赏罚机制,因此是切实可行的。

《吕氏乡约》以儒家道德伦理为准绳,规定同约人要"德业相劝""过失相规""礼俗相交""患难相恤",典型地体现了德治、礼治、法治三元和合的立体乡村治理模式。《吕氏乡约》以德礼为先、为重,以惩罚为后、为轻,符合儒家德礼为政刑之本、政刑为德礼之末的基本治理思想,不同之处是传统的德礼政刑治理模式是国家的大政方针,是以"皇帝—官吏"为主体的自上而下的官方治理,而《吕氏乡约》则是以"乡绅—村民"为主体的自下而上的民间自治,反映了宋代以来中国社会治理方向与模式的变化。《吕氏乡约》是士大夫以儒家思想治理乡村的社会实践活动,是一种古代乡村自治模式。朱熹对《吕氏乡约》加以增删而成《增损吕氏乡约》,对后世影响极大。

---

① 〔宋〕吕大临等:《蓝田吕氏集》,曹树明点校整理,西安:西北大学出版社,2015年,第796页。

二、朱熹对《吕氏乡约》的增损

朱熹很早就关注到《吕氏乡约》，他在淳熙二年（1175）写信告诉吕祖谦："熹近读《易》，觉有味。又欲修《吕氏乡约》《乡仪》，及约冠昏丧祭之仪，削去书过行罚之类，为贫富可通行者。苦多出入，不能就。又恨地远，无由质正。然且夕草定，亦当寄呈。"（《文集》卷三十三《答吕伯恭》）此处所说"约冠昏丧祭之仪"，钱穆、上山春平、束景南等认为指的是编纂《家礼》，陈来则认为，"约简《吕氏乡约乡仪》中的冠昏丧祭之仪，下接所说'削去书过行罚'也是针对《乡约》而发，故修、约、削，都是指《吕氏乡约》及《乡仪》，是说要修改《吕氏乡约》《乡仪》，减去《乡仪》中冠昏丧祭的仪节，去掉《乡约》中书过行罚的条文，以使成为贫富皆可以行的地方规约"[1]。陈来又对照《增损吕氏乡约》《乡仪》的内容，说：

> 《增损吕氏乡约》于原《乡约》第一节"德业相劝"增损无多，第二节之"过失相规"则于书过一事略缓之。而改动最大者为第三节"礼俗相交"。朱子将乡仪中造请拜揖等增入之，又增入乡仪之吊哭入庆等。但乡仪中原有的吉仪（祭）、嘉仪（冠昏）及凶仪中的居丧皆未载入，这就是朱子所说的"欲修吕氏乡约乡仪，及约冠昏丧祭之仪，削去书过行罚之类"，朱子之意欲将乡约乡仪合而为一，减去冠昏丧祭部分，只存通礼。[2]

陈来对书信的分析归纳了朱熹增损《吕氏乡约》的主要内容。淳熙二年（1175）朱熹刊行《乡约》和《乡仪》，寄给正在广西的张栻，当时张栻正在推行礼教，颁布《三家礼范》，张栻信中说：

---

[1] 陈来：《朱子〈家礼〉真伪考议》，《北京大学学报（哲学社会科学版）》1989年第3期，第121页。

[2] 陈来：《朱子〈家礼〉真伪考议》，《北京大学学报（哲学社会科学版）》1989年第3期，第121页。

> 无咎昨寄所编《祭仪》及《吕氏乡约》来，甚有益于风教。但《乡约》细思之，若在乡里，愿入约者是只得纳之，难于择拣。若不择，而或有甚败度者，则又害事；择之，则便生议论，难于持久。兼所谓罚者可行否？更须详论精处。若闲居行得，诚善俗之方也。①

经过张栻的实践，朱熹编订后的《吕氏乡约》和《祭礼》被证实为"甚有益于风教"。《增损吕氏乡约》主要改动在于"礼俗相交"与"冠昏丧祭"，还有去掉罚钱的部分，又增加"读约礼"，增强了《吕氏乡约》的社会教育功能。除此之外，还有以下方面变化。

首先，朱熹在"德业相劝"关于德、业的内涵做了拓展，将遵守政教和法令加入其中，又在"规人过失"之前加入了"导人为善"，使之更加完善。括号内为朱熹增加内容：

> 德谓见善必行，闻过必改。能治其身，能治其家；能事父兄，能教子弟；能御童仆（，能肃政教）；能事长上，能睦亲故；能择交游，能守廉介；能广施惠，能受寄托；能救患难（，能导人为善）；能规（人）过失，能为人谋（事），能为众集事，能解斗争；能决是非，能兴利除害，能居官举职。业谓居家则事父兄，教子弟，待妻妾。在外则事长上，接朋友，教后生，御童仆。至于读书治田，营家济物（，畏法令，谨租赋），好礼、乐、射、御、书、数之类，皆可为之。非此之类，皆为无益。（《文集》卷七十四《增损吕氏乡约》）

在定义"德"时，增加了"能肃政教"，"业"的定义中增加了"畏法令，谨租赋"一项内容。联系到吕大防反对吕大钧实施《乡约》的理由，怕引起政府官员的不满，所谓"非上所令而辄行之，似乎不恭"，朱熹则试图从内容上摆脱这种嫌疑，即把遵守国家法令、完成国家赋税列入德业的内容，反映出《乡约》向国家政令靠拢的意图，为《乡约》获取国家政权的支持创造了条件。这与朱熹在《家训》中所谓"治家无私法"的观念也是一致的。在朱

---

① 〔宋〕张栻：《张栻集》，邓洪波校点，长沙：岳麓书社，2017年，第699页。

熹的构想中，乡约是民间互助的自愿团体，多少带有协调政府与个人之间的利益与冲突的社会功能。乡约组织在遵守国家法令和政策的前提之下，实行乡村自治，乡约组织实行自愿加入的原则，民众可以自动加入或退出。乡约的主事是由约中的人推举出来的，代表了一定的民意基础。

其次，"礼俗相交"的改变最大，《吕氏乡约》中原本内容是婚丧祭礼，以及有关的庆吊、遗物、庆贺的仪式和礼物等。吕大钧的《乡仪》分为宾、吉、嘉、凶四个部分，吉仪是祭祀之礼，包括：祭先、祭五祀、祭旁亲、祷水旱。嘉仪是指婚、冠礼。凶仪是指吊哭、居丧。朱熹将冠婚丧祭之礼已编入《家礼》，所以《增损吕氏乡约》不再重复。而《增损吕氏乡约》的礼俗相交则简化了《乡仪》当中的宾仪，《乡仪》的宾仪包括：相见之节、长少之名、往还之数、衣冠、刺字、往见进退之节、宾至迎送之节、拜揖、请召、齿位、献酢、道途相遇、献遗、迎劳、饯送。朱熹将之条理化、系统化之后列入《增损吕氏乡约》中的"礼俗相交"，其中曰："礼俗之交，一曰尊幼辈行，二曰造请拜揖，三曰请召送迎，四曰庆吊赠遗。"（《文集》卷七十四《增损吕氏乡约》）

《乡仪》之中有"长少之名"，曰："长者谓长于己十岁以上者……敌者谓与己上下不满十岁者，少者谓少于己十岁以上者。"朱熹又有尊者和幼者的区分，《增损吕氏乡约》中曰："尊幼辈行凡五等。曰尊者，谓长于己三十岁以上，在父行者。曰长者，长于己十岁以上，在兄行者。曰敌者，谓年上下不满十岁者，长者为稍长，少者为稍少。曰少者，谓少于己十岁以下者。曰幼者，谓少于己二十岁以下者。"（《文集》卷七十四《增损吕氏乡约》）朱熹的分类更加细致，更易于实际操作。

"造请拜揖凡三条"分礼见、燕见和旅见，分别对见面是否用门状、服制、问候的方式等作了规定。"请召迎送"包括请客、聚会、宴会等场合的座次、仪式等内容。"庆吊赠遗"是针对同约众人的喜事和丧事的庆吊等行为。朱熹在《家礼序》提出"礼有本有文"，家日用之常礼是本，冠昏丧祭礼仪则属于文，那么《乡约》中的礼俗相交也是属于乡日用之常礼，是不可一日不修的礼，这些规定后来成为中国人日常行为规范的文本依据。

第三，朱熹增损《吕氏乡约》时修改了关于犯了"不修之过"之人的责罚，将惩罚措施去掉，体现了彰善的意图。同约人犯了错，则不采处罚方式，而代以私下规劝与当众戒责。屡劝不改者则告诉约正,约正在集会时用义理海谕之,还是不能改过的人,只能让他出约。出约是最严厉的惩罚。对比吕大钧最初的设想,是借助于罚钱等措施来维持乡约的规定,朱熹的乡约主要是依赖乡绅或士人的领导,基于人人具有的道德心和廉耻感。乡约用以维持其公信力的办法是制作"德业"和"过失"两本册子,来记录奖励和处罚。这种诉诸舆论压力与道德裁判的力量来维持社会和谐的方法和南宋流行的"功过格"很相似,都是建立在自我的道德约束原则上。《增损吕氏乡约》削减了原有的惩罚措施,体现了朱熹隐恶扬善的用心。不仅如此,朱熹也不主张读记过籍,让犯过之人暴露在大众的谴责之下。

乡约通过领导者的公信力、共同立约者的道德心与廉耻感、社会舆论和道德制裁的压力以期达到其影响和效果的方式,无疑体现了乡约与其说是治理模式不如说是社会教育方式,或者说乡约其实与书院教育一样,都是基于人与人相互勉励的道德人格之自我认知与相互尊重,注重个人与社会互动中保持责任心与公德心的认知和培养。朱熹所设想的乡约组织可视之为一种公民教育,目的是促使同约中的民众通过德业相劝、过失相规、礼俗相交等,最终培养成一个有道德、有礼节、有社会责任感的乡民。乡约的制裁力量很弱是事实,而且个人可以单方面地随时退约,终止和乡约的关系,更显示出它在约束机制上的无力。

第四,朱熹《增损吕氏乡约》增加了"月旦集会读约之礼",规定了入约乡人每月定期聚会、奖善劝过、说书讲论时的礼仪,使乡约具有某种类似宗教的仪式。这一条特别能反映出朱熹试图建立一种长幼次序的苦心,比如要求成员每个月两次聚在一起习礼,了解如何依照年龄的大小站在规定位置、如何揖拜、如何践行各种礼仪等,这样让成员通过这些礼仪来明白长幼尊卑。参加的人不但可以了解并认同自己在团体中的地位,也可以在长久的熏陶之下培养出一种"秩序感"。因此,读约、阐释乡约是集会的一项很重要的活动。在读约之后,朱熹还增加了"说书"的环节,这又进一步加强了乡约集会的教育功能。从读约要先拜孔子像而言,这种仪式颇带儒家宗教性的特点。这种教化组织与宗教仪式相结合,反映了儒家在维持乡村秩序的独特性。

三、《增损吕氏乡约》的社会教化理念

（一）德治是《增损吕氏乡约》的基本导向

德业历来为儒家所重视，孔子在解释"君子终日乾乾，夕惕若，厉，无咎"时说："君子进德修业。忠信，所以进德也。修辞立其诚，所以居业也。"（《周易·乾传》）德和业是学者一生的志向，常常相提并论，而德则是重中之重。以"三不朽"（立德、立功、立言）来说，立德是首要任务，立功和立言则属于立业中最重要的两件。德和业是学者为学过程中始终关注的目标，《增损吕氏乡约》（下文简称"《乡约》"）对"德业相劝"的详述很好地表明了德和业的关系：

> 德谓见善必行，闻过必改。能治其身，能治其家；能事父兄，能教子弟；能御童仆，能肃政教；能事长上，能睦亲故；能择交游，能守廉介；能广施惠，能受寄托；能救患难，能导人为善；能规人过失，能为人谋事，能为众集事，能解斗争；能决是非，能兴利除害，能居官举职。
>
> 业谓居家则事父兄，教子弟，待妻妾。在外则事长上，接朋友，教后生，御童仆。至于读书治田，营家济物，畏法令，谨租赋，好礼、乐、射、御、书、数之类，皆可为之。非此之类，皆为无益。（《文集》卷七十四《增损吕氏乡约》）

笼统地说，德是"见善必行，闻过必改"，这是基本原则，"能治其身，能治其家"都属于德的范围。相比于《大学》所谓"修身、齐家、治国、平天下"的"大学之道"，《乡约》则显得平实、亲切，主要以治身、治家为目标，这是由于《乡约》适用的范围是县级以下的基层地方，局限在某一村或几村，甚至于几个家族。《大学》是对所有读书人的要求，而《乡约》则是对乡间普通民众的要求，所以治国、平天下的观念被治身、治家所取代。但修身为本的理念是贯通《大学》和《乡约》的。对于基层地域来说，治身、治家是最关键的，家和万事兴，家家兴旺，地方秩序才有可能稳定。

深入分析德和业的内容，不难发现，《乡约》所言的德和业之间有很多交

叉,比如二者都有"事父兄,教子弟,待妻妾,御童仆"等,这些都是治家的范围,所以既是进德的内容,也是修业的内容,而"为人谋事""居官举职"等看似属于"业"的内容也属于"德"的内容。这和儒家主张在人伦日用中进德修业的理念有关,关系到人伦日用的一切事务都是儒家做工夫的范围。除了致力于人伦日用的事务,像读书治田、营家济物,以及礼乐射御书数等技艺性的实践活动则直接列入业的范围。用理学的话语来说,德偏重在理的层面,业偏重在事的层面,但事中有理,理不离事。理和事在关系人伦日用的治身、治家活动中得到统一,德业相劝之"劝"很好地说明二者的联系,进德能够修业,修业能够进德。所以德业在修养过程中是齐头并进的关系,一荣俱荣、一损俱损。

在德业相劝的前提下,《乡约》提出第二条"过失相规",即对无益于德业相劝的行为给以及时的指出和纠正,具体地说,犯义之过指酗博斗讼,行止逾违,行不恭逊,言不忠信,造言诬毁,营私太甚,不修之过指交非其人,游戏怠惰,动作无仪,临事不恪,用度不节,都是从举止言谈、生活习惯等日常行为上进行规劝、约束,此类过失显然都不是法律约束的范围,但如果任其发展则难免给心性修养、治身、治家等带来不利影响,甚至于导致违法犯罪。《乡约》中防微杜渐的理念始终贯穿于儒家修身的全过程,所谓"十目所视,十手所指,其严乎!"(《大学》)儒家认为,修养心性最讲究的是日常的修养,一刻不能懈怠,"勿以善小而不为,勿以恶小而为之"正是《乡约》"过失相规"的基本原则。事实上,在个人良好习惯的养成中,道德约束远比法律强制有优势,更符合人性的发展。正是在这个意义上,梁漱溟高度评价古代乡约的价值,他说:"乡约是本着彼此相爱惜、相规劝、相劝勉的意思;地方自治法规则是等你犯了错即送官去办,送官之后,是打是罚一概不管,对于乡里子弟毫无爱惜之意;这样很容易把人们爱面子的心、羞耻之心失掉。以后将更不好。它完全是只注意事情,想让事情得一个解决,而无爱惜人之意。"[①] 梁先生所说的"地方自治法规"是指现代治理模式下的基层自治法规,与乡约确实存在着导向不同的根本差异。

[①] 梁漱溟:《乡村建设理论》,上海:上海人民出版社,2011年,第174页。

(二) 礼治是《增损吕氏乡约》的主要手段

《乡约》以较大篇幅阐述了第三条"礼俗相交",这些礼俗既是乡约成员的日常行为规范,也是约束成员行为、厘定善恶的一个标准,又是教育民众、化民成俗的主要方式。在中国古代社会中,县级以下的基层地方较少受到皇权的直接干涉,所以温铁军有"皇权不下县"的说法,那么长期以来中国县级以下的地方治理模式以礼治为主要手段。就礼俗的广泛适用性和深入渗透性而言,在地方社会的治理中,礼俗甚至超越了法律的作用。

《乡约》将礼俗相交规定得非常详尽、平实,主要有四方面内容:"一曰尊幼辈行,二曰造请拜揖,三曰请召送迎,四曰庆吊赠遗"(《文集》卷七十四《增损吕氏乡约》)。首先依据年龄分出尊卑长幼,针对不同的对象,规定了造请拜揖、请召送迎的具体礼仪。单是见面礼仪就分为节日的礼见和候问起居、质疑白事等燕见。针对不同场合,详细规定了见面的时间(如岁首、冬至、四孟月朔)、见面的衣着。关于见面的迎接、坐拜、送别等过程也有详细规定,当主客相见时,"主人使将命者先出迎客,客趋入至庑间,主人出,降阶。客趋进,主人揖之,升堂礼见,四拜而后坐。燕见不拜"《文集》卷七十四《增损吕氏乡约》)。针对不同场合的见面,又有具体礼仪,如,"旅见则旅拜。少者、幼者自为一列,幼者拜,则跪而扶之;少者拜,则跪扶而答其半。若尊者、长者齿德殊绝,则少者、幼者坚请纳拜。尊者许,则立而受之;长者许,则跪而扶之。拜讫,则揖而退,主人命之坐,则致谢讫,揖而坐。"(《文集》卷七十四《增损吕氏乡约》)

对路上不期而遇如何招呼这样的细节,《乡约》亦有细致的规定,不仅要看对方是尊者、长者、敌者、少者等,还要顾及双方乘马、徒行等具体情况而区别对待:

> 曰凡遇尊长于道,皆徒行,则趋进,揖。尊长与之言,则对;否,则立于道侧,以俟尊长已过,乃揖而行。或皆乘马,于尊者则回避之,于长者则立马道侧,揖之。俟过乃揖而行。若己徒行而尊长乘马,则回避之。若己乘马而尊长徒行,望见则下马,前揖、已避亦然。过既远,乃上马。若尊长令上马,则固辞。遇敌者,皆乘马,则分道相揖而过。

彼徒行而不及避，则下马揖之，过则上马。遇少者以下，皆乘马，彼不及避，则揖之而过。彼徒行，不及避，则下马揖之。(《文集》卷七十四《增损吕氏乡约》)

与尊、长者在路上不期而遇，要分"皆徒行""皆乘马""己徒行而尊长乘马""己乘马而尊长徒行"四种情况，不得不说《乡约》对尊长见面的礼仪详尽至极，这也体现了尊长的理念，相较而言，与敌者和少幼者相见礼仪则相对简单。

请召迎送的礼仪主要针对邀请客人、安排座次、敬酒、送客等方面：

曰凡燕集，初坐，别设桌子于两楹间，置大杯于其上。主人降席，立于桌东，西向。上客亦降席，立于桌西，东向。主人取杯亲洗，上客辞。主人置杯桌子上，亲执酒斟之，以器授执事者，遂执杯以献上客。上客受之，复置桌子上。主人西向再拜，上客东向再拜，兴，取酒东向跪祭，遂饮。以杯授赞者，遂拜，主人答拜。上客酢主人如前仪，主人乃献众宾如前仪，唯献酒不拜。若婚会，姻家为上客，则虽少亦答其拜。(《文集》卷七十四《增损吕氏乡约》)

《乡约》规定了主人在宴请宾客时应遵循的一系列礼俗，主人依次要完成的程序有：降席、取杯亲洗、置杯斟酒、献上客、西向再拜、答拜、献众宾等一系列仪式，客人相应也有辞谢、受执、再拜、酢主人等仪式。依据《乡约》，宴请宾客的整个过程好比一场隆重的表演，环节之繁多、仪式之周详为饮酒平添了诸多文化韵味。饮食礼仪尤其能体现一个民族的文明程度，作为礼仪之邦的中国人日常生活礼仪由此可见一斑。

礼俗相交还有庆吊赠遗四条，其中规定了赠物、吊礼等依据感情深浅疏密区分，体现了礼治与人情的密切关系。从行为规范上讲，礼俗与法律没有区别，但二者的执行方式则不同，法律是靠国家强制力，礼则依赖人的自我教化能力，费孝通说："礼并不是靠一个外在的权力来推行的，而是从教化中养成了个人的敬畏之感，使人服膺；人服礼是主动的。……礼是合式的路子，是经过教化过程而成为主动性的服膺于传统的习惯。"① 朱熹所说的"德礼之效，则有以使民自迁善而不自知"(《论语集注》卷一)，也即教化的另一种表述。《乡约》以德治为导向，以礼治为手段，最终结果莫过于达到"使民自迁善而不自知"的教化目标。

(三) 教化是《增损吕氏乡约》的终极目标

儒学中政治治理和社会教化是纠结在一起的，在此意义上，儒学又称儒教。因为教化是从人性出发，从德治的导向出发，所以教化主要是以礼俗为标准，以各自修身为主要方式，所以《乡约》曰："右件德业，同约之人，各自进修，互相劝勉""右件过失，同约之人，各自省察，互相规戒。小则密规之，大则众戒之"(《文集》卷七十四《增损吕氏乡约》)，对于屡教不改者，"出约"算是最严厉的惩罚，这与法律、刑罚相较，显然缺乏强制力的约束。这便是教化和礼治的特点，费孝通说："长期的教育已把外在的规则化成了内在的习惯。维持礼俗的力量不在身外的权力，而是在身内的良心。所以这种秩序注重修身，注重克己。理想的礼治是每个人都自动地守规矩，不必有外在的监督。"② 这种依赖教化和礼治的治理模式显然与单纯的民主或专制不同，费孝通称之为"长老政治"，这种治理模式"既非民主又异于不民主的专制……用民主和不民主的尺度来衡量中国社会，都是也都不是，都有些像，但都不确当"③。这种以教化为要义的治理模式是"乡土社会"的产物，费孝通认为，"如果我们能想象一个完全由传统所规定下的社会生活，这社会可以说是没有政治的，有的只是教化。事实上固然并没有这种社会，但是乡土社会却是靠近这种标准的社会"④。当然，到明清时期官方提倡乡约之后，乡约的自发性受到国家权力的干预，教化便与政治纠缠在一起，政教合一再次成为乡约的特色。但是，宋代最初兴起的乡约显然教化的意义远远超出政治意义。

缘于此，梁漱溟认为古代乡约和地方自治有区别，他说："乡约这个东西，可以包含了地方自治，而地方自治不能包含乡约，如果拿现在的地方自

---

① 费孝通:《乡土中国》，南京：江苏文艺出版社，2007年，第56—57页。
② 费孝通:《乡土中国》，南京：江苏文艺出版社，2007年，第60页。
③ 费孝通:《乡土中国》，南京：江苏文艺出版社，2007年，第74页。
④ 费孝通:《乡土中国》，南京：江苏文艺出版社，2007年，第72页。

治与乡约比较，很显然的有一个不同。现在的地方自治，是很注意事情而不注意人；换言之，不注意人生向上。乡约这个东西，它充满了中国人精神——人生向上之意，所以开头就说'德业相劝'，'过失相规'。它着眼的是人生向上，先提出人生向上之意；主要的是人生向上，把生活上一切事情包含在里边。……在西洋不为宗教的组织，即为政治的组织，绝不会有像乡约似的一个组织。……是一个伦理情谊化的组织，而又是以人生向上为目标的一个组织。"[1]"以人生向上为目标"很能表明乡约的教化功能和目标，同时也反映了乡约乃至儒学带有一定的宗教性功能。这一点从《增损吕氏乡约》所规定的读约仪式上可窥一斑。

首先《乡约》规定了固定的集会时间、集会场所，"曰凡预约者，月朔皆会，直月率钱具食，会日夙兴，约正、副正、直月本家行礼若会族，罢，皆深衣俟于乡校"，又"无乡校则另择一宽间处"。在集会场所要"设先圣先师之象于北壁下"，集会读约先拜孔子像，具体仪式如下：

> 约正以下，出门西向南上。揖迎入门，至庭中，北面，皆再拜。约正升堂上香，降，与在位者皆再拜。揖，分东西向立。约正三揖，客三让，约正先升，客从之。皆北面立。约正少进，西向立，副正、直月次其右少退。(《文集》卷七十四《增损吕氏乡约》)

然后按照尊卑长幼次序，开始约正和成员之间的互相拜揖。先是约正拜尊者、长者、稍长者，稍少者、少者、幼者拜约正，次序井然。具体仪式如下：

> 直月引尊者东向南上，长者西向南上，约正再拜，凡在位者皆再拜。尊者受礼如仪。退北壁下，南向东上立。直月引长者东面，如初礼。退，则立于尊者之西东上。直月又引稍长者东向南上，约正与在位者皆再拜，稍长者答拜，退立于西序，东向北上。直月又引稍少者东面北上，拜约正。约正答之，稍少者退立于稍长者之南。直月以次引少者东北向西北

---

[1] 梁漱溟：《乡村建设理论》，上海：上海人民出版社，2011年，第173页。

上，拜约正。约正受礼如仪。拜者复位，又引幼者亦如之。既毕，揖，各就次。(《文集》卷七十四《增损吕氏乡约》)

互相拜过之后，才各自就座，正式读约，登记善恶。之后便开展文体娱乐活动。《乡约》载："直月抗声读约一过，副正推说其意。未达者，许其质问。于是约中有善者，众推之；有过者，直月纠之。约正询其实状于众，无异辞，乃命直月书之。直月遂读记善籍一过，命执事以记过籍遍呈在坐，各默观一过。既毕，及食。食毕，少休，复会于堂上，或说书，或习射，讲论从容。"(《文集》卷七十四《增损吕氏乡约》) 关于讲论的内容，《乡约》亦有规范，即"讲论须有益之事，不得辄道神怪邪辟悖乱之言，及私议朝廷州县政事得失，及扬人过恶。违者直月纠而书之"(《文集》卷七十四《增损吕氏乡约》)。讲论禁止"道神怪邪僻悖乱之言"，这与"子不语怪力乱神"的儒家传统一脉相承。读约过程中的共同拜像、依次序互拜、集体读约等全程肃穆，颇有宗教仪式的色彩，但讲论内容禁谈"邪僻悖乱之言"又将儒学世俗的一面呈现出来，由此可以证明乡约或儒学具有一定宗教性，而不能说是宗教。要之，所有的仪式展开、讲论内容都为了实现教化民众的目标，这与纯粹的政治管理、宗教信仰等大不相同。

当然，如果《增损吕氏乡约》只关注到道德导向、礼俗交往等日常行为规范，恐怕还不足以保障乡约成员之间的紧密团结，而其第四条"患难相恤"则弥补了这个问题。在传统的农业社会，特别是在战乱时期，民众之间自发的互助是非常必要的，乡约这种带有一定社会保障性的功能无疑将同一地域的民众紧紧凝聚在一起，在保障民众基本生活的基础上实现教化的目标。

（四）患难相恤是乡约存在的现实基础

朱熹向来重视经济对礼治的重要意义，这也是孔子先富后教思想的延续。《乡约》尤其体现了生存对礼仪的重要性，"患难相恤"主要有七种情况，囊括了乡村实际生活中可能遇到的基本困难：

一曰水火，小则遣人救之，甚则亲往，多率人救且吊之。二曰盗贼，近者同力追捕，有力者为告之官司，其家贫则为之助出募赏。三曰疾病，小则遣人问之，甚则为访医药，贫则助其养疾之费。四曰死丧，阙人则助其干办，乏财则赙赠借贷。五曰孤弱，孤遗无依者，若能自赡，则为之区处，稽其出内。或闻于官司，或择近亲与邻里可托者主之，无令人欺罔，可教者为择人教之，及为求婚姻。贫者，协力济之，无令失所。若有侵欺之者，众人力为之辨理。若稍长而放逸不检，亦防察约束之，无令陷于不义。六曰诬枉，有为人诬枉过恶，不能自伸者，势可以闻于官府，则为言之。有方略可以救解，则为解之。或其家因而失所者，众共以财济之。七曰贫乏，有安贫守分而生计大不足者，众以财济之，或为之假贷置产，以岁月偿之。（《文集》卷七十四《增损吕氏乡约》）

从天灾人祸到人生意外，从身体疾病到家世孤单，从物质缺乏到心灵创伤等各个方面，基本囊括了小农经济体制下的家庭所可能面临的各种问题。解决的方式主要是出人力帮忙，或者提供财物的帮助，或者提供借贷。当然这一切也以自愿为主，倡导救难未必强迫帮助别人。《乡约》规定：

凡有当救恤者，其家告于约正，急则同约之近者为之告约正，命直月遍告之，且为之纠集而程督之。凡同约者，财物器用、车马人仆，皆有无相假，若不急之用及有所妨者，则不必借。可借而不借，及逾期不还，及损坏借物者，论如犯约之过，书于籍。邻里或有缓急，虽非同约，而先闻知者，亦当救助。或不能救助，则为之告于同约而谋之。有能如此者，则亦书其善于籍，以告乡人。（《文集》卷七十四《增损吕氏乡约》）

财物器用、车马人仆如果不急用或者会妨碍自己用，就可以不借，不必勉强。如果借出去被损坏了，那就要按照犯约之过，记录在案。不仅同约要救助，而且邻近的乡约也要尽量救助。

患难相恤说明儒家先富后教的传统观念，也体现了宋代民间士人对参与地方事务的积极思考，面对国难当头，政府积贫积弱的情况，以理学家为代表的士人阶层不得不为基层民众设计一条自治的道路。乡约是一种互助组织，突出体现了先富后教的儒家理想，患难相恤甚至体现了"老吾老以及人之老、幼吾幼以及人之幼"的大同理想。要之，朱熹在《增损吕氏乡约》中着重发挥人的道德自觉性，所以他主张自愿入约，自愿救助别人，虽然他鼓励行善，但对于不遵守规定的人也没有强制的惩罚措施，这体现了乡约的社会教育功能大于治理管理的功能。

朱熹虽然修订了《吕氏乡约》，也将之寄给张栻实行过，但张栻英年早逝。朱熹本人实际主政时间有限，再加上晚年被当作"伪学"，所以《乡约》在当时并未实际推行。朱熹本人也深知《乡约》推行绝不是一件简单的事情，他在给张栻的信中说："《乡约》之书，偶家有藏本，且欲流行，其实恐亦难行，如所喻也。"（《文集》卷三十一《答张敬夫》）《乡约》虽未在朱熹手中施行，但由于他的增损修订，较原来的《吕氏乡约》更加条理化、系统化，并将其对人性论的理学基础注入其中，所以《乡约》随着朱子理学地位的上升，在后世逐渐推行起来，并随着朱子学的传播和普及，对朝鲜半岛、日本、越南等地区社会的地方自治理念和实践都产生了深远的影响。

第二节　《增损吕氏乡约》的历史实践及其启示

《增损吕氏乡约》在南宋主要由朱门弟子实践，到明清时期受到中央政府的关注，得到大力提倡，将乡约组织纳入了国家管理体制，于是乡约具有了官办的特征。直到20世纪三四十年代，乡约仍受到很多社会学者的关注，并以乡约为根据进行乡村建设运动。虽然结果失败了，但这只能说明乡约在乱世中并不能解决当时的问题，在现代和平稳定的年代，在乡村振兴战略提出的背景下，乡约应该能够发挥更大的作用。

一、乡约在南宋的实施

朱熹本人没有实施过乡约，但他的门人与私淑学者通过乡约与行乡饮酒礼实践乡教，亲睦乡间。南康胡泳兄弟在嘉定八年（1215）订定乡约，并请黄榦作序。黄榦认为其乡约非常有现实意义，他说："此乡饮酒遗意也。古之人于其乡党平居则相友相助，有急则相救相赒，其情谊之厚如此。故其暇日相与为饮酒之礼，以致其缱绻之情而因以寓其尊卑长幼之序，如是风俗安得而不厚哉！……伯量兄弟孝友，同居合爨，人无间言。又能推其施之家者，而达之乡，其有补于风教大矣。"（《勉斋集》卷二十二《跋南康胡氏乡约》）可见胡泳兄弟订定乡约后，应该有付诸实行。潘谦之和陈宓等在陈家的仰止堂聚会讲论朱子学，为了聚讲的顺利进行，潘谦之"遂取圣贤格言为训，又以《吕氏乡约》隐括继其后"。为此聚讲订立规范，也就是《仰止堂规约》与《仰止堂乡约》。[①] 赵师恕宰余杭时，也曾实行乡饮酒礼。嘉定十二年黄榦作序，阐发行乡饮酒礼的意义，他说：

> 乡教，亲睦也。乡间亲睦，陵犯争讼之风息矣。夫礼主于敬，敬胜则乖，乖则离，圣人制礼，敬胜则乖，乖则离，圣人制礼必济之以和。和胜则渎，渎则慢，圣人制礼必济之以敬。使之以礼教敬也，终之以乐教和也。……敬而和，礼之大义也。此所以亲睦乡间，而息陵犯争讼之风也。……通于义者，又非但可以亲睦乡间而已也。天理得，人心正，无所施而不可也。（《勉斋集》卷二十一《赵季仁行乡饮酒仪序》）

除了胡泳、赵师恕实行乡约、乡饮酒礼外，私淑朱熹的学者李大有、魏了翁也曾实行乡饮酒礼。李大有"在平江……正岁，乡之大夫、士属于序谦仲为正齿位，仿古饮酒之礼。且取前贤乡约锓梓，以风示之。士习用劝"（《鹤山集》卷七十五《太常博士李君墓志铭》）。魏了翁"知眉州……行乡饮酒礼以示教化，增贡士员以振文风"（《宋史》卷四百三十七）。又"程永奇，字次卿……用伊川先生宗会法以合族人，举行《吕氏乡约》，而凡冠昏丧祭，悉用朱氏礼，乡族化之"（《新安文献志》卷六十九）。朱熹的再传弟子吴昌裔曾撰有《乡约口义》（《宋元学案》卷六十三）。这些朱门后学的做法都体现了儒者"在下位则美俗"的社会功效。

二、乡约在明代的兴盛

正如曹国庆所说，"乡约的倡行，是中国历史发展到一定时期的一种重要的文化事象，它滥觞于程朱理学倡明的宋代，大张于阳明心学昌盛的明中后期，与理学的发展有着密切的关系。"[②] 在明代集权专制的体制下，《吕氏乡

[①] 邓庆平：《朱子门人与朱子学》，北京：中国社会科学出版社，2017年，第262页。
[②] 曹国庆：《明代乡约推行的特点》，《中国文化研究》1997年第15期，第23页。

约》制订之初，吕大防的担心成为现实，明朝对具有基层自治功能的乡约心怀忌惮，所以乡约只能在官方授权之下才能施行。成祖"取蓝田吕氏乡约列于性理成书，颁降天下，使诵行焉"，不过他看重的只是乡约的规条，并不欣赏其民众自治性质，因而此时的乡约只是停留在文字和口头上，未能付诸实践。正德以后，明朝的统治出现了全面深刻的危机。一些地方官员纷纷倡行乡约于乡里、任所，视乡约为济世安民的迫切良策。其中潞州《仇氏乡约》和王守仁的《南赣乡约》影响尤著，前者可视为民办乡约的代表，后者则开启了明中叶以后官府倡办督办乡约的全盛之局。随着政府的支持，乡约组织得到了很大发展，这些组织或直接采用《吕氏乡约》作为活动章程，或仿《吕氏乡约》自制乡约。《吕氏乡约》不但一再被刊刻，效仿之作也越来越多。如明正德五年（1510），三原县王承裕刻此《吕氏乡约》于弘道书院，并云：

> 承裕既得《乡约》以传，复得《乡仪》，篇末载晦庵先生题识。三复读之，因叹儒先欲善乡俗之意有如此。近世乡俗视此书所列多不类，岂非无人以讲求之哉？承裕无似，而欲乡俗之复于古，其意固在。乃戒从学之士以此书刻梓，将遍遗我乡人，期相与讲求而行之焉。①

可见，王承裕刊刻并讲求《吕氏乡约》的目的是看中了其教化意义。正德十五年（1520），靳贵将《吕氏乡约》更名为《蓝田吕氏遗书》刊刻。在一些学者重刻《吕氏乡约》的同时，一些官僚则力图将《乡约》与政府权力相结合以促进其实施。对明代乡约制度影响最大的莫过于王阳明。正德十二年，王阳明巡抚南赣（明代江西赣州府、南安府两府的简称），之后颁布了三千余言的《南赣乡约》。《南赣乡约》是一种新型的乡约，"此中丞阳明公参酌蓝田乡约，以协和南赣山谷之民也"，王阳明指出："民俗之善恶，岂不由于积习使然哉！……自今凡尔同约之民，皆宜孝尔父母，敬尔兄长，教训尔子孙，和顺尔乡里，死伤相助，患难相恤，善相劝勉，恶相告戒，息讼罢争，讲信修睦，务为良善之民，共成仁厚之俗。"（《王阳明全集》卷十七《南赣乡约》）其

---

① 〔宋〕吕大临等：《蓝田吕氏集》，曹树明点校整理，西安：西北大学出版社，2015年，第813页。

规条共十六项，规定约中职员出于约众之推选，约众赴会为不可规避之义务，约长同民众得调解民事之争讼，约长于集会时询约众之公意以彰善纠过。在王阳明的多次倡督之后，其乡约法在南赣及福建龙岩、江西吉安、广东揭阳等地推广，由于王阳明自身的影响力，再加上他的弟子遍及江右、浙中、南中、楚中、闽粤、北方，很快乡约就兴盛起来。

然而，明清时期的乡约与宋代乡约有很大的不同，就是与保甲制度相结合，成为国家制度基层管理的一种方式。保甲法创始于宋熙宁间王安石变法与程颢之保伍法，与《吕氏乡约》也有融通之处。社学与乡约的关联，在朱熹《增损吕氏乡约》中便已露端倪。社仓出现的时间虽至迟不晚于隋，然其与乡约发生关系，则在明中叶以后。乡约、保甲、社学、社仓是明代乡治中的四大要素，明代乡约与保甲、社学、社仓关系的演变肇于王阳明的《南赣乡约》。[①] 在王阳明的乡治思想中，保甲、社学、乡约是三个重要的组成部分，并且是分三个步骤独立进行的。王阳明首先推行的是十家牌法（即保甲法），先后颁布有《十家牌法告谕父老子弟》《案行各分巡道督编十家牌法》《申行有司十家牌法》《申谕十家牌法》《申谕牌增立保长》，此法编十里为一牌，开列各户籍贯、姓名、年貌、行业，每日沿门按牌审察，遇面生可疑之人，即报官究理，若有隐匿，十家连坐，这是针对南赣治安状况差而采取的相应措施。[②] 在《南赣乡约》初颁的条规中，乡约与保甲、社学是各自独立、各有职司的，不过乡约与保甲在实际推行过程中相辅而行也已初见端倪，在《南赣乡约》颁行的次年，王阳明将约长的资格作了修订，原定"同约中推年高有德为众所推服者一人为约长"，代以"各自会推家道殷实、行止端庄一人充为约长"，约长的道德标准被弱化，经济实力更受注重，并且要求执行本属保甲的部分职责。

将乡约与保甲、社学、社仓混为一体，提倡而行之的是黄佐的《泰泉乡礼》，其中首举乡礼纲领，以立教、明伦、敬身为主，次则冠婚以下四礼，皆略为条教，第取其今世可行而又不倍戾于古者，再次举五事，曰乡约、乡校、社仓、乡社、保甲，"皆深寓端本厚俗之意"。《泰泉乡礼》显然结合了朱熹的

[①] 曹国庆：《明代乡约推行的特点》，《中国文化研究》1997年第15期，第18页。
[②] 曹国庆：《明代乡约推行的特点》，《中国文化研究》1997年第15期，第19页。

《小学》《家礼》和《增损吕氏乡约》的内容。黄佐《泰泉乡礼》之后,继续倡行将乡约与保甲、社学、社仓打成一片的,是章潢的《图书编》。不过在章氏的治乡方略中,乡约不作为中心,而是与保甲、社学、社仓完全平行的,并且乡社并不独立①。

以乡约、保甲兼行而加提倡的乡治,在嘉万以后尤为多见。明嘉靖、万历年间吕坤则将乡约与保甲制度相结合,制订成《乡甲约》,并且在全国范围推广实行。这种乡约与保甲制度结合的乡村控制模式一直到清末民初,还在一些地方的基层组织中存在。由于大量理学家的推动,明代在乡约理论上也有发展,其中理论较备者如吕坤的《实政录》和刘宗周的《乡保事宜》。吕坤乡约方案的特点在于合保甲乡约为一条鞭,将乡甲约完全纳入官治系统,主张官倡官办,吕坤指出"守令之政,自以乡约保甲为先"。②刘宗周也主张乡约与保甲合一。

陆世仪的《治乡三约》,真正从体制上理顺了乡约与保甲、社仓、社学的关系,他指出"乡约为纲而虚,社仓、保甲、社学为目而实",因而他的乡治三约,也就是一纲(乡约)三目(社学、保甲、社仓)的乡治体系。但由于朝代更替,陆氏未能将其理念付诸实践。

伴随着乡约活动的兴盛,宗约、士约、会约、乡兵约等民众自治组织也趋于活跃,使明代中后期的乡村、城坊、仕林中出现了社、会、约兴盛的格局。③ 明中叶以后,随着乡约的兴盛和民修祠堂的弛禁,宗约也随之兴盛。作为一定的民众自治组织,乡约约于一乡之众,宗约只约于一族之人。乡约与血缘虽不无关连,民众们多是聚族而居,所以乡约往往是一族以上的几个族人的结合体。宗约注重的则是血缘,讲究血缘亲情。乡约与宗约在一定的时候又可以互相转化。崇祯七年(1634),刘宗周在家乡居,作《乡约小相篇》,请行于邑中,但不获知县采用,便作《刘氏宗约》行于族内。约设宗长一人,总一宗之教,约九族之人,又设宗翼两人辅弼宗长,宗干一人司钱谷出纳,宗纠一人,纠绳纲纪。约内还置有彰善纠恶簿,月朔行告庙之会,演讲圣训、

---

① 曹国庆:《明代乡约推行的特点》,《中国文化研究》1997年第15期,第19页。
② 曹国庆:《明代乡约推行的特点》,《中国文化研究》1997年第15期,第19页。
③ 曹国庆:《明代乡约推行的特点》,《中国文化研究》1997年第15期,第20页。

祖训。据称,"服习既久,风尚一变,二十余年,通族莫有讼公庭者",其殁后,族人"犹遵行教不衰"。

除宗约,又有士约、会约、乡兵约等形式。乡约者,约于民众,士约只约于诸生。明代的士约,多起于讲学会和文人结社,而组织管理形式又不同程度地受到了乡约的影响。乡兵约是专门抵御倭寇、鞑靼、"盗贼"的乡约,性质即多类此,它源于历史上的结寨自保武装,《吕氏乡约》在"患难相恤"中提到面对盗贼时要互助合作,而在明初面对比盗贼更大的问题,比如倭寇,这时需要更强大的组织和力量,乡兵约应运而生。崇祯二年(1629)正月,王徵著成《乡兵约》,分为约束、训练、劝富、谕贫四个部分,凡乡村约在五七里之内,可以联络为一社者,大家立誓同心,自相约束,每村各自择立一总,其兵至五百,立大总保一人,战阵勇敢者予以重赏,无功或脱逃者记册受辱。由此可知,乡兵约与历史上的一般的结寨自保组织形式又不尽相同。

士约属于会约的范畴,又有其他的民间结会、善会、游戏怡老之会等,统称会约。尽管明代的会约是五花八门,各有旨趣,其要却都在约束内部成员,使组织更具凝聚力,并且追随乡约遗规,强调内部团结,互相规劝,互相帮助,大体沿用了《增损吕氏乡约》的组织模式。要之,明代乡约的推行,就乡约本身所具有的潜质而言,其主张修身齐家,和睦邻里,共赴公益,共御外侮,对于组织民众抗击外来暴力相侵,保卫家园,塑造地方社会良好的社会风尚,都产生了积极的影响。正因如此,不惟清代乡约依然盛行,直到近现代倡行乡约的仍不乏其人,梁漱溟开展的乡村建设运动即延续了中国古代乡约模式。

三、现代乡村建设运动的开展及其启示

由于乡约是中国士人对乡村自治提出的集教育、管理于一体的民间组织,体现了士人阶层参与社会教育和社会治理的方式。近代以来,随着中国乡村社会传统自治体系的瓦解,特别是帝国主义的侵略带来乡村经济的萧条和乡村秩序的混乱,很多有志之士重新倡导乡村建设运动,以实现其救国救民的理想。最著名的莫过于梁漱溟开展的乡村建设运动。梁漱溟认为,中国问题的实质是"伦理本位、职业分途"之特殊社会构造的崩溃而引起的文化失调。

所谓乡村建设即建设一个以"伦理情谊、人生向上"为目标的新礼俗社会。具体来说，就是根据"从理性求组织"和"从乡村入手"两个基本原则，重建一个以中国固有精神为主同时又吸收了西洋人长处的新社会组织——这个组织以"伦理情谊、人生向上"为目标。为了实现这一目标，梁漱溟提出建立一个通过对"乡约"的补充改造而来的组织形式，即村学乡学，从而重建一个新的社会组织。梁漱溟以开展乡村建设运动来实现民族自救的行为，其中体现了他对乡约的深刻认识，而乡村建设运动的失败也暴露了传统乡约在完成现代化的进程中所存在的缺陷。

首先，乡村建设运动建立在中国社会是伦理社会这一基础上，这与传统乡约的理论起点一致。乡约中德业相劝、过失相规、礼俗相交、患难相恤，都体现了伦理社会中的正常交往，体现了礼俗社会的重点，朱熹不设惩罚，就是为了唤起、培养道德自觉性，让每个人成为主宰自己、管理自己的主人，在此基础上，互相帮助。梁漱溟对中国社会的认识是深刻的，在他看来，中国社会是一个乡土社会，同时也是一个伦理社会。在这个社会里，伦理文化以乡土社会为根基，乡土社会又借伦理文化而建构。梁漱溟看到了乡土中国与伦理文化的相互依存性，将"乡村"与"伦理"归为中国文化的两大同构互动的根基，并且推论中国现代化的前途在于乡土中国与伦理中国的复兴，中国的现代化不应以摧毁传统乡土社会和儒家伦理为代价。

梁漱溟认为导致中国传统社会结构崩溃的根本原因是由自救运动而引起的中国人人生态度的改变，具体表现就是对中国人固有人生的厌弃和反抗。这种"厌弃和反抗"才是导致中国"伦理本位、职业分途"社会崩溃的真正原因。正是在这个意义上，梁漱溟说："中国近百年史，也可以说是一部乡村破坏史。"[1] 由此出发，梁漱溟在思考乡村建设问题时，提出中国的乡村建设不是一个生存的问题，也不是一个技术问题，而是一个文化问题，或者伦理人生问题。梁漱溟看到了道德规范的重要性，并且为村学乡学制订了一系列具体的道德规范，以便培养人的道德情感，从而建立一个新的礼俗社会。表面上看，乡村建设运动的目的是解决中国的民族出路问题，但实际上乡村建设运动的最终目的则是解决中国人的人生安顿问题。特别是在今天，我们正

---

[1] 梁漱溟：《乡村建设理论》，上海：上海人民出版社，2011年，第11页。

处于一个和平建设的年代，在生存问题和技术问题已经基本解决的情况下，梁漱溟的这一致思方向对中国的现代化建设来说就显得格外重要。

其次，乡村建设运动与政府之间的关系。乡约在产生之时，吕大防就提出可能会引起地方官、地方政府的反对，而吕大钧认为乡约只是一个合理的民间组织。朱熹在增损时更是将谨法令、肃政教作为德业相劝的内涵，巧妙地规避了地方自治规章可能带来的问题。但后来明清乡约的发展趋势还是证明了吕大防的担心，在一个集权制的体制之下，在权威人格的统治者眼中，脱离政府管理的自发的乡约组织是不利于集权体制的，是不利于权威人治的，所以自明代开始乡约就有官办、官倡民办等方式。要之，所有的乡约组织通过与保甲制度结合，通过地方官的奖励任命等方式，完成了官方控制之下的乡绅主导的有限自治。之后乡约基本失去吕大钧、朱熹所设想的那种自愿入约、自愿退出、彰善重于惩恶的初衷。无论何时，无论何种目的，在中国社会，如果想搞社会运动，政府是不能不面对的重要因素，而梁漱溟的乡村建设运动并没有实现朱熹所设想的由士绅领导、乡民自治的一种民间组织的初衷。

从主观意愿上看，梁漱溟并不主张乡村建设运动与政府发生直接联系，因为在他看来，乡村建设运动源于中国乡村的破坏，而破坏乡村的力量有三：政治属性的破坏力、经济属性的破坏力、文化属性的破坏力。这三大破坏力量以文化居先而政治最大，一言概之："中国现在南北东西上下大小的政府，其自身皆为直接破坏乡村的力量"。在这种情况之下，乡村建设当然无法靠政权，而且乡村建设运动不但不能依靠政府，甚至以它作引导都不行。1935 年 10 月，梁漱溟在《我们的两大难处》的讲演中说：

> 既说社会改造，那就不应当接近政权，依靠政权。为什么呢？如果你（我们自己）承认现在的政权是一个革命政权，你所要完成的社会改造，也就是他所要完成的社会改造；那末，就用不着你再作什么社会运动改造运动了！你现在既作社会改造运动，则明明是你看他（现政权）改造不了。他既改造不了，你就应当否认他，你就应当夺取政权来完成社会改造！你既不否认他，而又顺随他在他底下活动；那末，你本身就

失掉了革命性，又怎么能完成社会改造呢？你不但在他底下活动，而且依附于他，这怎么能完成社会改造呢？①

对于乡村建设运动与政府之间的关系，梁漱溟认为，"高谈社会改造而依附政权，这是一个矛盾"。而传统所谓"政教合一"，就是一面借行政上强制的力量来办教育，一面拿教育的方法、教育的工夫来推行政府所要推行的各项新政。"如此结果下去，有让乡村工作行政化的趋势——乡村工作变成地方下级行政。乡村工作果真变成这样，那还有什么社会改造可谈呢？"② 所以，梁漱溟提出乡村建设运动中，应与政府保持一定的距离，但也不能完全脱离政府，他说："我们与政府是彼此相需的，而非不相容的。至于我们落到依附政权，则也有不得不然者。头一点，说句最老实的话，就是因为乡村运动自己没有财源。"③ 既然自己没有财源，"就只好找政府了。找政府，除了为财源问题，还有权力问题。有不少的事，都非借政权不办的"④。既然现实如此，那么"我们与政府又怎能分得开呢？"最后梁漱溟提出一种解决方式，即"你不能排除他，就要用他；不反对他，就要拉住他。否则，你就不算会办事；你就要自己吃亏，而于事无益"。换言之，"是我们用他呢？还是他用我们？倘使我们不能为主以用他，反而落到为他所用，则结果必至完全失败"。⑤

这段关于乡村建设运动者与政府之间的关系的论述体现了传统儒家在中国政治管理体制中的特殊地位，一方面是为民谋利益，一方面却要借助于政府的力量，而同时，政府也想通过笼络知识分子，为其所用。梁漱溟的想法真实地体现儒家的政治实践精神，也体现了儒家的功利意识，即，在中国无权、无势、无兵，办不成大事，知识分子必须依附于一种权势力量，才有可能施展自己的抱负。然而，这本不应依附政权而不得不依附政权的难处也就成了乡村建设运动失败的原因之一。

---

① 梁漱溟：《乡村建设理论》，上海：上海人民出版社，2011年，第402页。
② 梁漱溟：《乡村建设理论》，上海：上海人民出版社，2011年，第403页。
③ 梁漱溟：《乡村建设理论》，上海：上海人民出版社，2011年，第408页。
④ 梁漱溟：《乡村建设理论》，上海：上海人民出版社，2011年，第409页。
⑤ 梁漱溟：《乡村建设理论》，上海：上海人民出版社，2011年，第409页。

第三，乡村建设运动如何调动起农民的积极性，这是一个关键问题。在《增损吕氏乡约》中，朱熹将惩罚措施去掉，增加读约礼、说书等环节，就在于唤醒人的道德自觉性，试图将礼俗这种外在形式的熏陶最终能够融入人的道德自觉性中。朱熹认为，人性本善，性道殊异，所以要用礼俗来约束、引导，但是最终目标还是要靠自身内在的向上力量，变他律为自律，才是根本。所以朱熹的乡约是一个社会教育机构，而明清乡约则在官办、国家治理体系中变成了管理人民、控制地方的一种组织。所以乡村建设运动必须在朱熹与明清乡约之间做出更好的选择。梁漱溟在总结乡村建设运动失败时除了提到政府的参与过多之外，还有就是农民的参与度太低。

乡村建设运动本应和农民打成一片的，因为"中国问题之解决，其发动主动以至于完成，全在其社会中知识分子与乡村居民打并一起，所构成之一力量"①。而现在知识分子不但不能和乡村居民"打并一起"，反而不合，就成了乡村建设运动的一大难处。这不合的最主要的原因就在于乡村建设运动不能真正解决大多数乡村居民的实际问题。梁漱溟也十分明白，他说："例如农民为苛捐杂税所苦，而我们不能马上替他们减轻负担；农民没有土地，我们不能分给他们土地。他们所要求的有好多事，需要从政治上解决；而在我们开头下乡工作时，还没有解决政治问题的力量。那末，当然抓不住他们的痛痒，就抓不住他们的心。"②《吕氏乡约》之所以敢用自愿出入的方式来组建，因为他们有患难相恤的一条，是为了解决乡民的基本生存问题。

在梁漱溟的理论中，要想成功，就要解决农民的实际问题，比如经济问题、苛捐杂税问题，要解决这个问题，就非借助于政府力量不可，要借助于政府力量，那么就要放弃自治的原则。当然，从认识源头上说，梁漱溟认为，要开展乡村建设运动，就不能依赖政府，不能靠政府引导，这样才能自治，自己说了算，但这样就没有财务来源，就不能开展活动，更不能解决农民的经济、教育等问题。这是一个死结。想利用政府来为农民谋利益，这在当时社会来看根本就是与虎谋皮。其结果就是利用了政府的力量，也被政府所利用，最终导致乡村建设运动失败。

---

① 梁漱溟：《乡村建设理论》，上海：上海人民出版社，2011年，第289页。
② 梁漱溟：《乡村建设理论》，上海：上海人民出版社，2011年，第410页。

当然，乡村建设运动在 20 世纪三十年代面临的问题还不仅仅是政府、知识分子、农民之间的复杂关联，还有帝国主义的侵略。在费孝通看来，是由于帝国主义的侵略特别是现代技术的影响，使得中国的民族工业以及乡村的副业都被打垮了，中国不仅不能成为一个工业国，反而成为西洋工业的市场，从而使本来就贫穷的乡村陷于全面的瘫痪。因此，解决中国问题的当务之急是如何打倒帝国主义。而在帝国主义的侵略下，中华民族面临着生死存亡之危机时，梁漱溟的思考不是如何打倒帝国主义，而是如何重建一个新的社会组织构造，此无疑是"不识时务之举"，这也是乡村建设运动失败的一个原因。

尽管如此，梁漱溟在思考乡村建设问题时，能意识到中国的乡村建设不是一个生存的问题，也不是一个技术问题，而是一个文化问题，是伦理人生问题。这是非常值得我们注意的。特别是在今天，我们正处于一个和平建设的年代，在生存问题和技术问题已经基本解决的情况下，梁漱溟的做法对中国现代化建设来说仍有启发性，对我们看待政府与农民在现代乡村振兴中的角色也有启发意义，即政府干涉不能太多，农民自立最关键，这也是现代乡村振兴战略所应注意的关键问题。

参考文献

朱杰人、严佐之、刘永翔主编：《朱子全书》，上海：上海古籍出版社、合肥：安徽教育出版社，2002年。

朱杰人、严佐之、刘永翔主编：《朱子全书外编》，上海：华东师范大学出版社，2010年。

黄灵庚、吴战垒主编：《吕祖谦全集》，杭州：浙江古籍出版社，2008年。

杨国学校注：《屏山集校注与研究》，北京：中国书籍出版社，2012年。

〔清〕王懋竑：《朱熹年谱》，何忠礼点校，北京：中华书局，1998年。

〔清〕黄宗羲原著、全祖望补修：《宋元学案》，陈金生、梁运华点校，北京：中华书局，1986年。

〔清〕李清馥：《闽中理学渊源考》，何乃川、李秉乾点校，北京：商务印书馆，2018年。

〔南宋〕朱熹著，〔南宋〕张洪、齐㲳编，李孝国、董立平译注：《朱子读书法》，天津：天津社会科学出版社，2016年。

〔宋〕吕大临等：《蓝田吕氏集》，曹树明点校整理，西安：西北大学出版社，2015年。

〔宋〕张栻：《张栻集》，邓洪波校点，长沙：岳麓书社，2017年。

〔宋〕马端临：《文献通考》，北京：中华书局，2011年。

〔清〕陈宏谋：《五种遗规》，北京：线装书局，2015年。

〔清〕张伯行：《小学集解》，上海：商务印书馆，1936年。

〔清〕郭嵩焘著，梁小进编：《郭嵩焘全集》，长沙：岳麓书社，2018年。

钱穆：《朱子新学案》，成都：巴蜀书社，1986年。

束景南：《朱子大传》，北京：商务印书馆，2003年。

周予同：《孔子、孔圣和朱熹》，上海：上海人民出版社，2012年。

陈钟凡：《两宋思想述评》，北京：东方出版社，1996年。

高令印：《朱熹事迹考》，上海：上海人民出版社，1987年。

韩钟文：《朱熹教育思想研究》，南昌：江西教育出版社，1989年。

周德昌：《朱熹教育思想述评》，长春：吉林教育出版社，1987年。

于述胜：《朱熹与南宋教育思潮》，济南：山东大学出版社，1996年。

陈国代、姚进生、张品端：《大教育家朱熹——朱熹的教育历程与思想研究》，北京：中国社会科学出版社，2010年。

姚进生：《朱熹道德教育思想论稿》，厦门：厦门大学出版社，2013年。

边慧民、孙玉杰：《朱熹"力行"德育思想及其当代价值》，济南：山东大学出版社，2010年。

刘佩芝：《朱熹德育思想研究》，南昌：江西人民出版社，2018年。

姜春颖、赵亮：《朱熹教育思想研究》，太原：山西人民出版社，2020年。

陈少峰：《中华文化通志·教化与礼仪典·德育志》，上海：上海人民出版社，1998年。

郭齐家：《中国教育史》，北京：人民教育出版社，2015年。

陈青之：《中国教育史》，长沙：岳麓书社，2010年。

苗春德、赵国权：《南宋教育史》，上海：上海古籍出版社，2008年。

夏芬：《治家之经：〈朱子家训〉》，成都：西南交通大学出版社，2018年。

〔宋〕朱熹著，朱杰人编注：《朱子家训》，上海：华东师范大学出版社，2014年。

池小芳：《中国古代小学教育研究》，上海：上海教育出版社，1998年。

陈永宝：《朱熹的儿童哲学研究——蒙学思想的现代路径》，桂林：广西师范大学出版社，2021年。

肖永明：《儒学·书院·社会——社会文化史视野中的书院》，北京：商务印书馆，2012年。

邓洪波：《中国书院史》，武汉：武汉大学出版社，2017年。

白新良：《明清书院研究》，北京：故宫出版社，2012年。

方彦寿：《朱熹书院与门人考》，上海：华东师范大学出版社，2000年。

方彦寿：《朱熹考亭书院源流考》，福州：海峡书局，2018年。

张品端：《朱子学在海外的传播与影响》，北京：中国社会科学出版社，2019年。

朱汉民、肖永明：《宋代〈四书〉学与理学》，北京：中华书局，2009年。

李如冰：《宋代蓝田四吕及其著述研究》，北京：人民出版社，2012年。

赵华富：《徽州宗族研究》，合肥：安徽大学出版社，2004年。

陈戍国：《中国礼制史（宋辽金夏卷）》，长沙：湖南教育出版社，2001年。

陈戍国：《中国礼制史（元明清卷）》，长沙：湖南教育出版社，2002年。

丁世良、赵放主编：《中国地方志民俗资料汇编》第10册，北京：国家图书馆出版社，2014年。

梁漱溟：《乡村建设理论》，上海：上海人民出版社，2011年。

胡小池：《葬仪大全》，台北：武陵出版社，1984年。

赵显圭：《朱熹人文教育思想研究》，台北：文津出版社，1998年。

李弘祺：《中国教育史英文著作评介》，台北：台湾大学出版中心，2005年。

孟淑慧：《朱熹及其门人的教化理念与实践》，台北：台湾大学出版中心，2003年。

高明士：《东亚教育史研究的回顾与展望》，台北：台湾大学出版中心，2005年。

高明士：《东亚传统教育与学礼学规》，台北：台湾大学出版中心，2005年。

高明士：《东亚古代的政治与教育》，台北：台湾大学出版中心，2004年。

陈荣捷：《朱学论集》，上海：华东师范大学出版社，2007年。

陈荣捷：《朱子新探索》，上海：华东师范大学出版社，2007年。

陈荣捷：《朱子门人》，上海：华东师范大学出版社，2007年。

（美）狄百瑞：《东亚文明：五个阶段的对话》，何兆武、何冰译，南京：江苏人民出版社，2012年。

（日）吾妻重二：《朱熹〈家礼〉实证研究》，吴震、郭海良等译，上海：华东师范大学出版社，2012年。

　　（日）吾妻重二：《朱子学的新研究——近世士大夫思想的展开》，傅锡洪等译，北京：商务印书馆，2017年。

后　记

　　2015年我第二次申报福建省社科规划项目，可能是当年新设了"朱子文化品牌建设专题"的缘故，顺利拿到了"朱子的教育思想及其现代性"的青年博士项目。于是以后几年都在思考朱熹关于教育、教化的课题，因为自读博以来一直研究《四书章句集注》，所以此后就重点加强对书院教育以及《小学》《家礼》《增损吕氏乡约》的研究。2016年我以"东亚视野下的《朱子家礼》与社会教化"为题申请到福建富闽基金会资助的出国项目，打算去日本关西大学跟随吾妻重二教授研究《家礼》。2017年小儿子出生，2018年3月动身去日本访学半年。日本关西地区的夏季台风、暴雨、地震频繁，我几乎每天都在不安和焦灼中查资料、读书、写作，本书的初稿主要完成于这半年。回国后，为了争取在2018年底办理结项，不得不利用大女儿上辅导班、小儿子睡觉的间隙继续整理书稿。课题结项的最终成果在十二平米的杂物间里写过，在大女儿学琴的琴行里写过，在带小儿子散步的路上思考过……就是在这样断断续续又锲而不舍的坚持下，"朱子的教育思想及其现代性"课题终于以书稿形式在2019年初顺利结项了。

　　本来计划及时修改出版，但陆续总有各种家事、公事、俗事缠身，转眼四年过去了，中间虽有过无数次增补修改的冲动，但都没有及时落实，最终还是决定维持最初的框架，即从家庭教育、学校教育和社会教育三方面展开论述，以经典文本解析为主，结合朱熹的经典著述和教育实践来展现朱熹的教育思想的历史影响和现代意义。由于书稿撰写过程仓促而急躁，初稿完成后没有立刻修改，而一些材料和想法也随着岁月流逝变得不易核实，年龄虚长，蹉跎半生，时间和精力变得尤为金贵，今年决定还是在初稿基础上修改出版，权作自己从事朱子学研究跌跌撞撞十多年的阶段性总结吧！

  在该书的写作和出版过程中，我要感谢福建社会科学院给予我支持的院领导及哲学所、科研处、对外合作处的领导和同事们，是大家的共同支持让我顺利完成课题的立项、结项及成果出版。我还要特别感谢福建富闽基金会的资金资助，以及日本关西大学东西学术研究所给予我宽松的学术氛围和丰富的学术资料，在日本访学半年的经验不仅助我写成这本书，更促使我深入思考关于学术、政治、生活、人生等基本问题。我还要感谢福建教育出版社的骆一峰先生和廖廷娟女士为本书的出版付出的辛苦努力。最后，我要感谢我的家人在我投入工作的时候，给予我充分的理解和支持。

2023 年 12 月于福州